Guia de Leitura

100 poetas que você precisa ler

Guia de Leitura
100 poetas que você precisa ler

Organização e edição de

Léa Masina, Ricardo Barberena *e* Vinícius Carneiro

L&PM EDITORES

Texto de acordo com a nova ortografia.

Organização e edição: Léa Masina, Ricardo Barberena e Vinícius Carneiro
Capa: Ivan Pinheiro Machado.
Identificação das fotos da capa – Do alto, da esquerda para a direita: Vinicius de Moraes, Edgar Allan Poe, Charles Baudelaire, Luís Vaz de Camões, Cecília Meireles, T. S. Eliot, Dante Alighieri, Ezra Pound, William Shakespeare, Hilda Hilst, Augusto dos Anjos, William Blake, Carlos Drummond de Andrade, Emily Dickinson, Machado de Assis, Walt Whitman, Gregório de Matos Guerra, Mario Quintana, Castro Alves, Jorge Luis Borges, Pablo Neruda, Dylan Thomas, Stéphane Mallarmé, Ferreira Gullar, Rainer Maria Rilke, Homero, Lewis Carroll, Adélia Prado, John Milton, Fernando Pessoa, Jean Racine, João Cabral de Melo Neto, William Butler Yeats, Bertolt Brecht, Oswald de Andrade, Johann Wolfgang von Goethe, Jean-Nicolas Arthur Rimbaud, Percy B. Shelley, Ana Cristina Cesar, Mário de Andrade, Paul Valéry.
Revisão: L&PM Editores

CIP-Brasil. Catalogação na publicação
Sindicato Nacional dos Editores de Livros, RJ

G971

Guia de leitura : 100 poetas que você precisa ler / organização Léa Masina, Ricardo Barberena e Vinícius Carneiro. – 1. ed. – Porto Alegre, RS: L&PM, 2015.
304 p. ; 21 cm.

ISBN 978-85-254-3294-0

1. Poetas - Coletânea. I. Masina, Léa. II. Barberena, Ricardo. III. Carneiro, Vinícius

15-25828 CDD: 809.1
CDU: 82-1

Rua Comendador Coruja 314, loja 9 – Floresta – 90.220-180
Porto Alegre – RS – Brasil / Fone: 51.3225.5777 – Fax: 51.3221.5380

Pedidos & Depto. comercial: vendas@lpm.com.br
Fale conosco: info@lpm.com.br
www.lpm.com.br

Impresso no Brasil
Primavera de 2015

Sumário

APRESENTAÇÃO

*Léa Masina**

Poucos leitores têm o hábito de ler poemas. Se a vida é feita de ritmo, som e duração, o poema deveria ser, como nos primeiros tempos, fonte de prazer, um modo de respirar.

Paul Zumthor define poesia como uma lufada de ar no vazio. Isso porque o poema – forma articulada em linguagem que aproxima o homem da poesia – nasceu para ser dito e escutado, e só mais tarde tomou a forma escrita. Quase movimento corporal, poesia pertence à família do sonho, e poema à do suspiro. Para Octavio Paz, no poema, a linguagem se erotiza.

Embora surpreendente, é comum a ausência de livros de poemas na agenda de leitores cultos. Paradoxalmente, são muitos os que manifestam o desejo de dar forma escrita às mais íntimas percepções e emoções. Mas, não raro, falta-lhes o conhecimento do fazer poético, a vivência do texto, e, talvez, o incentivo para uma aproximação fruitiva e lúdica à linguagem poética. Assim, para auxiliar leitores, criamos na universidade um roteiro de leituras, uma lista de poemas que os estudantes reproduziam e repassavam aos colegas, de ano a ano. O critério seletivo era simples e o conhecimento e o gosto possibilitavam renovar a lista sem maiores preocupações. O fato de os poemas circularem entre os alunos durante muitos anos confirmou a suposição de que o gosto pela poesia é inato, nasce com o ritmo, podendo ser readquirido pela leitura sistemática e motivada.

A forte lembrança dessa experiência serviu de incentivo para, agora, ampliar a lista e organizá-la no formato de livro. Assim, convidei os professores dr. Ricardo Barberena e dr. Vinícius Carneiro a partilhar comigo o desafio de organizar mais um *Guia*

---

* Crítica literária e doutora em Literatura Comparada, organizadora do *Guia de Leitura: 100 autores que você precisa ler* (L&PM, 2007) e autora de *Por que ler os contemporâneos? Autores que escrevem o século XXI* (com Daniela Langer e Rafael Jacobsen).

de Leitura, no qual são apresentados poetas representativos da cultura ocidental, com breves informações sobre suas obras.

O apoio incondicional dos colegas tornou possível concretizar o livro, que não pretende ser um guia exaustivo ou uma antologia recortada por temáticas ou intenções. Apenas reunimos e selecionamos poetas que conhecemos e dos quais gostamos, sem qualquer outra preocupação que o prazer e a reflexão que a leitura de seus textos suscita. Constam no *Guia* poetas que produziram nas mais diversas línguas e períodos, dos antigos aos contemporâneos. Com vistas a facilitar a localização das obras mencionadas, privilegiamos citar as traduzidas para o português ou disponíveis em espanhol.

A proposta do *Guia* é, portanto, sugerir leituras e divulgar textos poéticos, tendo como eixo aglutinador o incentivo ao ato de ler. Muitos poetas não foram incluídos porque pretendemos, neste momento, registrar apenas cem. As exclusões foram todas dolorosas, mas há sempre um momento em que escolhas são obrigatórias.

Os verbetes do livro foram escritos por professores, jornalistas, poetas, ficcionistas, pesquisadores, estudiosos – bons e seletos leitores de poemas. Com isso, reforça-se a convicção de que a *performance* da leitura reiterada ao longo da vida acura a sensibilidade, a concentração, a síntese da linguagem, o domínio da frase melódica, a precisão e a riqueza vocabular. Além disso, sempre é possível criar, manter ou recuperar o prazer de ouvir as vozes dos versos, o ritmo, os sons e, nessa entrega, entender por que a palavra poética é considerada a potência máxima que a literatura alcança.

Adélia PRADO

✯ Divinópolis, Brasil, 1935

Adélia Prado nasce em 13 de dezembro de 1935, em Divinópolis (MG). Em 1953, forma-se professora. Em 1955, começa a lecionar no Ginásio Estadual Luiz de Melo Viana Sobrinho. Casa-se em 1958 e tem cinco filhos. Ingressa na Faculdade de Filosofia, Ciências e Letras e, em 1973, forma-se em Filosofia. Publica seus primeiros poemas em jornais de Divinópolis e de Belo Horizonte. Em 1971, com Lázaro Barreto, divide a autoria do livro *A Lapinha de Jesus*. Sua estreia individual só veio em 1975, quando remete a Carlos Drummond de Andrade os originais de seus novos poemas, que os reconhece com valor literário e os envia para a Editora Imago. *Bagagem* a lança como escritora, posicionando-a como poeta, e chama atenção da crítica pela originalidade, pelo estilo e pela recepção positiva do público leitor.

Obras principais: *O coração disparado*, 1978; *Terra de Santa Cruz*, 1981; *A faca no peito*, 1988.

Adélia Prado

por Vera Cardoni*

Adélia Prado é uma escritora de representatividade na literatura brasileira contemporânea e reconhecida pelo conjunto de sua obra. Imprime, através do uso da linguagem poética, voz e expressão ao universo feminino na poesia nacional.

As questões metafísicas, relacionadas com a fé cristã, são uma constante em sua obra literária. A temática de Deus se desdobra por toda sua narrativa poética e, entrelaçada ao erotismo e à perplexidade entre existência, vida e morte, estabelece os

* Vera Cardoni é psicóloga, mestre em Literatura Comparada e escritora. Publicou *A moça do pai* (contos) e *A estética da transitoriedade* (ensaios).

elementos de suas reflexões sobre religião, filosofia e arte. São esses os fios condutores da sua narrativa, que tecem a singular perspectiva de um olhar feminino sobre o universo da criação no cotidiano, condição da sua própria literatura, tanto na prosa como na poesia. A vida em família e as contingências reflexivas sobre a existência frente aos enigmas da vida são chaves de leitura da obra da escritora.

Adélia Prado usa uma linguagem leve e coloquial, e com ela transita na observação de acontecimentos e detalhes da existência. Transforma esse dia a dia de simplicidade em transcendência ao desdobrar questões relacionadas ao espanto da vida, às necessidades humanas e à entrega ao erotismo, balizador das boas e perversas paixões do cotidiano. Adélia representa uma importância significativa na poesia, pois é ícone da reflexão sobre o feminino como condição de constituição humana, diferente da compreensão do feminismo revolucionário e libertador que acompanhou a revolução sexual de sua geração.

Sua obra dialoga com cânones da literatura nacional e mundial como Fernando Pessoa, Guimarães Rosa, Carlos Drummond de Andrade e Clarice Lispector, escritores esses que faziam parte do acervo afetivo e constitucional de Adélia Prado.

Affonso Ávila

✯ Belo Horizonte, Brasil, 1928
✞ Belo Horizonte, Brasil, 2012

Filho de Lindolfo de Ávila e Silva e Liberalina de Barros Ávila, Affonso Ávila começou a escrever cedo. Seus primeiros versos foram publicados ainda na adolescência, período em que leu bem Camões e a literatura brasileira "tradicional". Somente próximo à idade adulta entrou em contato com a poesia brasileira moderna. Teve intensa atuação em periódicos mineiros, como nas revistas *Vocação* (1951) e *Tendência* (1957-1962), nas quais se gestaram o crítico e o poeta de vanguarda – o que se confirmou em seus ensaios e na direção da *Revista Barroco*, entre 1969 e 1996. Juntamente com a poeta Laís Correia de Araújo (1929-2006), sua esposa, estimulou por longos anos o ambiente intelectual mineiro.

Obras principais: *Código de Minas & Poesia Anterior,* 1969; *Cantaria Barroca,* 1975; *O Visto e o Imaginado,* 1990.

Affonso Ávila

por Rogério Barbosa da Silva*

Affonso Ávila estreia na poesia com *O Açude* e *Sonetos da Descoberta* (1953), livro formado por dois conjuntos autônomos de poemas que retomam a tradição clássica dos sonetos, mas com uma postura moderna na estrutura mais livre e no vocabulário. Essa produção inicial, ainda que próxima do formalismo da geração de 45, já dá indícios de sua poética futura, centrada na pesquisa da linguagem como domínio de uma técnica artística e de prospecção e descoberta da realidade, na linha do que depois o poeta pode situar como uma "poesia referencial". Para Ávila, o

* Rogério Barbosa da Silva, doutor em Literatura Comparada, é professor do CEFET-MG e crítico literário.

homem só poderá criar, fundar e inventar suas evidências numa projeção da realidade em formas de percepção que se condicionem ao seu mundo existencial. O autor define tal poética em *Carta do solo*, conjunto de poemas reunidos em *Código de Minas & poesia anterior*, escritos entre 1957 e 1960, de acordo com o espírito crítico orientador da revista *Tendência*, fundada por Ávila, Fábio Lucas, Rui Mourão e Fritz Teixeira de Sales, em 1957. Nela se produziu e se divulgou a poesia de vanguarda em Minas. Em 1962, o número 4 trouxe um importante debate sobre a poesia de vanguarda brasileira, aproximando os poetas da poesia concreta e os mineiros de *Tendência*. O resultado foi o adensamento crítico em torno das questões da poesia de invenção e o papel do poeta na sociedade. Daí o exercício ativo da crítica literária feita por esses poetas – especialmente por Affonso Ávila –, o interesse pelos problemas brasileiros, a investigação das tradições literárias e a pesquisa do Barroco.

O Barroco é vital na produção poética e ensaística do poeta mineiro. Seus poemas trazem-no como uma marca ancestral, o que o leva a destacá-lo em títulos importantes como *Cantaria Barroca* (1975) e *Barrocolagens* (1981). A pesquisa começa com a escrita de *Código de Minas* (1969), entrelaçando o poeta e o crítico. Conforme declara o próprio Ávila numa entrevista em *O poeta e a consciência crítica* (1978), dessa pesquisa surge o livro *Resíduos seiscentistas em Minas* (1967), obra de referência para os estudos do barroco mineiro. O Lúdico Barroco torna-se para ele um operador crítico que permite a abertura das formas e a clarividência crítica. Na poesia de Ávila, o lúdico enriquece os níveis sonoro e semântico das palavras, desautomatizando o conteúdo ideológico que elas possam encerrar, como em *Código Nacional de Trânsito* (1972): "dentro da faixa/fora do perigo/dentro da fauna/fora do perigo/dentro do fácil/fora do perigo". É um exercício de reflexão sobre uma realidade ampla em que nos inserimos, junto com o poeta, e com muito humor.

Sempre presente, a ironia é nuançada ora pelo humor, por exemplo, em *Discurso da Difamação do Poeta* (1976), ora pela sátira mordaz, que retoma a tradição mineira na linhagem das *Cartas Chilenas* em *Código de Minas* – poemas em que se transgride o código, revelando e sabotando seus resquícios arqueológicos no presente com a faca afiada da linguagem.

Em *Homem ao termo* – poesia reunida (2008), o leitor pode percorrer sua obra até 2005, mas Ávila publicou depois *Poeta poente* (2010) e *Écloga da Maçã* (2012). Ao que nos parece, neste último, o autor encontra uma saída ao provável esgotamento utópico no presente, projetando-nos numa impossível aldeia mítica amorosa. A inspiração nas éclogas, de certo modo, faz ver o presente às avessas, já que as incertezas do mundo nos negam o *locus amoenus* nos contrastes agridoces dos seus versos, mas esses versos reacendem o mundo antigo como um farol capaz de iluminar o presente.

ALEJANDRA PIZARNIK

✯ Buenos Aires, Argentina, 1936
✞ Buenos Aires, Argentina, 1972

Alejandra Pizarnik foi uma escritora e artista plástica argentina, considerada um dos grandes nomes da poesia latino-americana contemporânea. Filha de imigrantes judeus, Pizarnik nasceu em Buenos Aires, em 29 de abril de 1936. Seu primeiro livro de poemas, *La tierra más ajena* (1955), foi publicado quando ela tinha apenas dezenove anos e posteriormente renegado pela escritora e excluído de muitas antologias. Em 1960, Pizarnik mudou-se para Paris, onde trabalhou para inúmeros periódicos com textos de crítica, tradução e poesia. De regresso a Buenos Aires, publicou seus livros de poesia mais importantes: *Los trabajos y las noches* (1965), *Extracción de la piedra de locura* (1968) e *El infierno musical* (1971). Em 25 de setembro de 1972, aos 36 anos, Pizarnik comete suicídio. Sua *Poesia Completa* e *Prosa Completa* foram publicadas em 2000 e 2002, respectivamente, sob a supervisão da poeta Ana Becciú.

OBRAS PRINCIPAIS: *La última inocencia,* 1956; *Árbol de Diana,* 1962; *El infierno musical,* 1971; *Prosa Completa,* 2000.

ALEJANDRA PIZARNIK

por Vanessa Zucchi*

Angústia, melancolia e loucura. Essas palavras podem ser usadas para descrever tanto a vida quanto a produção de Alejandra Pizarnik. Influenciada pelos princípios surrealistas, a poeta transformou sua vida em uma obra literária e diluiu as fronteiras entre criação e destruição. Não por menos sua escrita é visceral.

Do ponto de vista formal, a poesia de Pizarnik é marcada pela experimentação, pela fragmentação e pela brevidade. A busca

* Vanessa Zucchi é doutoranda em Letras pela PUCRS e pesquisadora de literatura brasileira contemporânea.

por um absolutismo existencial que empenhou ao longo de sua vida como escritora é materializada na exatidão e concisão de seus versos, resultado de um rigoroso trabalho de composição para eliminar todo signo considerado supérfluo.

No que se refere à temática, dois eixos são usualmente apontados como fundamentais em sua obra: a infância e a morte. A maior parte de sua produção gira em torno da tensão que se estabelece entre esses temas, não apenas como polos antagônicos do início e do fim da vida, mas também pela sua representatividade da segurança, da inocência e da luz em oposição à dúvida, à crueldade e à escuridão.

Em sua produção poética inicial, o "eu" é comumente duplicado e a descontinuidade do ser é colocada em questão, reverberando em binarismos entre o eu-externo e o eu-interno, o eu-passado (ou eu-futuro) e o eu-presente, o eu-espiritual e o eu-material. Nesses textos, a questão existencial transforma-se em matéria poética, que passa a encenar uma busca transcendental, transfigurando a reflexão em experiência.

Nos últimos anos de vida, a partir de *Extracción de la piedra de locura* (1968), Pizarnik assume a inadequação da linguagem para expressar o mundo, e sua escrita adquire um tom de desamparo. Utilizando a sua usual destreza lírica, a poeta passa a buscar o silêncio através da palavra, representando tentativas de falar o inominável.

Dessa segunda fase também é seu livro mais conhecido, *A condessa sangrenta* (1971), inspirado em Erzsébet Báthory, figura célebre por seus crimes perversos e por uma condenação que incluía mais de quinhentas vítimas. Estruturalmente construído através de fragmentos de prosa literária e crítica, o romance coloca em jogo a relação ambivalente entre o erotismo e a morte, encenando o prazer e o horror.

Outros textos, como a novela *La bucanera de Pernambuco o Hilda la polígrafa* (publicado postumamente em 1982), são marcados pelo absurdo, pelo maravilhoso e pela quebra na lógica do discurso, típicos do humor surrealista. Sua única peça de teatro, *Los perturbados entre lilas* (1969), aproxima-se muito do teatro do absurdo de Samuel Beckett.

Além de ficção, Pizarnik também se dedicou à escrita de diários, compreendendo o período que vai dos seus dezoito anos até o final de sua vida, totalizando dezenove cadernos. Nesses escritos, destacam-se reflexões pessoais sobre temas como sexualidade, identidade, desejo e medo.

Em uma entrevista, Pizarnik compara-se a Alice ao afirmar que tanto ela quanto a personagem de Lewis Carroll "apenas queriam ver o jardim". Essa identificação pode ser utilizada para definir toda a sua produção. Entrar no universo poético de Pizarnik é adentrar nesse espaço labiríntico, que se apresenta como um jogo de espelhos e dilui a certeza do real em favor da possibilidade simultânea de vários outros reais.

ALLEN GINSBERG

★ Newark, Estados Unidos, 1926
✞ Nova York, Estados Unidos, 1997

Allen Ginsberg nasceu em New Jersey em 1926. Ao lado de Kerouac, Burroughs, Corso e Ferlinghetti, foi um dos expoentes da geração beat na década de 1950. Já a publicação de *Uivo e outros poemas*, em 1956, foi impactante. Ginsberg chegou a ser considerado o poeta norte-americano de maior prestígio da segunda metade do século XX. A sua obra, entre poesia e prosa, promoveu uma revolução na linguagem e nos valores literários. Desde *Uivo*, conquistou milhões de leitores, feito raro para um poeta e proeza mantida em publicações seguintes como *Kaddish*, de 1961. Depois de uma vida muito intensa, marcada pela liberdade de pensar e escrever e muitos rompimentos com o establishment, Allen Ginsberg faleceu em 1997.

OBRAS PRINCIPAIS: *Uivo e outros poemas*, 1956; *Kaddish*, 1961; *A Queda da América*, 1973.

ALLEN GINSBERG

por Celso Gutfreind*

Descobri o que era a expressão *Kaddish* com o meu avô. Era a oração dos mortos que ele entoava para o meu bisavô. Um dia, o meu avô morreu, e meu pai a entoou para ele. Um ano de silêncio do meu pai. Eu era menino.

Poucos anos depois, me deparei com uma tradução da L&PM de um poema chamado *Kaddish*, do Allen Ginsberg. Ele o havia feito para a sua mãe.

Então, eu descobri que aquele ano que parecia de silêncio não era. Era de melodia, preparando a palavra da poesia. Que

* Celso Gutfreind é escritor e psicanalista. Tem 31 livros publicados, entre poemas, contos infantojuvenis e ensaios sobre humanidades e psicanálise.

podia, tal qual uma reza, ser feita para os mortos. Para a vida continuar. Eu era adolescente.

A vida continuou, tornei-me poeta, e este verbete me foi solicitado. Junto, recebi a orientação de evitar citações. Compreendo a demanda. Assim como com os diagnósticos, é preciso certa uniformidade nas publicações. Mas nada disso vale para Allen Ginsberg, e tudo o que lembrasse obediência esvaziaria o conteúdo de sua obra. Leio Allen Ginsberg; logo, desobedeço. Então vejamos, já em busca de desobediência, num trecho de *Uivo*, o seu primeiro livro, publicado em 1956: "[...] que enrabaram e foram enrabados por esses serafins humanos, os / Marinheiros, carícias de amor atlântico e caribeano."

Conforme podemos ler na fonte, Ginsberg rompe com o beletrismo e o formalismo de uma época marcada pela – novamente – obediência aos cânones. Mas qual época não o fez, antes que algum verdadeiro poeta rompedor (um Rimbaud, um Mallarmé, um Ginsberg) desobedeça? Justo por isto, tornam-se um deles.

A poesia de Ginsberg se abre para novos temas e palavras e combinação de palavras, o que já podemos ler neste longo poema, assim como nos que o sucederam, incluindo os agudos de outra bela tradução brasileira, feita por Paulo Henriques Britto e publicada ainda nos anos 1980.

Textos como esses revelam a liberdade de uma escrita capaz de renovar a (sempre) gasta (velha) retórica dos anos 1950, assim como expor a liberdade de um pensamento capaz de questionar o estabelecido. Vida e arte, enfim, muito juntos, como sempre foi para este autor.

Em *Uivo*, em *Kaddish* e em toda a obra de Ginsberg, torna-se difícil separar o vivido do escrito, o profano do sagrado, a literatura da liberdade, alcançando um alto grau de transcendência.

Vale destacar que o autor, desde a primeira obra, nos anos 1950, conquistou milhares de leitores, o que seguirá fazendo nas décadas seguintes até incluir este escriba, nos anos 1980, no Brasil.

Para Cláudio Willer, tradutor de *Uivo*, ainda hoje é difícil avaliar a importância da contribuição de Ginsberg para a construção de uma nova ideologia, marcada pelo "enriquecimento da liberdade individual e a superação de divisões e modos de repressão".

O "ainda hoje" de Willer foi pensado ontem ou há três décadas. Mas, hoje, no século XXI, palavras como essas seguem cada vez mais necessárias num mundo ainda repleto de atentados às liberdades individuais e à igualdade entre homens e mulheres, assim como por uma poesia seguidamente crivada de amarras acadêmicas e busca artificial ao cânone.

Neste e em tantos outros sentidos, Ginsberg é daqueles que continuamos lendo, passada a adolescência, alimentados por uma linguagem adulta da mais verdadeira poesia como livre expressão e/ou desobediência, com a qual reincidimos para finalizar nossa resenha: "Logo o verei. Agora preciso continuar – para conversar com você – assim como eu não o fiz enquanto você tinha uma boca".

Alphonsus de GUIMARAENS

★ Ouro Preto, Brasil, 1870
✝ Mariana, Brasil, 1921

Afonso Henriques da Costa Guimarães, Alphonsus, diplomou-se pela Faculdade de Direito de São Paulo, em 1895, e logo ingressou na carreira jurídica. Atuou como promotor e depois juiz em seu estado natal. Em 1899, publicou seus primeiros livros de poesia. Assim como Cruz e Sousa, principal poeta da vertente simbolista brasileira, Alphonsus de Guimaraens levou uma vida provinciana, fato que reverbera do ponto de vista temático e estético em sua obra. Embora reconhecido por sua atividade jornalística em São Paulo, o escritor não foi valorizado pela crítica do seu tempo.

Obras principais: *Ismália,* 1916; *Melhores poemas Alphonsus de Guimaraens.*

Alphonsus de Guimaraens

por André Corrêa Rollo*

Como os simbolistas em geral, o poeta retoma elementos temáticos e estéticos de vertentes românticas (evasionista e mística), fazendo convergir em sua obra experimentações poéticas oriundas da França. Contudo, apesar de buscar sintonia com os grandes centros, Alphonsus de Guimaraens foi um poeta do interior, na dupla acepção da palavra. A vivência bucólica, que sua biografia registra, converge para a expressão do mundo interior do poeta, conhecido como "o solitário de Mariana". Além do evasionismo condicionado por uma "visão entediada do mundo", segundo Wilson Martins, sua existência pacata favorece a poetização da natureza e do ambiente. Assim, fauna, flora, alusões

* André Corrêa Rollo é doutor em Literatura Comparada. Lecionou na UFRGS e na UNOESC – Xanxerê.

lúgubres a morte e cemitérios, cores e sombras funéreas sugerem as imagens que seus poemas registram.

Todavia, os poemas de temática religiosa sobressaem no conjunto da obra. Alphonsus é um poeta eclesiástico por adoração, expressão e idealização, elegendo por tema os templos, o misticismo, a liturgia e os ritos. A concepção religiosa da vida, suave e melancólica, busca a fusão entre os anseios pessoais do autor e sua realização poética.

Na lírica amorosa, cultiva a idealização feminina, exaltando a mulher pura e a bondade divina. Tanto na obra mística quanto nos poemas de amor, o autor expressa de modo terno seus sentimentos íntimos e profundos. Ecos dessas temáticas ocorrem também nos poemas de cunho evasionista. A idealização de um mundo paradisíaco liberto das dores e tristezas cotidianas justifica as baladas de amor ou poemas de teor espiritual. Ambos parecem fechar o círculo das preocupações de Alphonsus de Guimaraens ao sugerir o desejo de morte como formas maiores de evasão.

Na esfera linguística, o poeta sintetiza o que há de mais expressivo na estética romântica e na simbolista. Ao lado de arcaísmos lexicais e sintáticos, sobressai a simplicidade e a fluência, permeadas por forte adjetivação e pelo equilíbrio entre sons e ritmos. Além disso, o autor alia à musicalidade do verso o emprego de formas poéticas fixas, como o alexandrino e o decassílabo.

Pouco valorizado pela crítica literária da época, o reconhecimento da poética de Alphonsus de Guimaraens teve início após sua "redescoberta" por intelectuais católicos modernistas, como Tristão de Ataíde e Mário de Andrade. Deveu-se também a divulgação empreendida por seu filho, o contista João Alphonsus.

Suas obras completas foram publicadas em 1960, seu centenário foi celebrado em 1970, Guimaraens chegou ao século XXI sem livros em catálogo. Ainda assim, é mais conhecido pelos sonetos "Ismália" e "A Catedral", divulgados em antologias, que permitem apreciar apenas parcialmente a riqueza lírica e a complexidade imagética de sua obra.

Álvares de AZEVEDO

✯ São Paulo, Brasil, 1831
✞ Rio de Janeiro, Brasil, 1852

Manuel Antônio Álvares de Azevedo, emblemática figura do Romantismo brasileiro, nasceu a 12 de setembro de 1831, filho de Inácio Manuel Álvares de Azevedo e Maria Luísa Silveira da Mota Azevedo. Dois anos mais tarde, a família mudou-se para o Rio de Janeiro, onde o futuro poeta realizou os estudos iniciais. Em 1848, voltou à cidade natal, quando ingressou na Faculdade de Direito, participando da vida acadêmica e produzindo a quase totalidade de sua obra. Não concluiu o curso, pois, após submeter-se a uma cirurgia para a retirada de um tumor, faleceu a 25 de abril de 1852. Entre as amizades que fez no meio acadêmico, destacam-se Luís Antônio da Silva Nunes, mais tarde editor de *O Conde Lopo*, e Aureliano José Lessa e Bernardo da Silva Guimarães, com quem publicou, em 1851, o livro *As três liras*.

Obras principais: *A lira dos vinte anos*, 1853; *Noite na taverna*, 1855; *Poesias completas*.

Álvares de Azevedo

por Carlos Alexandre Baumgarten*

Álvares de Azevedo, a despeito de ter vivido apenas 21 anos incompletos, produziu obra significativa e materializada em diferentes gêneros: na poesia, em que *A lira dos vinte anos* é o núcleo mais importante; na narrativa, consubstanciada em *A noite na taverna* e no *Livro de Fra Gondicário*; na crítica, através de artigos publicados em revistas e jornais da época; no drama, com *Macário*, segundo a crítica especializada, uma espécie de fusão de texto

* Carlos Alexandre Baumgarten é professor adjunto na Faculdade de Letras da PUCRS e pesquisador do CNPq.

dramático com narrativa dialogada e diário íntimo. Mesmo tendo sua obra quase toda publicada postumamente, gozou em vida de grande reputação, e sua consagração, especialmente como poeta, veio com a edição de suas *Obras*, no ano de 1853.

Figura singular do Romantismo brasileiro, Álvares de Azevedo pouco se deixou contaminar pelo nacionalismo literário em voga no seu tempo; nessa medida, não encontramos em sua poesia a atração pelo exótico e majestoso da natureza americana. Sua opção foi outra: orienta seu percurso na realização de uma expressão poética afinada com a poesia romântica quando universalmente considerada. Nesse sentido, diferentemente de seus predecessores cuja poesia ainda gravitava sob a influência da tradição lírica de língua portuguesa, Álvares de Azevedo promoveu a abertura da poesia brasileira a novos e múltiplos horizontes, a partir da leitura que fez da literatura universal, notadamente das literaturas francesa e inglesa, na quais encontrou aqueles que lhe serviram de modelo e inspiração, Musset e Byron.

Em *A lira dos vinte anos*, ponto alto de sua produção poética, plasmou a independência da poesia brasileira em relação à tradição clássica, sendo, na avaliação da crítica, talvez o único poeta, "antes do Modernismo, a conferir estatuto poético ao prosaísmo cotidiano". Dividida em três partes, *A lira dos vinte anos*, por sua própria organização, traz a chave para a interpretação de sua poesia, que se debate entre uma lírica de tom sentimental (primeira parte) e uma lírica humorística e satírica (segunda parte) que, por fim, se alternam na última parte. Trata-se do embate entre duas personalidades, entre Ariel e Caliban, referidos pelo próprio poeta em texto escrito à guisa de prefácio à segunda parte da obra. A mesma antinomia foi retomada em *Macário*, espécie de síntese do conjunto de sua produção, e hoje um de seus textos mais procurados pelo público leitor, ao lado das narrativas de *A noite na taverna*.

Poeta crepuscular, Álvares de Azevedo revelou, na maior parte de sua obra, a predileção pelos ambientes noturnos, em que a noite, as sombras, os túmulos e a própria morte constituem temas e atmosferas recorrentes, como é o caso dos emblemáticos "Lembrança de morrer" e "O poeta moribundo". Além disso, percorreu os caminhos da evasão, do desejo, do sonho e do amor irrealizado, inscrevendo sua obra e a própria literatura brasileira no plano do diálogo de natureza universal estabelecido pelo Romantismo.

Morto precocemente, Álvares de Azevedo revelou-se um intelectual e poeta precoce e, como já registrou a crítica, uma das mais brilhantes vocações poéticas do Brasil. Seu legado e sua contribuição para a literatura brasileira são inestimáveis, uma vez que com seu trabalho ultrapassou o localismo excessivo que marcava o conjunto da produção literária brasileira, então empenhada na construção de uma identidade nacional para o país, fato que, por si só, torna incontornáveis a leitura e o estudo de sua obra para todos aqueles que se dedicam ao exame do sistema literário brasileiro.

Ana Cristina CESAR

✯ Rio de Janeiro, Brasil, 1952
✞ Rio de Janeiro, Brasil, 1983

Ana Cristina Cesar, ou Ana C., nasceu no Rio de Janeiro e, ainda jovem, viveu um ano em Londres. Mestre em comunicação, foi colaboradora em revistas e jornais alternativos na década de 1970, além de ser um dos nomes na antologia *26 Poetas Hoje*, de Heloísa Buarque de Hollanda. Lançou livros em edições independentes: *Cenas de Abril* e *Correspondência Completa*. De volta à Inglaterra, dez anos depois, às voltas com outro mestrado, agora em tradução literária, escreveu muitas cartas e editou *Luvas de Pelica*. Ao retornar, fixou residência no Rio de Janeiro, trabalhando no jornalismo e na televisão. A primeira obra editada por uma editora profissional foi *A teus pés*, que saiu pela Brasiliense. Suicidou-se no dia 29 de outubro de 1983.

Obras principais: *A teus pés*, 1982; *Inéditos e dispersos*, 1985; *Poética*, 2013.

Ana Cristina Cesar

por Daniela Langer*

Ana Cristina Cesar surge para a cena literária entre os anos 70 e 80, em meio ao que ficou conhecida como "geração marginal" ou "geração mimeógrafo" – *grosso modo*, quando muitos autores produziam, distribuíam e veiculavam suas próprias obras. O período é caracterizado pela dicção anti-intelectual, o verso livre, a ênfase às falas e às experiências cotidianas. Assim, contrapunha ao autocentramento da escrita e a certo experimentalismo formal as falas biográficas na composição do verso, a fragmentação dos

* Daniela Langer é escritora e cursa mestrado em Escrita Criativa na PUCRS. É autora de *No inferno é sempre assim e outras histórias longe do céu* (2011).

discursos, a diluição dos limites entre poesia e prosa e, de forma contundente, a incorporação das gírias e da fala coloquial na construção poética.

Essa "postura anti-intelectual", produzida através do cotidiano e do desimportante, teve como consequência o distanciamento de parte dos autores das bibliotecas. Diferente das vanguardas que fizeram da biblioteca um templo, a nova geração opõe-se ao valor cultural institucionalizado, acreditando que poderia desvincular não só seu projeto existencial de um compromisso com a "ordem", como também o projeto poético das formas literárias "catalogáveis". Nesse contexto, referências constantes ao cânone passaram a ser desvalorizadas, sendo vistas como uma espécie de traição para aqueles da "geração marginal".

Contudo, passados mais de trinta anos da publicação de *Cenas de abril*, sabemos que o trabalho de Ana Cristina nunca se afastou da biblioteca. Pelo contrário, sua poética é produto de anos como ensaísta, tradutora e crítica literária. Nos autores do passado, a poeta encontra uma ferramenta de construção, e não um fantasma a ser exorcizado. Todas essas escolhas parecem delinear uma nova cara para a poesia brasileira contemporânea.

Superando as experiências vanguardistas, Ana coloca-se numa posição "à margem" dentro do quadro da poesia dos anos 70. Por um lado, é vista como marginal dentro da academia, por outro, é também marginalizada pela "geração" da qual fez parte. Entretanto, sempre manteve pontos de contato com ambas.

Quanto à produção, percebemos na ensaísta Ana Cristina Cesar a preocupação estética que reverberará nos versos da poeta. Ela compartilha, deste modo, uma das características de um de seus poetas preferidos, Charles Baudelaire. Feito o poeta francês, reúne o gênio poético e a inteligência crítica. O olhar sempre em busca de imagens dissonantes das cidades (da intensidade das novas metrópoles, no caso de Baudelaire; das mudanças vividas pela sociedade e grandes centros, no caso de Ana C.).

Em *A teus pés*, de 1982, a poeta cria um índice onomástico dos autores por ela "abduzidos". Nenhuma consideração: lança uma pista, mais do que confissão ou dedicatória. Cabe ao leitor localizar no tecido do texto essas chaves ou senhas. Recorta, grifa e recolhe aquilo que lhe interessa deglutir, assimilar e devolver à literatura. Ana os vê em delírio, ecoando o ato de esboçar.

Em sua poética, problematiza-se a noção de originalidade e seu valor poético. Outro conceito de novo e de original é posto no tabuleiro, resultando em um jogo que vê o palimpsesto como um modo de olhar e trabalhar os restos e rastros dos textos referenciais. Suspende-se, por conseguinte, a noção de autoria e de propriedade do texto. Trata-se de uma poesia que indica possíveis travessias e demonstra como o fazer poético pode ser feito sobre as marcas da tradição: é da leitura e sua absorção que resulta a palavra reinventada.

André BRETON

★Tinchebray, França, 1896
✝Paris, França, 1966

André Breton, nome imediatamente ligado ao surrealismo, nasceu em Tinchebray, no noroeste da França, em 1896. Durante toda a sua vida e em todos os seus escritos, procurou praticar e divulgar os preceitos do movimento do qual foi o principal fundador. Seu primeiro livro de poemas, *Mont de piété*, saiu em 1919, mesmo ano em que passou a publicar, com Soupault e Aragon, a revista *Littérature*. Logo, suas experiências com a escrita automática e seu interesse pelo inconsciente levaram-no a escrever o *Manifesto do surrealismo*, publicado em 1924, que definiu novos rumos para a arte moderna, distanciando-a do abstracionismo e ampliando a valorização da imaginação e do irracional, tendências que o autor expressaria em toda a sua obra posterior. Breton morreu em Paris, em 1966.

Obras principais: *Nadja*, 1924; *Manifestos do surrealismo*, 1930; *Arcano 17*, 1944.

André Breton

por Douglas Ceccagno*

Breton é o principal representante do surrealismo, o que significa que sua voz fez ecoar na literatura do século XX um sopro de imaginação e primitivismo quando outros movimentos tendiam a louvar o progresso tecnológico ou a depreciar o real em favor da abstração. Dessa forma, Breton é primeiramente alguém que valoriza uma tradição oposta ao racionalismo predominante nas correntes artísticas de seu tempo. Assim, o poeta

* Douglas Ceccagno é professor na Universidade de Caxias do Sul, doutor em Letras pela PUCRS com estágio na Université Paris 3.

presta tributo a Rimbaud, Apollinaire, Jarry e Lautréamont, como desafio a uma literatura racional, de belas formas apreciadas pela crítica. Isso porque nem a crítica nem o papel social do escritor importam aos surrealistas: importa dar vazão à imaginação e ao inconsciente, numa aplicação artística do conhecimento produzido pela então recente psicanálise freudiana e em defesa da total liberdade de invenção.

No exercício de criação poética a partir do inconsciente, ganha relevo a prática da *escrita automática*, que possibilita ao escritor uma aproximação entre palavras à primeira vista sem nenhuma conexão. Para Breton, mais do que fazer sentido, a literatura é a expressão de uma experiência humana inacessível à razão pura.

É claro que, a partir disso, a poesia surrealista pode se realizar numa sequência de versos, em textos curtos em prosa ou até mesmo em novas construções que rompem os limites rígidos entre verso e prosa. É o que se vê em livros como *Clair de terre* e *Le revolver à cheveux blancs*. Por esse mesmo motivo, é interessante também ler os seus romances, em que se destaca *Nadja*, expressão literária da ideia surrealista de *acaso objetivo*. A partir dela, Breton acredita em uma ordem que governa as coincidências, a qual é inacessível aos alienados pela civilização. Essa ordem é expressa na relação entre os pensamentos de seu *alter ego* e os encontros com a moça Nadja. O romance de Breton é ainda inovador por evitar as descrições exaustivas, substituindo-as por fotografias.

Entretanto, não obstante suas inovações no campo da literatura, Breton pretendia mais: transformar a humanidade. Por isso defende com veemência a liberdade do indivíduo e revela preocupações políticas – que o aproximam do comunismo, como se lê nos manifestos que escreveu e na *Ode à Charles Fourier* – e antropológicas – que o levam a buscar a linguagem simbólica das religiões, ainda que despida de seus dogmas. É nessa perspectiva que a mulher e a natureza são elementos recorrentes em sua obra, já que elas representam o retorno do homem ao ambiente primitivo, natural e panteísta de que ele é alijado na civilização da ciência e da tecnologia. O livro *L'air de l'eau* e o poema mais famoso do autor, "L'union libre", são exemplos dessa totalidade natural que, na concepção de Breton, o homem só encontra através do amor correspondido por uma mulher.

Em suma, o surrealismo de André Breton não é apenas uma ampliação dos limites da poesia, mas uma nova concepção de mundo, que passa pela modificação do próprio modo de se compreender a vida, o ser humano e a sociedade, abrindo um campo repleto de possibilidades para o estudo e a expressão daquela humanidade que excede os limites do racionalismo ocidental.

Arnaldo ANTUNES

✯ São Paulo, Brasil, 1960

Nasceu em São Paulo, em 1960. Artista multimídia, é compositor, cantor, poeta, crítico literário, artista plástico, performer. Integrou o grupo Titãs, com o qual gravou sete discos; em carreira solo desde 1992, gravou mais sete. Tem dezesseis livros de poesia publicados no Brasil, dois na Espanha, um em Portugal e um no Uruguai. Participou de diversas mostras de artes plásticas e de poesia visual na Alemanha, nos EUA, em Cuba e no Brasil. Realizou, em vários países, dezenas de exposições individuais e intervenções urbanas. Recebeu, entre muitos outros, o Prêmio Jabuti de Poesia, em 1992, pelo livro *As coisas*; o Prêmio APCA de Melhor Música do Ano, em 1999, para *Grávida*, em parceria com Marina Lima; o Grammy de Melhor Álbum Pop Contemporâneo Brasileiro, com o grupo Tribalistas, em 2003.

Obras principais: *Tudos*, 1990; *2 ou + corpos no mesmo espaço*, 1997; *n.d.a.*, 2010.

Arnaldo Antunes

por Leila Teixeira*

Cantor, compositor, *performer*, poeta, artista plástico, Arnaldo Antunes é múltiplo; e a pluralidade do autor repercute em sua obra poética.

Nos livros que publicou, agrega efeitos gráficos à poesia, como fizeram os concretistas e os neoconcretistas. À similaridade desses, preocupa-se com a utilização do espaço em branco como representação de camadas de silêncio acumuladas na página; dá importância à estruturação espacial dos versos para o significado

* Leila Teixeira é escritora, com Certificação Adicional em Escrita Criativa – PUCRS. *Em que coincidentemente se reincide* (2012) é seu primeiro livro.

dos poemas; entretanto, amplia a gama de elementos visuais que constroem a poesia para além da simples disposição das palavras na folha. Nesse processo ampliativo, faz uso de ilustrações, fotografias, anúncios publicitários, instalações artísticas, placas de sinalização e quaisquer imagens que contenham um conteúdo metafórico. A segunda parte do livro *n.d.a.*, chamada "Cartões postais", é o registro de uma série de vocábulos presentes em outdoors, letreiros luminosos, cartazes de publicidade, tabuletas, rótulos, sinais de trânsito; tais palavras, fotografadas fora de seus contextos originais, ganham infinitos novos significados. A fusão de códigos distintos na poesia de Antunes demonstra simpatia à multiculturalidade e à diversidade de discursos: opera uma renovação dos postulados antropofágicos e tropicalistas que fundamentam a deglutição cultural no Brasil.

Os aspectos experimentais e as reciclagens de vanguardas aparecem, ainda, na estrutura dos poemas de Arnaldo Antunes. Estes se formam por meio de cadeias não necessariamente lógicas, provocando uma reação na mente do leitor, na qual todos os elementos se fundem num todo organizado. Aos moldes neoconcretistas, superam o caráter unidirecional da linguagem, rompem com a sintaxe verbal e permitem leituras verticais, diagonais, espirais e circulares de seus versos.

Porém, se no neoconcretismo a relação ótico-fonética-semântica se sobrepunha à preocupação expressiva-lírica-existencial, na poesia de Arnaldo Antunes a expressividade é uma busca do artista. Em uma tentativa de diminuir o fosso existente entre o experimentalismo e a apreciação da obra de arte, aborda temáticas cotidianas, utiliza linguagem pop e ditos populares, com vistas a equilibrar a estranheza causada por suas obras face ao gosto comum. No poema "a dor", no livro *n.d.a.*, as palavras são decompostas de maneira que a combinação de fonemas "or" esteja presente na maioria dos 52 versos. Nenhum desses ultrapassa quatro caracteres, o que ressalta mais o signo formado pelos caracteres "o" e "r". O estranhamento ótico que o poema gera, no entanto, é diluído pela trivial humanidade daquilo que ele expressa, algo como: a dor desperta todos os sentidos, machuca em todos os momentos e dorme só na morte.

Arnaldo Antunes assina o projeto gráfico de todos os seus livros. Tal peculiaridade expressa a busca por uma harmonização entre forma e conteúdo. E, acima de tudo, aponta para a crença de que a experiência estética pode ocorrer, de maneira concomitante, por meio da palavra, do tato, da imagem, do som.

ARTHUR RIMBAUD

✯ Charleville, França, 1854
✞ Marselha, França, 1891

Prodígio, aos quinze anos se corresponde com Paul Verlaine, o que o leva a Paris e a um romance com o poeta dez anos mais velho. Em 1873, numa crise de ciúmes, Verlaine dá um tiro em Rimbaud. O agressor é condenado a dois anos de prisão, e Rimbaud inicia um périplo solitário. Depois de 1975, nunca mais escreve poesia. Como mercenário no exército holandês e mercador, rodou pelo Oriente Médio, Chipre, Gênova e África, onde ficou por onze anos. Aos 37, depois de ter uma perna amputada, morre de câncer.

OBRAS PRINCIPAIS: *Barco ébrio*, 1871; *Uma temporada no inferno*, 1873; *Iluminações*, 1895.

ARTHUR RIMBAUD

por Ivan Pinheiro Machado*

A visão que o mundo tem de Rimbaud é um caleidoscópio. Ela muda de cor, de forma, se transforma e nunca é definitiva. Não é concreta, não é real. A lenda tomou conta da biografia, e o mito soterrou o homem. Os poemas são poderosos fragmentos biográficos, embora eles não concluam, não desenhem um Rimbaud preciso. Seus delírios, suas alucinações, suas iluminações e temporadas no inferno às vezes indicam traços do poeta. Mas a poesia acabou quando ele estava saindo da adolescência, aos dezenove anos. Aí começa a saga mítica rimbaudiana, que não deixou versos, mas quase se sobrepõe ao poeta. Porque dela há apenas indícios, documentos desbotados, depoimentos de aventureiros (muitos inconfiáveis) e algumas cartas. Na verdade, dessas viagens se sabe muito pouco. Seu périplo africano já foi objeto de centenas

* Ivan Pinheiro Machado é jornalista, pintor e editor da L&PM Editores.

de livros. Dezenas de estudiosos tentaram interpretar essa fuga para o nada. Afinal, do que fugia o poeta? Tudo é mistério, indícios vagos, traços, aquarelas esmaecidas, retratos imprecisos. Enfim, cada um tem o "seu" Rimbaud. Kerouac, Gide, Alain Borer, Proust, Verlaine, Charles Nicholl, Allen Ginsberg ou Henry Miller: cada um incorporou o poeta à sua maneira.

Quando adolescente, se achava "parnasiano" e escreveu ao poeta Théodore de Banville, editor da revista *Le Parnasse contemporain*, enviando poemas e mentindo a idade (tinha quinze anos e disse ter dezessete). Tomado de selvagem inspiração, é nesta época que muda radicalmente seu comportamento, iniciando uma vida de fugas e escândalos entre idas e vindas da metrópole (seja ela Paris, Bruxelas ou Londres) e a mesquinharia provinciana de Charleville, onde vive a superprotetora mãe – motivo de deboche por parte de Verlaine, que a chamava de "Mother".

É a partir daí que desenvolve sua poesia. Uma produção literária inclassificável, que se coloca à frente do seu tempo, destruindo ideais românticos e forjando metáforas desesperadas e brilhantes, que o projetariam muito além de sua deserção do ofício de poeta e da sua morte miserável num quarto úmido de hospital em Marselha. A obra completa de Arthur Rimbaud cabe num volume de 223 páginas, como é a edição da célebre *Rimbaud – Oeuvres Complètes* da Bibliothèque de La Pléiade (ed. Gallimard, 1972). Uma obra muito pequena, mas com tal potência que alargou as fronteiras da arte, derrubando paradigmas, causando perplexidade nos seus contemporâneos, tal é a dimensão da ponte que construiu para o futuro. Poeta maldito, desesperado, foi reivindicado na posteridade por vários movimentos poéticos e artísticos, como parnasianos, simbolistas, dadaístas, surrealistas, beatniks e ícones do rock.

Imediatamente após sua morte, Rimbaud passou a ser reconhecido e cultuado não só pela modernidade de seus escritos, mas pelo enigma imperscrutável que representou sua vida.

Augusto de Campos

★ São Paulo, Brasil, 1931

Augusto de Campos nasceu em São Paulo em 1931, irmão do também poeta Haroldo de Campos. Com seu irmão e com Décio Pignatari fundou a revista *Noigandres* em 1952. Nos números subsequentes desta revista e em exposição realizada no Museu de Arte Moderna de São Paulo, em 1956, os três poetas desenvolveram a *poesia concreta* como nova modalidade de expressão. Ao longo das décadas e até hoje, Augusto continuou fiel à proposta *verbivocovisual* da poesia concreta, explorando a visualidade do poema ao lado de seus aspectos sonoros e verbais. Sua obra é divulgada não só em livros como em exposições, gravações sonoras e projetos para computador. Além de poeta, Augusto é um dos grandes tradutores de poesia para a língua portuguesa, tendo traduzido nomes como Ezra Pound, e. e. cummings, Mallarmé e Rilke.

Obras principais: *Viva Vaia*, 1979; *Despoesia*, 1994; *Não*, 2003.

Augusto de Campos

por Pedro Mandagará*

Augusto de Campos foi um dos três poetas a iniciar o movimento da poesia concreta, em meados dos anos 1950. A partir de um diagnóstico de que o verso estaria em "crise", os concretos propuseram o uso da espacialidade e da visualidade do poema, além da radicalização no tratamento da sonoridade. Muitos dos primeiros poemas do grupo caracterizam-se pela exploração combinatória de palavras e sílabas com alguma relação de significado.

* Pedro Mandagará é professor de Literatura na Universidade Estadual de Roraima. Tem doutorado em Letras pela PUCRS e fez estágio pós-doutoral (CNPq) na UFRGS.

Conforme a obra dos poetas foi amadurecendo, as relações entre visual e verbal se tornaram mais complexas. A morfologia das palavras e a sintaxe das frases deixaram de ser um jogo de aproximações e passaram a comportar matizes de melodia e sentido mais e mais sutis.

Além de poetas, Augusto, Haroldo e Décio foram teóricos e críticos de primeira monta – o que, curiosamente, gerou problemas na recepção de sua obra poética, que não era apenas a "aplicação" de um método crítico. O discurso dos concretistas enfatizava a revolução formal que seus poemas encetava, sem muita atenção ao sentido destes. Assim, foram muitas vezes esquecidas as diferenças radicais entre os três: Décio, atento à sensualidade; Haroldo, trabalhando na direção do épico e do enciclopédico; e Augusto, em procura do silêncio e da negação.

Desde os poemas da fase mais ortodoxa do concretismo, como "Tensão" (1956), Augusto encena uma luta entre silêncio e som, entre o calar e a voz. Sua primeira série de poemas concretos, "poetamenos", composta em 1953, dá a tônica de sua obra: um trabalho exaustivo sobre cada poema, resultando numa produção pequena e de altíssima qualidade. Sua atividade de poeta, multiplicada através de várias mídias – poemas tridimensionais, vídeos, canções – foi reunida em três volumes, que podemos ler como uma espécie de catálogo. Antes dessas coletâneas, Augusto publicara em revistas, em edições limitadas e em livros-objeto como os *Poemóbiles* (1974), realizados em parceria com Júlio Plaza. Poemas como "Viva Vaia" (1972) tiveram realizações diversas em diferentes espaços. Lemos os poemas de Augusto como um *eco* – lembrando de seu "O pulsar" (1975), um *eco/oco* – que reverbera e cristaliza uma voz primeira e ausente que está sempre além, sempre mutante.

Para pensar a poética de Augusto devemos considerar sua obra como tradutor de poesia. Inspirados em Ezra Pound, os concretistas viam a história literária como uma confluência de renovadores de diversas épocas, uma coexistência de poetas revolucionários. Uma das tarefas a que Augusto se propôs foi de *transcriar* poemas de diferentes tradições, de John Donne a Rimbaud, de Arnaut Daniel a William Blake. Não estou sozinho em considerá-lo o maior tradutor de poesia que o Brasil já teve. Suas traduções são poemas tão ou mais belos quanto os originais – vide sua versão de "À amada esquiva", de Andrew Marvell, em *Verso reverso contraverso* (1978).

Augusto manteve-se fiel ao gesto inicial e revolucionário do concretismo. Muitos de seus poemas lidam com sua concepção do fazer poético – "ex-tudar", como está em um de seus poemas mais conhecidos. Contudo, percebe-se uma melancolia frente a um mundo de possibilidades que estão necessariamente fechadas por essas escolhas. Em "Sem saída", de *Não* (2003), refaz sua vida como poeta. Os sete versos do poema se cruzam e sobrepõem, em cores diversas, sem simetria, sem combinatória. Qualquer caminho é ao mesmo tempo curto e longo demais. Não se sai do lugar – sequer há saída. De toda essa contenção e constrição sai, paradoxalmente, a força da obra do poeta.

Augusto DOS ANJOS

✯ Paraíba, Brasil, 1884
✞ Leopoldina, Brasil, 1914

Nasceu Augusto Carvalho Rodrigues dos Anjos, na Paraíba, no Engenho do Pau d'Arco, em 20 de abril de 1884. Aprendeu a ler com o pai, em casa, e foi estudar humanidades no Liceu Paraibano. Publicou seu primeiro poema aos dezessete anos. Iniciou a Faculdade de Direito no Recife em 1903. Perdeu o pai em janeiro de 1905, e o luto lhe serviu de inspiração para os primeiros sonetos publicados. Formou-se em Direito em 1907, passando a dar aulas e publicar poemas como fonte de renda. Casou-se em 1910 e logo se viu obrigado a vender o engenho da família, mesma época em que se desentendeu com o governador da Paraíba. Desempregado, mudou-se com a família para o Rio de Janeiro. Em 1912, publicou seu primeiro e único livro, *Eu*. Morreu em novembro de 1914, em Minas Gerais, vítima de pneumonia.

Obras principais: *Eu e Outras Poesias,* 1920; *Os Melhores Poemas de Augusto dos Anjos.*

Augusto dos Anjos

por Cris Moreira*

Augusto dos Anjos nasceu num momento de transições na sociedade brasileira. Sua família era dona de engenho no interior da Paraíba. Seu pai, advogado, incentivou-o desde pequeno, ensinando-o a ler. Essa forte presença paterna serviu de inspiração para que Augusto dos Anjos não só estudasse humanidades (como se classificavam os cursos àquela época) mas também ingressasse posteriormente na Faculdade de Direito do Recife, em 1903.

* Cris Moreira, formada em Publicidade, organizou a antologia *Inventário das Delicadezas* e participou da coletânea de contos *Outras Mulheres.*

Foi lá que o poeta foi apresentado às obras filosóficas positivistas tão em moda no Brasil e que acabaram por influenciar sua visão de mundo e sua voz poética. Em sua obra ecoam discursos cientificistas e evolucionistas, mesmo que muitas vezes sob um viés de ironia, sendo usados como ferramentas para questionar até mesmo o próprio cientificismo.

A morte de seu pai, em 1905, foi importante sob vários aspectos: serviu como inspiração para um conjunto de sonetos publicados no jornal *O Comércio* e foi o início da decadência econômica da família. Augusto dos Anjos passou a dar aulas para se sustentar logo depois de formar-se bacharel em Direito em 1907, além de escrever poemas sob encomenda como fonte de renda.

A crise mais grave veio em 1910, quando, após o casamento, viu-se obrigado a vender o engenho da família e a se mudar para o Rio de Janeiro, na tentativa de encontrar melhores condições de vida. Para o poeta, um desajustado e um crítico ferrenho da sociedade brasileira que exaltava costumes e modos europeus anacrônicos, isso foi apenas mais uma dificuldade. Se é correto dizer que a vida influencia a obra, então se entende a visão de ceticismo com relação ao amor, de eterna angústia com relação ao eu, e certo pessimismo que se sentem em seus poemas.

Mesmo com tantas dificuldades, uma delas sendo a incompreensão dos leitores da época, organizou sua produção e, em 1912, lançou seu primeiro livro, *Eu*. Depois de sua morte, o livro teria uma reedição, com o acréscimo de poemas publicados em vida pelo autor.

Apesar de sua obra ter sido recebida sem muita compreensão à época do lançamento, sua consciência de modernidade (o desencaixe com a cultura e os objetivos de sua época) serve de influência a poetas e escritores até hoje. Seus poemas já foram comparados a um “soco na cara” por Carlos Drummond de Andrade, e sua poesia, apesar da indecisão dos estudiosos quanto a classificá-la como simbolista ou parnasiana, é considerada por Ferreira Gullar como pré-modernista.

De qualquer maneira, é difícil mesmo classificar a poesia de Augusto dos Anjos. Contraditória, pois se vale do cientificismo para criar o alegórico-fantasioso. Escatológica por falar da podridão do corpo, beira o sublime ao usar essa corporeidade para chegar ao divino encontro da condição humana com sua origem na Natureza, no Cosmos perfeito e equilibrado, caminhando sempre sob a linha tênue entre vida e morte, entre criatividade e destruição. Para Augusto dos Anjos, vida e morte são apenas fatos químicos. Enquanto a sociedade em que cresceu falia, a visão de mundo que aprendeu não servia mais para assimilar a sua vida, de modo que ele passa a usar e misturar ciência, religião e filosofia para examinar a angústia que sentia. O corpo, preso ao mundo, apodrece, enquanto a alma anseia por conhecer novos horizontes.

Ironia ou não, no dia seguinte à sua morte, em novembro de 1914, é publicado um poema seu na *Gazeta Leopoldina*, cujo tema era justamente a hora da morte.

Bertolt BRECHT

✯Augsburg, Alemanha, 1898
✞Berlim, Alemanha, 1956

Eugen Berthold Friedrich Brecht, ou Bert Brecht como também assinava, foi um artista múltiplo e um incansável ativista político. Escreveu romances, contos, peças, poesia, ensaios, roteiros de cinema, libretos e canções, mas tornou-se profundamente reconhecido enquanto homem de teatro. Foi assistente do diretor Erwin Piscator, com quem iniciou suas pesquisas por um teatro político e posteriormente constituiu sua própria companhia em 1949, o *Berliner Ensemble*, que permanece em atividade até os dias atuais. Passou pelas guerras mundiais e revoltas operárias optando pelo marxismo como sua cartilha política. Sua preocupação social aparece em toda a extensão de sua obra. A violência do imperialismo, do capitalismo e do nazismo sobre os oprimidos foi o foco de sua escrita dialética.

Obras principais: *Poemas 1913-1956*; *Estudos sobre Teatro*; *Bertolt Brecht Fundamental vol. 1 e 2* (Teatro completo).

Bertolt Brecht

por Daniel Fraga de Castro*

Escritores de teor político muitas vezes sofrem preconceito quando alguém se aproxima de sua obra artística. No caso de Brecht, o lugar-comum aparece quando se sabe de suas convicções marxistas e se imagina que cada um de seus escritos possa ser reduzido a um panfleto denunciatório. Contra isso se poderia citar poemas seus que não possuem essa temática política explícita, como *A Árvore de Fogo* e *O Jardim de Flores*, mas também se

* Daniel Fraga de Castro é diretor de teatro, professor e doutorando em Letras com ênfase em Teoria da Literatura pela PUCRS.

sabe que sua lírica não está isenta dessa marca, principalmente em seus escritos sobre Lênin e a URSS. O poeta afirmava que a arte não tem uma posição neutra, ela sempre pressupõe um contexto político-social.

No entanto, Brecht também nunca defendeu uma arte estritamente panfletária, considerando que era admirador de Villon, Heine e Rimbaud. Para ele, era necessário pensar o aspecto político articulado em contradição com a forma estética para assim constituir uma ação dialética, permitindo uma constante renovação a cada leitura. Não se trata, portanto, de sempre emitir uma mensagem social por si mesma através da literatura, mas de revolucionar formalmente a linguagem para que a tomada de consciência do leitor aconteça.

Uma forma desse uso dialético da lírica aparece na negatividade de seus versos, nos quais uma imagem é seguida pela sua própria oposição. Em um de seus poemas mais conhecidos, "Do pobre B.B.", a voz lírica de Brecht afirma que apesar de ser um homem da cidade, carregava dentro de si o frio das florestas negras onde nasceu. Por trás de sua aparência amigável e conduta cordata existe um homem perigoso. Para as mulheres que sentam em seu colo adverte: "Em mim você tem alguém em quem não pode confiar". Uma frase emblemática para um escritor que trabalhou em conjunto com suas companheiras Elisabeth Hauptmann, Margarete Steffin e Helene Weigel.

Outra faceta de seus poemas aparece no seu aspecto narrativo. Sua lírica não é apenas uma forma que desperta o sentimento, mas é também o contar objetivo de uma história. Poemas como "A Prostituta Evelyn Roe", "A Infanticida Marie Farrar" e o "Poema do Soldado Desconhecido sob o Arco do Triunfo" são demonstrações de como a tensão entre o íntimo e a realidade podem gerar uma reflexão social. A narração funciona como uma parábola para ser interpretada.

Dentro deste viés Brecht pesquisou autores japoneses e chineses para a criação de uma poesia gestual em que o verso poderia se afastar da rima e apresentar-se como uma conversa direta, como aparece em "Aos que hesitam" e "Ablução". Esse tipo de procedimento permitiu-lhe abordar um largo conjunto de temas de modo crítico, mas talvez o mais interessante sejam suas inferências sobre a conduta moral do indivíduo. Em seu poema "De que serve a bondade", acusa os valores abstratos como inúteis diante da concretude das necessidades humanas mais básicas.

O poeta alemão acreditava que as obras artísticas tinham um valor temporário e o que, na melhor das hipóteses, poderia fazê-las duradouras era sua própria incompletude. Seu poema "Aos que vão nascer" é um testemunho disso, no qual coloca toda a sua luta em uma perspectiva histórica consciente de suas limitações. Brecht afirmava que apenas o horror o fazia escrever. Quando este cessasse, também cessaria sua poesia. Infelizmente os tempos sombrios não terminaram e sua poesia ainda é necessária para os homens calados e sofridos.

CAMILO PESSANHA

✭Coimbra, Portugal, 1867
✞Macau, possessão portuguesa na China, 1926

Camilo de Almeida Pessanha cursou direito em Coimbra, foi procurador em Mirandela e advogado em Óbidos. Em 1894, transferiu-se para Macau, para exercer a função de professor de Filosofia no Liceu de Macau. Após, foi conservador do registro predial e juiz de comarca. Entre 1894 e 1915 voltou à Portugal algumas vezes, para tratamento de saúde, quando travou contato com Fernando Pessoa e Mário de Sá-Carneiro. Publicou poemas em revistas e jornais. Seu único livro, *Clepsidra*, de 1920, saiu em Lisboa pelo empenho de Ana de Castro Osório. Mais tarde, a edição original foi ampliada com inéditos e publicada em 1945, 1954 e 1969. Mesmo com sua curta obra, é considerado um dos poetas mais importantes da língua portuguesa. Morreu em Macau, provavelmente vitimado pelo uso do ópio.

OBRAS PRINCIPAIS: *Clepsidra*, 1920.

CAMILO PESSANHA

por Luiz Antonio de Assis Brasil*

Se for possível caracterizar uma obra a partir dos elementos de um único livro, em Camilo Pessanha isso, por razões óbvias, é obrigatório. *Clepsidra* é uma recolha realizada ao sabor de publicações esparsas, não tendo seu autor a ideia (pelo menos isso não é aparente) de publicá-las em livro, o que ocorreu por razões explícitas em sua biografia. De *Clepsidra* temos de retirar, portanto, toda uma poética.

* Luiz Antonio de Assis Brasil é romancista e ensaísta. Autor de dezoito livros, é professor titular da PUCRS, onde ministra, desde 1985, a Oficina de Criação Literária.

O título não é inocente: "clepsidra", etimologicamente, é formado pelos vocábulos gregos *roubar* e *água*. Isso leva ao conceito de um relógio antigo, que marcava o tempo pela passagem (roubo) da água por um orifício. A água é, neste livro, um *Leitmotiv* que surge através de um léxico em que estão presentes algumas alusões: *chorar, vinho, beber, onda, regar, enxugar, hidrângeas* etc. Pessanha costuma ser classificado como simbolista (inclusive como o maior simbolista português), e não sem razões. Simbolistas desenvolveram ao máximo a utilização de um elemento – um símbolo – do qual aprofundavam todas suas variantes e repercussões poéticas. Em Cruz e Sousa, outro grande simbolista, vemos como é onipresente a cor branca, da qual derivam centenas de ressonâncias.

Do ponto de vista da estrutura, costumam os poetas dividirem suas próprias obras em núcleos temáticos, numa ordem que, por vezes, pode ser bastante subjetiva. Pessanha afasta-se do modelo, propondo uma organização *externa*, a partir de um critério que, sendo só seu, não deixa de constituir-se em referencial objetivo ao leitor. Os poemas estão assim dispostos: "Inscrição" (um poema curto); "Sonetos" (em que paga seu tributo a um gênero que nunca morreu, mas que, na altura de *Clepsidra*, possuía uma voga inegável) e, por fim, "Poesias" e "Outros poemas" – denominações que, se não são propriamente esclarecedoras, atestam a vacilação de Pessanha na denominação do gênero.

Interessante é "Inscrição", ao mesmo tempo um capítulo e um poema, que dá o tom a toda obra. E esse tom é fortemente pessimista, melancólico, a marcar a distância entre o eu e os outros, ou entre o eu e o mundo, numa dicotomia que constitui a coluna vertebral de seus poemas: "Eu vi a luz em um país perdido. / A minha alma é lânguida e inerme. / Oh! Quem pudesse deslizar sem ruído! / No chão consumir-se, como faz um verme…". Por esse e por outros textos, somados a uma vida excêntrica, com sua ponta de insanidade, Pessanha adquiriu o epíteto de *maldito*, o que diz bem da falta de sintonia de sua obra com a maioria da produção de seus contemporâneos, os quais, exceto alguns poucos, trilhavam os moldes dos cânones aceitos.

É notável no poeta a maturidade de sua escrita, que se permite, justamente por ser madura, romper com alguns modelos compositivos. Há momentos em que sofre a forma, em virtude de abruptos deslocamentos, mas ganha a expressão lírica. Mesmo quando o soneto é utilizado, não o faz de maneira a ser perfeito.

É sedutor o uso de suas imagens, que se apresentam coloridas, sensíveis ao toque, audíveis, enfim, pegando-nos numa hiperestesia envolvente e expressiva, cheia de antíteses: "Róseas unhinhas que a maré partira / Dentinhos que o vaivém desengastara... / conchas, conchinhas, pedacinhos de ossos...". Perceba-se, aqui, que o vocabulário lírico sofre um corte radical com o substantivo plural "ossos".

Essas descobertas estilístico-textuais, que pontuam sua obra, unidas a um sentimento profundo do pensar poético, é que fazem do autor um dos mais relevantes de nossa língua e justificam o lugar que ocupa nas letras portuguesas.

Carlos DRUMMOND DE ANDRADE

✭ Itabira, Brasil, 1902
✞ Rio de Janeiro, Brasil, 1987

Filho de Carlos de Paula Andrade e Julieta Augusta Drummond de Andrade, estudou nos colégios Arnaldo e Anchieta, de onde foi expulso por "insubordinação mental". Em Belo Horizonte, conhece, em 1924, Mário e Oswald de Andrade, Blaise Cendrars e Tarsila do Amaral. Em 1925, conclui o curso de Farmácia e casa-se com Dolores Dutra de Morais. Em 1930, publica *Alguma poesia*, de caráter moderno e inquietante, embora o autor o considere uma "deleitação ingênua com o próprio indivíduo". Em 1934, no Rio de Janeiro, torna-se chefe de gabinete do ministro Gustavo Capanema. Por décadas funcionário público, colaborou em jornais, revistas e suplementos literários. Tradutor de Molière, Balzac e Mauriac, entre outros, sua obra abrange poesia, crônicas e contos, tendo sido traduzida para inúmeros idiomas.

Obras principais: *A Rosa do Povo*, 1945; *Claro Enigma*, 1951; *Corpo*, 1984; *Poesia e prosa*, 1988.

Carlos Drummond de Andrade

por Maria do Carmo Campos*

Drummond deu-se a conhecer como cronista de vários jornais brasileiros e principalmente como poeta, com dezenas de livros, antologias e publicações mais completas. Sua poesia recupera temas eternos da lírica ocidental, como o amor, a mulher, a morte, a pátria, a poesia, ao mesmo tempo em que os transfigura, conferindo-lhes modernidade e os efeitos da sua própria e

---

* Doutora em Letras pela USP e professora de literatura na UFRGS, Maria do Carmo Campos é autora de *A matéria prismada, Matinas & Bagatelas* e *Guilhermino Cesar: memória e horizonte.*

diversa voz. Tais efeitos podem ser lidos nos poemas "Balada do amor através das idades", "O mito, Morte do leiteiro", "O marginal Clorindo Gato", "Hino Nacional", "Procura da poesia", entre outros tantos, de diferentes períodos. A obra também explora temas suscitados por uma observação aguda das idiossincrasias do século XX. Assim, a evocação da cidadezinha, a casa paterna e a fotografia que dói convivem com objetos perdidos no grotesco da memória, atropelada pela passagem do tempo. Abrem-se espaços para imagens fortes suscitadas pela cena urbana, o jornal, os fatos da história, a guerra, a morte, a mecanização da vida, a aceleração do tempo, a fragmentação do indivíduo, os fenômenos da comunicação, o lugar da palavra, a arte do século. A sucessão alternada de tais temas, em diferentes formas poéticas, convoca o leitor para aventuras de pensamento e linguagem, sustentadas pelo humor, pela ironia, pela melancolia e por uma rara lucidez, traços marcantes da singularidade do autor.

De matriz modernista, a poesia de Drummond ultrapassa o quadrante estético e ideológico dos anos 20 no Brasil, ao lançar-se a níveis temáticos e formais de maior complexidade, com perquirições de teor filosófico voltadas aos enigmas que subjazem a situações banais ou extraordinárias. É o que acontece em *Claro Enigma*, sob anunciada inspiração de Paul Valéry, com um conjunto de poemas em rumo diverso do percorrido até *A rosa do povo*. Já no primeiro livro, um *anjo torto* predestinava Carlos a uma vida *gauche*, a um olhar oblíquo, apto a captar pela palavra as relações entre o sujeito e o seu tempo.

Ao longo da obra, os poemas surpreendem por não se submeterem a padronizações, perseguindo desde temas clássicos aos mais corriqueiros, em tons diferenciados que vão do lírico ao cômico, do dramático ao coloquial, do solene ao paródico, tendência que já induziu um crítico a designar os recursos de Drummond como próprios de uma "dicção mesclada", sendo que a mescla pode acontecer até no interior de um mesmo poema. Na sequência dos poemas, o leitor chega até "A mesa" que evoca, em ritmo e linguagem peculiares, uma cena familiar mineira em que são apresentados todos os convivas ao pai já desaparecido, poema que é seguido por "A máquina do mundo" – narrativa de caráter elevado e rasgos de modernidade –, da busca do sujeito por um caminho, *numa estrada de Minas pedregosa,* em diálogo com a poética de Dante Alighieri.

Em Drummond, a presença do mundo assume diferentes imagens, abrindo uma perspectiva histórica – tão crítica quanto autoconsciente – dos limites e funções da poesia na atualidade. Já o amor é cantado em diferentes tonalidades desde "Quadrilha", relatos biográficos mais ou menos singelos, passando pelo recurso da personificação do amor em "Véspera" e pelo magnífico soneto "O amor e seu tempo", até maturar-se nas belas formas poéticas atingidas no livro *Corpo* (1984), em *Amar se aprende amando* (1985), em *O amor natural*, livro póstumo, plenitude do erotismo. A poesia de Drummond enfrenta um diálogo com as forças históricas transformadoras do seu tempo em sintonia com outras grandes vozes literárias.

Casimiro de Abreu

★ Barra de São João, Brasil, 1839
✞ Nova Friburgo, Brasil, 1860

Casimiro José Marques de Abreu nasceu em Barra de São João, interior do Rio de Janeiro, filho de um rico comerciante português que queria fazê-lo sucessor nos negócios. Aos dez anos, ingressou no curso de humanidades do Instituto Freese em Nova Friburgo. Em 1852, o pai o mandou ao Rio de Janeiro para trabalhar no armazém de um amigo. Mas o interesse do jovem passou a ser o teatro; novamente o pai interveio e o transferiu para Lisboa, onde se tornou um dos redatores de *A Ilustração Luso-Brasileira*. Sua estreia, em 1856, foi com a peça *Camões e Jaú*, apresentada no Teatro D. Fernando, com ótima acolhida de público e crítica. Retornou ao Brasil no ano seguinte e aqui publicou *As primaveras*, com apoio financeiro do pai, em dezembro de 1859. Morreu de tuberculose, aos 21 anos, na fazenda onde nasceu.

Obras principais: *Camões e Jaú*, 1856; *Carolina*, 1856; *As primaveras*, 1859.

Casimiro de Abreu

por Luiz Paulo Faccioli*

Oh! Que saudades que tenho / Da aurora da minha vida, / Da minha infância querida / Que os anos não trazem mais! / Que amor, que sonhos, que flores. / Naquelas tardes fagueiras / À sombra das bananeiras, / Debaixo dos laranjais!

Os versos iniciais de "Meus oito anos" certamente figuram entre os mais populares da poesia brasileira de todos os tempos.

* Luiz Paulo Faccioli é escritor e crítico literário. Colunista de literatura da BandNews FM Porto Alegre. Tem diversos livros publicados.

Ainda que o sentimentalismo típico do período romântico possa soar anacrônico aos ouvidos contemporâneos, várias gerações leram o poema de Casimiro de Abreu pela primeira vez nos bancos escolares e o guardaram decorado pela vida afora. Se não por inteiro, pelo menos aqueles oito emblemáticos versos, uma única estrofe que reúne os elementos fundamentais da temática do escritor fluminense, a começar pelo que lhe trouxe o epíteto de Poeta da Saudade, passando em seguida pela infância, pelos amores juvenis e idealizados e finalmente chegando ao brasilianismo característico da época que o exílio em Portugal só fez acentuar.

Mas sua condição de obra-síntese e, por consequência, o fato de ser objeto de estudo no colégio, só em parte conseguiria explicar a popularidade do poema. Ao cantar a nostalgia da infância, Casimiro de Abreu evoca um sentimento recorrente a qualquer pessoa em vários momentos da vida adulta, algo que o poeta faz com inimitável e genuína simplicidade. A mera referência ao sentir saudades de um tempo "que os anos não trazem mais" instantaneamente remete o leitor ao próprio passado e a tudo o que ele lastima não mais poder reviver – a impossibilidade talvez seja o tempero adicional dessa fantasia. Por último, mesmo sob o manto citadino e industrializado que veste nossas regiões mais desenvolvidas, subjaz sempre um Brasil de profundas raízes rurais. Ao mais metropolitano dos brasileiros, de uma forma quase atávica, ainda resta recordar com melancolia uma infância de férias passadas na chácara dos avós ou de peraltices vividas num pomar de arrabalde, em contato com a natureza e com um mundo que hoje parece estar a caminho de virar ficção.

A deliciosa musicalidade de versos construídos a partir de um léxico sempre muito simples também contribui para a fama de Casimiro de Abreu ser o mais popular poeta brasileiro, a despeito de sua obra poética estar reunida em apenas um volume. Alguns de seus versos parecem ter nascido ao dedilhado de uma moda de viola:

Moreninha, Moreninha, / Tu és do campo a rainha, / Tu és senhora de mim; / Tu matas todos d'amores, / Faceira, vendendo as flores / Que colhes no teu jardim.

A música, aliás, ganha um destacado papel em outro poema célebre, "A valsa", cuja estrutura rítmica imita com perfeição a cadência ternária da dança referida no título:

Tu, ontem, / Na dança / Que cansa, / Voavas / Co'as faces / Em rosas / Formosas / De vivo, / Lascivo / Carmim; / Na valsa / Tão falsa, / Corrias, / Fugias, / Ardente, / Contente, / Tranquila, / Serena, / Sem pena / De mim!

Talvez o que mais tenha aproximado Casimiro de Abreu do grande público e feito sua pequena produção poética resistir ao tempo para se impor hoje como um clássico de nossa literatura seja sua despretensão. Apesar da melancolia que lhe deu fama, a morte precoce o abateu em pleno voo rumo a um inevitável adensamento humano e artístico, e a consequência é esse frescor juvenil de olhar o mundo, revelando descobertas que os mais velhos já antes teriam feito e às quais devotariam agora um olhar menos romântico e mais cínico, e compondo sua poesia com leveza e naturalidade.

Castro ALVES

✯Curralinho, Brasil, 1847
✞Salvador, Brasil, 1871

Antonio Frederico de Castro Alves nasceu em 14 de março de 1847, na fazenda Cabaceiras, freguesia de Muritiba, comarca de Cachoeira, próximo de Curralinho, hoje, município de Castro Alves. Filho do médico Dr. Antonio José Alves e de Clélia Brasília da Silva Castro, fez os primeiros estudos em São Félix e em Salvador completou sua formação no Colégio Sebrão e no Ginásio Baiano de Abílio César Borges, que estimulou seu talento literário. Estudou Direito em Recife e em São Paulo, sem concluí-lo. Como poeta e orador, exerceu as atividades acadêmicas e com a mesma intensidade viveu a boemia. Teve paixão avassaladora pela atriz Eugênia Câmara. Com saúde frágil, morreu em Salvador, em 6 de julho de 1871, vítima de tuberculose. Em vida, publicou um único livro *Espumas flutuantes.*

Obras principais: *Espumas flutuantes*, 1870; *Os Escravos*, 1883; *O Navio Negreiro,* 1869.

Castro Alves

por Luiz Roberto Cairo*

Assim, Poeta, é tua vida imensa,
Cerca-te o gelo, a morte, a indiferença...
E são lavas lá dentro o coração.
(A meu irmão Guilherme de Castro Alves)

Os versos em epígrafe sintetizam os tons da poesia de Castro Alves, advinda do leitor apaixonado de escritores como Lord

* Luiz Roberto Cairo é professor aposentado de Literatura Comparada da UNESP/pesquisador CNPq. Publicou *O salto por cima da própria sombra* e *Araripe Júnior.*

Byron, Lamartine, Alfred de Musset, Alexandre Herculano, Victor Hugo, Heinrich Heine e Fagundes Varela.

Castro Alves foi poeta, dramaturgo e declamador, sensível leitor-intérprete de seus poemas, o que hoje chamaríamos de artífice performático do poema. Isso porque muitos de seus textos foram eternizados não só pela de *Espumas flutuantes* (1870), mas também pelas edições em revistas e jornais, pelas encenações de peças e pelo relato de suas performances ao declamar seus poemas em apresentações feitas desde a infância em eventos escolares e em saraus, grêmios estudantis das Faculdades de Direito de Recife e de São Paulo, bem como, após os espetáculos, nos palcos de teatros, em sacadas de casarios e em praças públicas.

Como poeta romântico explorou temas relacionados ao amor, à morte, à paisagem americana, à liberdade, à injustiça social e, principalmente, ao horror à escravidão.

Em 1860, ainda menino, declamava seus versos nas tertúlias organizadas por Abílio César Borges, diretor do renomado colégio, famoso por estimular os estudos com premiações. Os versos de então eram em geral laudatórios, em homenagem ao aniversário do mestre Abílio ou em comemorações a festas cívicas como o 2 de julho, independência da Bahia, ou o 7 de setembro, independência do Brasil. Dois anos depois, viajou com o irmão José Antonio para Recife, onde veio a conhecer, nos recitais do Teatro Santa Isabel, a atriz Eugênia Câmara, por quem se apaixonou loucamente e compôs o poema "Meu segredo": *Eu tenho dentro d'alma o meu segredo / Guardado como pérola do mar; / Oculto ao mundo como a flor silvestre / Lá no vale escondida a vicejar. / Eu guardo-o no meu peito... É meu tesouro, / Meu único tesouro desta vida. / – Sonho da fantasia – flor efêmera / Uma nuvem, talvez, no céu perdida... / (...) / Uma noite tentei fechar as pálpebras, / Debalde revolvi-me sobre o leito... / A alma adejava em fantasias d'ouro, / Arfava ardente o coração no peito. / A imagem que eu seguia? É meu segredo! / Seu nome? Não o digo... Tenho medo.*

Nesta época, tentou entrar para a Faculdade de Direito de Recife, mas, não conseguindo aprovação, retornou à Bahia, em companhia do irmão que sofria de depressão constante.

Em 1864, voltou a Recife e conseguiu matricular-se na Faculdade de Direito e frequentar o grêmio estudantil. Publicou no jornal *O Futuro* os poemas "O Tísico" e "Mocidade e Morte". É o momento do convívio com Tobias Barreto e Sílvio Romero, tendo participado de importantes disputas poéticas com o primeiro. Conheceu também o poeta Fagundes Varela, de quem se tornou amigo. Ainda neste ano, sofreu bastante com a notícia do suicídio do irmão José Antonio.

Após a morte do pai, em 1866, retorna a Salvador, transferindo-se em 1868 para o Rio de Janeiro e em seguida para São Paulo, onde retomou os estudos de Direito na Escola do Largo São Francisco. Bastante fragilizado pela tuberculose, que voltou a atormentá-lo e se agravava com a boemia e as intempéries do clima de São Paulo, resolveu retornar à Bahia, onde faleceu em 1871.

Nos últimos anos, dedicou-se à escritura da peça teatral *Gonzaga*, dos poemas e da organização do livro *Os Escravos*, publicação póstuma que irá consagrá-lo como o "Poeta dos Escravos".

Concluindo, faço minhas as palavras de Jorge Amado em *ABC de Castro Alves*: "Foi o mais belo espetáculo de juventude e de gênio que os céus da América presenciaram".

Cecília MEIRELES

★ Rio de Janeiro, Brasil, 1901
✝ Rio de Janeiro, Brasil, 1964

Única filha sobrevivente às investidas da morte que aniquila a sua família, é criada pela avó materna, natural dos Açores, a qual cultiva desde cedo na neta o interesse pela cultura lusitana, Índia e Oriente. Publica o seu primeiro livro de poemas, *Espectros*, em 1919, aos dezoito anos. Na década de 1920, vincula-se a escritores da chamada corrente espiritualista do Modernismo. Na década seguinte, funda a primeira Biblioteca Infantil da cidade do Rio de Janeiro, leciona na Universidade do Distrito Federal e atua na imprensa. Em 1938, recebe o Prêmio de Poesia Olavo Bilac da Academia Brasileira de Letras por seu livro *Viagem*, obra que marca a intensificação da sua produção poética. Em 1964, lança *Ou isto ou aquilo*, livro de poemas para crianças, que se torna um clássico da poesia infantil brasileira.

Obras principais: *Viagem*, 1938; *Romanceiro da Inconfidência*, 1953; *Poemas escritos na Índia*, 1961.

Cecília Meireles
por Ana Maria Lisboa de Mello*

Na obra da autora, a indagação sobre o sentido do Ser determina um redimensionamento de tudo, de modo que as avaliações do mundo são mediadas por essa questão essencial. Dela decorre uma percepção fina das manifestações da vida e um sentimento íntimo de comunhão com a natureza e todos os seres, afirmando a necessidade de participação e comprometimento

* Ana Maria Lisboa de Mello, professora da PUCRS e pesquisadora do CNPq, é coautora, entre outras obras, de *Oriente e Ocidente na poesia de Cecília Meireles* (2006).

com o mundo em que vive. No poema "Êxtase", do livro *Viagem*, o sujeito poético proclama que, ao empreender o seu itinerário, se vê como parte da totalidade: "Nem é preciso fazer nada, para se estar na alma de tudo". Integrado na harmonia cósmica, o eu lírico pressente que reúne em si a história de antepassados, de todos os tempos e lugares.

Em *Poemas Escritos na Índia*, *Poemas Italianos* e em crônicas de viagens, desenvolve, a partir de itinerários pela Europa, Índia e Oriente Médio, impulsionada pela visão do Outro, um mergulho em si mesma. Os espaços urbanos, com os vestígios dos percursos humanos, dão as coordenadas e sinalizações das viagens ao seu mundo interno. Humildes cidades indianas, como Patna, e locais históricos de Roma reafirmam valores, despertam sentimentos, provocam reminiscências, no sentido platônico, tornando redivivos conhecimentos anteriores, latentes, que se percebem em "Via Appia", poema no qual o eu poético expressa o sentimento de pertença à história e aos destinos humanos.

Em *Romanceiro da Inconfidência*, recupera um episódio da história brasileira para mostrar sentimentos que movem o ser humano e, consequentemente, a marcha da história. Recoloca, no cenário de Vila Rica, personagens que participaram dos acontecimentos, reconquistando o passado através da pesquisa e da imaginação. Ali, ressurgem os que haviam amado e sofrido, como Marília, os que planejaram a revolta, os obcecados pelo ouro, os delatores e os espectadores ingênuos da tragédia. Dignos ou indignos, todos os atos humanos fazem a história.

A avaliação negativa das circunstâncias terrenas, feitas de desencontros e de irremediável solidão, leva a conceber a existência como uma espécie de exílio em um estranho país, motivo por que, seguidamente, o eu lírico manifesta o desejo de nascer de novo, em outras circunstâncias. Esse desencanto alterna-se com um estado de serenidade, decorrente da contemplação amorosa da vida em todas as manifestações. Pequenas alegrias surgem da observação dos seres que mansamente cumprem seu destino, tais como "Os jumentinhos" e "O elefante", de *Poemas escritos na Índia*. Assim, os movimentos da alma estilhaçam-se em uma pluralidade de nuanças simbólicas que sugerem múltiplos sentidos, que não podem ser reduzidos a uma visão totalizante. O íntimo, aquilo que há de mais secreto, indicia-se por imagens, que, como a ponta de um *iceberg*, deixam entrever algo mais profundo ou inconsciente. A intuição é o guia da poeta nesses territórios do desconhecido e do misterioso.

Ao voltar-se para questões que refletem sobre a temporalidade, a morte e outros enigmas inquietantes, de qualquer tempo e lugar, a obra ceciliana ultrapassa as fronteiras cronológicas, geográficas ou artísticas, em direção à universalidade e atemporalidade. Em contrapartida, esses sentimentos íntimos são o resultado do seu confronto com as circunstâncias sócio-históricas, que, de um lado, convidam a uma participação ativa e crítica, realizada pela autora no campo da educação e do jornalismo e, de outro, no âmbito da poesia, a um recuo em direção ao essencial, de forma a armazenar as forças necessárias à atuação no mundo.

CHARLES BAUDELAIRE

★Paris, França, 1821
✝Paris, França, 1867

Nasceu em Paris, em 1821, filho de François Baudelaire e Caroline Archimbaut Dufaÿs. O pai morre em 1827 e, um ano depois, a mãe casa-se com Jacques Aupick, militar de carreira. Estudou no Colégio Real de Lyon e na Escola de Direito de Paris. Tentando livrá-lo dos hábitos devassos, o padrasto o envia a Calcutá. De volta a Paris, redige textos críticos e os primeiros poemas de *As Flores do Mal* e escreve "Paraísos artificiais" sob a inspiração de drogas. Em 1847, conhece a obra de Poe e, em 1852, traduz *Histórias Extraordinárias.* Publica poemas em revistas, reunindo-os em 1857, na primeira edição de *As Flores do Mal*, censurada por ferir a moral da época. Em 1866, sua saúde se agrava, morrendo nos braços da mãe em agosto de 1867.

OBRAS PRINCIPAIS: *As Flores do Mal*, 1857; *Os Paraísos Artificiais*, 1860; *O Spleen de Paris. Pequenos Poemas em Prosa*, 1869.

CHARLES BAUDELAIRE
por Gilda Neves Bittencourt*

Baudelaire foi um dos poetas mais geniais da literatura ocidental, verdadeiro divisor de águas em relação ao cânone estético que vigorava na primeira metade do século XIX. Com aguda sensibilidade, percebeu as transformações que se operavam nas grandes metrópoles, onde sobressaía a vida urbana e os hábitos de uma sociedade citadina que passavam a exigir do poeta um olhar diferente, que expressasse com maior fidelidade as novas

* Gilda Neves Bittencourt, professora associada de Teoria Literária e Literatura Comparada (UFRGS), é autora de *O conto sul-rio-grandense: tradição e modernidade.*

condições de vida. Vivendo em Paris, a "capital do século XIX", Baudelaire pôde acompanhar de perto as mudanças que deram um novo perfil àquela metrópole, até então apertada em meio a ruelas e becos tortuosos, de herança medieval, ganhando a partir daí um traçado moderno que abriu extensos quarteirões com avenidas e calçadas largas.

O desenvolvimento da cidade trouxe novos hábitos de consumo, com o incremento do comércio, provocando o aparecimento das chamadas "passagens", que reuniam várias lojas numa maneira inovadora de oferecer produtos ao abrigo das intempéries. Essas modificações se refletiram no surgimento de hábitos da sociedade parisiense e de tipos sociais, como a figura do *flâneur*, retratado em vários poemas de Baudelaire, como aquele sujeito errante que percorre as ruas da cidade, observando a multidão em torno. Essa mesma multidão o poeta parisiense já havia reconhecido ao descobrir Edgar Allan Poe, com quem se identificou em vários pontos e cuja obra traduziu em parte, tornando o escritor norte-americano conhecido na França e, por conseguinte, na Europa. No poema "A uma passante" de *As Flores do Mal*, Baudelaire expressa um sentimento de fugacidade e permanência que deveria estar presente no poeta moderno; em meio aos ruídos da rua, a passante surge e desaparece, num instante fugaz, mas o suficiente para impressionar para sempre a sensibilidade do poeta. Embora os versos de Baudelaire não mostrem explicitamente a cidade de Paris, ele focalizou em sua poesia lugares mundanos e uma variedade de tipos parisienses representantes das classes desfavorecidas.

Ao mostrar assim a realidade, Baudelaire fazia emergir de seus versos uma nova poética que resultava em valores e sentidos inovadores, evidenciando um modo distinto de conceber a arte. Desta forma, o olhar diferente e a intensidade com que o poeta abordou o mundo urbanizado, tanto em seus poemas, como nos escritos críticos, evidencia uma ligação precursora com a modernidade. A criação deste termo é também obra do poeta parisiense de um texto famoso cujo título é "O pintor da vida moderna", em que, ao analisar a obra do pintor Constantin Guys, afirmava que o pintor moderno não deve expressar o que vê, mas o que sente, e como sente. No efêmero, o artista moderno deverá procurar pelo eterno.

Dotado de extrema sensibilidade, Baudelaire colocou lado a lado as distintas experiências dos sentidos, provocando sensações sinestésicas, como acontece no poema "Correspondências", de *As Flores do Mal*, considerado o poema-manifesto do Simbolismo, fazendo de seu autor o grande precursor da nova corrente estética. Esse viés, que também remete à modernidade, foi reconhecido pelo crítico Edmond Wilson em *O Castelo de Axel*, livro no qual associa Poe e Baudelaire à estética simbolista. Charles Baudelaire foi uma das mais controversas personalidades da literatura francesa e um dos maiores poetas universais. Sua maneira de sentir, moderna à sua época, é urbana, e, por tê-la entendido deste modo, tornou-se o grande representante da modernidade.

CONDE DE LAUTRÉAMONT

✯Montevidéu, Uruguai, 1846
✞Paris, França, 1870

O Conde de Lautréamont, apodo utilizado por Isidore Ducasse na publicação de sua obra, é amiúde apresentado como escritor francês, pertencente a uma geração alcunhada de *poetas malditos*, cujas obras foram concebidas e inicialmente publicadas na segunda metade do século XIX, geração esta também integrada por nomes como Arthur Rimbaud, Charles Cros e Tristan Corbière. Lautréamont, já residindo na França, publica as suas próprias expensas o primeiro dos seis *Cantos de Maldoror*, em 1868, junto aos editores Gustave Balitout, Questroy et Cie., tendo a edição completa, tal como hoje a conhecemos, sido publicada no ano seguinte, na Bélgica, por Albert Lacroix. Embora tenha falecido extremamente jovem, atualmente é uma referência incontornável à literatura francesa do século XIX.

OBRAS PRINCIPAIS: *Cantos de Maldoror*, 1869; *Poesias I*, 1870; *Poesias II*, 1870.

CONDE DE LAUTRÉAMONT

por Alcione Correa Alves*

As circunstâncias biográficas da vida de Isidore Lucien Ducasse ainda permanecem bastante obscuras. Em 2012, o escritor uruguaio Ruperto Long empreendeu uma pesquisa exaustiva em busca de tais dados biográficos, com o intuito de, reconstituindo sua trajetória de vida, relacioná-la e entrecruzá-la com a obra literária. Com a publicação de Long, passamos não apenas a conhecer

* Alcione Correa Alves é professor adjunto I na Universidade Federal do Piauí. Coordena o Núcleo sobre Africanidade e Afrodescendência – Ifaradá.

circunstâncias biográficas da trajetória de Ducasse no Uruguai, que se mostram significativas à compreensão de sua obra, como, também, percebê-lo para além de um poeta maldito.

Isso porque o Conde de Lautréamont é amiúde apresentado como escritor francês pertencente a uma geração alcunhada de *poetas malditos*, cujas obras foram concebidas e inicialmente publicadas na segunda metade do século XIX. Além disso, Lautréamont também costuma ser apresentado como poeta consagrado por sua redescoberta, nos anos 1920, pelo grupo surrealista francês (Lautréamont é citado, nominalmente, em uma das versões do *Manifesto do Surrealismo*) e por autores da envergadura de André Gide, em um movimento no qual sua obra passa a se situar como referencial e precursora às vanguardas literárias francesas no século XX.

Contudo, a partir da obra investigativa de Long, *No dejaré memorias: el enigma del Conde de Lautréamont*, pode-se perceber Lautréamont, também, enquanto parte de um grupo de escritores não exatamente maldito mas, precisamente, de escritores nascidos e/ou radicados nos países do Prata cujas obras são associadas e identificadas como pertencentes ao sistema literário francês. Neste grupo, caberia citar, por exemplo, a poesia de Jules Supervielle (1884-1960), poeta montevideano ou franco-uruguaio que, para além da qualidade de sua obra, também se notabiliza como dissonância crítica ao movimento contemporâneo, e preponderante, da poesia surrealista na França; ou ainda, a obra do escritor e crítico literário Paul Groussac, poeta franco-argentino que, em movimento contrário aos de Lautréamont e Supervielle, regressa e se instala na Argentina para, desde ali, empreender sua obra e suas interlocuções com o pensamento latino-americano. Não faltam, a este respeito, interpretações de sua obra que apontem, ou sugiram, referências platinas na obra de Lautréamont, quiçá em seu próprio apodo (onde "Lautréamont" poderia, em última instância, significar *L'autre est à Mont...*, esta última palavra como abreviação de Montevidéu, capital onde nascera o autor).

Apesar de, atualmente, as associações de Lautréamont como precursor do surrealismo francês, assim como precursor da vertente hoje caracterizada como literatura fantástica (situado ao lado de Guy de Maupassant, Edgar Allan Poe ou Howard Phillips Lovecraft) sejam recorrentes, a complexidade de sua escrita, notadamente dos seis *Cantos de Maldoror*, tem propiciado, ao longo do século XX, abordagens bastante distintas de sua obra, tida muitas vezes como hermética. Destes estudos, cabe citar, sobretudo, o livro *Lautréamont* (1939), onde Gaston Bachelard propõe elementos ao questionamento de uma relação supostamente natural entre obra literária e contexto histórico; assim como *Lautréamont y Sade* (1990), obra de Maurice Blanchot escrita dez anos depois. Tais abordagens, bem como seus desdobramentos em estudos contemporâneos, testemunham a diversidade de interpretações possíveis à obra de Lautréamont para além de uma via única de precursor do surrealismo, ou de um resumo à condição de poeta maldito, acometido de hermetismo.

Cruz e SOUSA

✯ Florianópolis, Brasil, 1861
✞ Antônio Carlos, Brasil, 1898

João da Cruz e Sousa nasceu em Florianópolis, em 24 de novembro de 1861, filho de escravos, foi adotado por seus antigos senhores, que lhe franquearam casa e estudos. Aos vinte anos, inicia-se no jornalismo e viaja o Brasil com uma companhia de teatro. Em 1890 instala-se no Rio de Janeiro, onde participa ativamente do meio cultural, publicando, em 1893, *Missal* e *Broquéis*. Casa-se e tem quatro filhos, que a tuberculose vai tomando-lhe aos poucos. A esposa, Gavita, enlouquece. Ele adoece também e retira-se para Minas Gerais onde espera curar-se da tuberculose, o que não acontece, pois vem o poeta a morrer em março de 1898.

Obras principais: *Broquéis*, 1893; *Missal*, 1893; *Faróis*, 1900.

Cruz e Sousa

por Ricardo Postal*

Cruz e Sousa é poeta ímpar na literatura brasileira, não apenas por ascender de uma condição social inferior para a vida literária, mas pelo que fez com as palavras, transformando-as em objetos sensíveis, mesmo quando se desfazem à nossa frente. Nome máximo do simbolismo, carregou de sonoridade e sensoriedade a poesia de tal forma que é facilmente reconhecível em poucos versos, caráter forte de gênio que se imprime com traços precisos.

Silvio Romero bem notou que nosso poeta não descreve nem narra. Não está preocupado com passar uma mensagem, mas sim com abrir as palavras para que delas brotem o contato com o inalcançável. Instalando em cada palavra um mistério, Cruz e

* Ricardo Postal é professor de Literatura Brasileira na Universidade Federal de Pernambuco, tendo artigos publicados sobre literatura contemporânea.

Sousa exige dos leitores atenção e cuidado, pois sua poesia não é ligeira. Gera-se então uma aparente contradição, visto que a musicalidade elaborada faz com que se leiam as poesias de modo fluido, corrente. É preciso, pois, depois de "cantar" as palavras, decantá-las e, tomando-as com a delicadeza que merecem, escutá-las com a mão em concha ao ouvido. Longe, como vindo do mar, as escumas, brumas e branquidões atiçarão os sentidos e farão ver, para além desses véus sublimes, o conteúdo de seu simbolismo.

Tais aspectos foram sintetizados por Nestor Victor no elogio à capacidade do poeta negro de moldar a língua portuguesa aproveitando-lhe todas as cores e matizes. Ainda no tema da percepção visual, Roger Bastide mostra que Cruz e Sousa passa dos verdes e roxos e vermelhos aos rosa pálidos, marfins, dourados até centrar a atenção no que o crítico francês chama de "nostalgia do branco" que vai dominar suas poesias. Sua sensualidade é a do êxtase, a da descoberta do imaterial desvendado no milagre da palavra ("É preciso subir ígneas montanhas/ E emudecer, entre visões estranhas/ Num sentimento mais sutil que a Morte"), e não a da carne, luxuriante objeto envolto na pele escura e marcada pelos castigos degradantes.

No espaço sagrado do mundo das ideias, todos os homens que sejam capazes de alcançá-lo tornam-se iguais. No baile das imaterialidades, os eflúvios, almas e vaporações podem misturar-se livremente. A passagem para a tenebrosa noite é feita pelo caminho crepuscular onde novamente as coisas se dissolvem para a visão, momento "entre cão e lobo" em que tudo se torna indistinto e lúgubre, libertando das formas e da matéria, através da fluidez do vaporoso e do inapreensível. Ali, nessa escuridão prolongada, a luz tênue da lua vem tudo novamente embaçar: "E fria, fluente, frouxa claridade".

Não se furta o poeta de tratar dos temas terrenos, como quando canta a angústia: "Das crianças que vêm da negra noite, / dum leite de venenos e de treva, / dentre os dantescos círculos do açoite / filhas malditas da desgraça de Eva.". Note-se o parentesco com o que fez de Castro Alves o poeta dos escravos, aqui visto pelo escravo que se fez poeta. Vitimado pelas tragédias da vida e pela doença, Cruz e Sousa lutou contra uma sociedade que lhe fechou portas por sua raça e passado de escravo, tendo a crítica e a história da literatura demorado muito para colocá-lo no devido lugar entre os maiores poetas. Foi alguém que soube expressar o que não se pode colocar em palavras e tornar visíveis as imprecisões da alma. Lembrado mais facilmente por violões de veludosas vozes, Cruz e Sousa deve ser sempre retomado por quem quer compreender o fazer poético bem lapidado e uma alta capacidade de simbolizar num manejo firme das palavras e das imagens.

Dante ALIGHIERI

✯ Florença, Itália, 1265
✞ Ravena, Itália, 1321

Dante Alighieri nasceu em 1265 em Florença, Itália, na época uma das mais importantes cidades da Europa, repleta de riqueza e atividade política. Cresceu em um ambiente multilíngue, ingressando no círculo do mestre Brunetto Latini. Aos nove anos, encontrou pela primeira vez Beatriz, musa inspiradora com quem voltaria a se deparar aos dezoito anos. Em 1285, casou-se com Gemma Donati. A partir de 1291, passou trinta meses estudando em escolas religiosas, provavelmente dominicanas e franciscanas. Devido às desavenças entre as facções que governavam Florença, em 1302 foi banido da cidade, à qual jamais retornou. Passou os últimos vinte anos em diversos lugares, principalmente em Verona e Ravena. No exílio, escreveu *A Divina Comédia*, sua obra-prima. Morreu em 1321, vítima de malária.

Obras principais: *Vida Nova*, 1295; *A Divina Comédia*, 1321; *Lírica*, 1321.

Dante Alighieri

por Fábio Prikladnicki*

Dante Alighieri é um dos raros autores cuja obra é tão influente que seu nome foi derivado em um adjetivo utilizado no linguajar cotidiano: dizemos que algo é "dantesco" quando queremos nos referir a uma experiência terrível semelhante à dos personagens do *Inferno*, o segmento inicial de *A Divina Comédia.*

Reunindo poemas escritos durante uma década, entre 1283 e 1293, alternados com trechos em prosa, *Vida Nova* é não

* Fábio Prikladnicki é jornalista e mestre em Literatura Comparada (UFRGS). É repórter e colunista do jornal *Zero Hora*, em Porto Alegre.

apenas o primeiro livro de Dante, mas também uma obra fundadora do que hoje chamamos de literatura italiana. Trata-se de um trabalho difícil de ser catalogado, que relata o amor de Dante por Beatriz, a quem o poeta relaciona à presença de Cristo. A forma, que reúne poemas e comentários do autor sobre estes, foi uma inovação de Dante.

No exílio, começa a escrever duas obras, mas as deixa inacabadas. *De Vulgari Eloquentia* ("Da Eloquência em Vernáculo") é um tratado dirigido à intelectualidade da época, no qual defende que a poesia vernacular (em italiano) merece a mesma consideração dedicada até então à arte em latim. Já *Il Convivio* ("O Banquete"), do qual deixou apenas quatro das quinze partes planejadas, remete à *Vida Nova*: também é composto na forma de comentários sobre poemas. Reafirmando o compromisso do autor com a filosofia, marca uma transição para *A Divina Comédia*, que começa a ser escrita, em 1304, ao mesmo tempo em que *Il Convivio.* No ensaio *Monarchia* ("Monarquia"), Dante reflete sobre a relação entre Estado e Igreja, provocando a revolta desta, que proibiu o livro de 1554 a 1881.

Sua grande obra, sem dúvida, é *A Divina Comédia*, um poema narrativo de cerca de 14 mil versos em que o autor, falando em primeira pessoa, encontra personagens históricos, mitológicos e outros que fizeram parte de sua biografia. Durante sete dias, o narrador conhece três reinos dos mortos: *Inferno*, *Purgatório* e *Paraíso.* O poeta é guiado por Virgílio, célebre poeta latino que escreveu o épico *Eneida.* Ao final do *Purgatório*, Virgílio entrega a tarefa de cicerone a Beatriz, amada de Dante, que o conduz pelo *Paraíso.*

O título da obra, escrita provavelmente entre 1307 e 1321, não se refere à comédia no sentido atual do termo: o gênero, para Dante, opõe-se à tragédia, pois tem um desfecho feliz, por assim dizer. O adjetivo "divina" não vem do autor: foi incorporado ao título postumamente, em 1555. Escrita em italiano, e não em latim (a língua das grandes obras da época), a *Comédia* tem um esquema de rimas complexo, conhecido como *terza rima*, em que as estrofes apresentam três versos, sendo que o primeiro rima com o terceiro, e o segundo rima com o primeiro da estrofe seguinte (pode-se representá-lo assim: ABA BCB CDC). Não há registro de que alguém, antes de Dante, tenha escrito desta forma.

Apesar da situação inusitada que motiva a *Comédia* – Dante encarna um personagem vivo que viaja ao mundo dos mortos e retorna para contar o que presenciou –, o estilo é de um realismo bastante particular. Essa galeria de personagens de diversas épocas, agora convivendo em um só tempo, é uma das imagens poderosas legadas por Dante, influenciando outros criadores até a atualidade. Por esses e outros méritos, esta obra escrita na era medieval permanece como uma das grandes realizações da expressão humana de todos os tempos.

Dylan THOMAS

✯ Swansea, País de Gales, 1914
✞ Nova York, Estados Unidos, 1953

Cresceu na cidade industrial de Swansea, no País de Gales. Incentivado pelo pai, professor de Literatura Inglesa, começou a escrever poesia na adolescência, sendo editor da revista da escola onde estudava. Ao deixar a escola, trabalhou como repórter de um jornal local. Em 1939, com o início da guerra, mudou-se para Londres. Dispensado do serviço militar por problemas de saúde, iniciou a carreira como roteirista de filmes e de curta-metragens de propaganda. Após a guerra, trabalhou em programas de rádio e produziu peças veiculadas em estações locais. Entre 1934 e 1952, publicou oito volumes de poesia e diversas coleções de contos. No início dos anos 1950, em turnê nos Estados Unidos, faleceu, vítima de complicações causadas por uma pneumonia e um edema cerebral.

Obras principais: *Retrato do Artista Quando Jovem Cão*, 1940; *Sob o Bosque de Leite*, 1954; *Uma Visão do Mar e Outros Contos*, 1955.

Dylan Thomas

por Alan Fear*

A literatura galesa escrita em língua inglesa – e não em língua galesa – surgiu ao final do século XIX, início do século XX, como resultado da colonização inglesa e das políticas de ensino preconizadas pelo sistema de educação inglês. Falantes bilíngues dos idiomas inglês e galês, os pais de Dylan Thomas, a exemplo de muitas famílias galesas de classe média da época, desejavam que seu filho fosse educado no idioma inglês.

* Alan Fear é doutorando em Literaturas de Língua Inglesa da UFRGS e professor na ESPM.

Durante as férias escolares, Thomas visitava parentes no interior de Carmarthenshire onde a língua galesa dominava. Em Carmarthenshire, Thomas podia desfrutar de traços da cultura galesa que não pareciam presentes na cidade de Swansea. O poeta vivia entre duas culturas contrastantes: de um lado, a língua inglesa formal utilizada nas escolas das grandes cidades – língua preferida pelo patriarca da família; de outro, a cultura galesa, atrelada a um País de Gales selvagem e misterioso, no qual a mitologia celta, as lendas e a história do país se fundem ao progresso e ao desenvolvimento industrial das cidades da época. Essas duas faces do País de Gales indicavam uma fase de ruptura e transformação à qual o país foi submetido por conta da colonização inglesa. Uma nova cultura anglo-galesa passava a existir. Essa cultura híbrida é expressa por escritores como Dylan Thomas que foi capaz de traduzir o estilo de vida, as emoções, as atitudes e os valores galeses por meio do idioma inglês.

Apesar de ter sido educado por meio da língua inglesa, o poeta também parece ter sofrido influência da poesia galesa – escola renegada por Thomas, que não reconhece tal influência. O escritor, que não sabia ler, escrever ou falar em galês, chega a negar, em carta enviada à revista *Spectator*, a influência dos poetas galeses em seu trabalho. Entretanto, o estudo da obra do autor deixa claro o emprego de uma forma poética galesa conhecida como *cynghanedd* – que significa "harmonia" –, marcada pelo uso de rima interna, consonância, assonância, aliteração e ritmo com a sílaba tônica. Assim como *cynghanedd*, Thomas também lança mão de outra característica da poesia de língua galesa, *dafod cerdd*, literalmente "língua musical", que consiste na estruturação de um verso a partir da contagem de sílabas e não de pés métricos como na poesia convencional escrita em língua inglesa. Como se estivesse em busca de suas raízes celtas, Thomas faz das forças da natureza, dos ciclos da vida, da procriação e da morte temáticas principais da sua poesia sempre muito relacionada à natureza humana.

Costuma-se dizer que o sotaque galês, quando se fala em inglês, tem um som musical ou "cadenciado", Thomas parecia consciente disso. Frequentemente, fazia uso desse sotaque para imprimir efeito em seu trabalho, combinando *cynghanedd* e *dafod cerdd* com o som de uma voz galesa – Thomas sempre dizia que seu trabalho deveria ser lido em voz alta. Deste modo, conscientemente ou não, imitava outra característica da poesia celta, ou seja, a musicalidade e a importância dos sons sobre o significado.

Edgar ALLAN POE

★ Boston, Estados Unidos, 1809
✝ Baltimore, Estados Unidos, 1849

Órfão muito cedo, depois de uma infância e juventude atribuladas, tornou-se um jornalista relativamente conhecido em Richmond, mas sua instabilidade impedia-o de se fixar no mesmo lugar. Publica seus primeiros versos em Boston, em 1827; vai trabalhar em Nova York, em 1837; em 1839, muda-se com a família para a Filadélfia, onde publica alguns de seus contos mais conhecidos – "William Wilson", "A Queda da Casa de Usher", "O Barril de Amontillado", "O Gato Preto". Em 1841, publica a resenha sobre *Twice-Told Tales*, de Nathaniel Hawthorne. Em 1845, de volta a Nova York, com a publicação de "O Corvo", é aclamado como grande poeta. Em 1847, sua jovem esposa Virgínia morre, deixando-o consternado, mas, em 1849, volta a escrever com sucesso. Atravessava uma fase de relativa prosperidade quando veio a falecer em circunstâncias misteriosas, em 1849.

Obras principais: *Contos de terror, de mistério e de morte*; *Poemas e ensaios*; *Ficção completa, poesia e ensaios.*

Edgar Allan Poe

por Patrícia Lessa Flores da Cunha*

Não deixa de ser surpreendente o fato de que os muitos e diversos críticos que se preocuparam em ler Edgar A. Poe de forma extensiva concordem que suas realizações são igualmente relevantes nas três áreas da produção literária a que se dedicou – poesia, ficção e crítica –, caracterizando-o como uma ocorrência singular entre os autores do seu tempo.

* Patrícia Lessa Flores da Cunha é doutora em Literatura Brasileira, tradutora e crítica literária. Foi professora de Literatura Comparada da UFRGS.

À sua época e ao seu modo, descomprometido com quaisquer alianças literárias, um sulista à vontade para criticar o provincianismo da incipiente literatura de seu país, Poe foi um mordaz formador de opinião, um poeta maldito. Suas ideias nada ortodoxas, mas com indiscutível clareza, definiam a existência de um estilo, o estilo de Poe, não pretendendo, todavia, dispor leis que governassem toda a Arte. Ao defender vigorosamente a posição de que a literatura (leia-se poesia) devesse ser avaliada a partir de sua especificidade apenas, contribuiu para a ruptura da tradição tirânica do Didatismo, aproximando-o assim das posteriores correntes estéticas de cunho mais formalistas. Como precursor do *New Criticism* norte-americano, Poe foi um poeta-crítico que escrevia com paixão a sua *práxis*.

Na concepção de Poe, o mundo da criação literária é essencialmente hierárquico: na base, estão as obras realistas, os romances; no meio, a prosa dos contos; no topo, o verdadeiro poema. Define, então, a poesia como a criação rítmica da *Beleza*, cujo único árbitro é o *Gosto*, não se relacionando, a não ser incidentalmente, com o *Dever* ou a *Verdade*. O prazer da poesia adviria da contemplação do *Belo* que, como toda emoção, é transitório. Traindo assim a sua formação clássica, não existiria, para Poe, um poema longo – isso é um "paradoxo" –, de forma audaz, assinalou a "morte" do poema épico. Não é à toa que as primeiras manifestações positivas acerca da obra de Poe tenham surgido com a tríade do Simbolismo francês – Baudelaire, Mallarmé e Valéry, reconhecidamente os responsáveis por sua "redescoberta".

Pois raramente é encontrada, entre os autores que se detiveram com preocupações semelhantes, uma defesa tão lúcida e apaixonada do valor da Arte pela Arte. Com efeito, para Poe, a mais perniciosa das heresias críticas do seu tempo seria essa heresia do Didático, pois a poesia nada tem a ver com moralidade ou verdade, uma vez que não é o poema o melhor lugar para serem discutidas tais ideias – embora o verdadeiro poeta pudesse e devesse sugerir a Verdade através da Beleza.

Talvez exemplos maiores dessa produção esteticamente engajada sejam os poemas "O Corvo" (*The Raven*) e "Annabel Lee", ambos muito traduzidos, porque estreitamente inseridos na tradição das estórias românticas. O primeiro, que relata o malogro de uma relação amorosa, foi publicado em 29 de janeiro de 1845, pelo *Evening Mirror*, e tornou-se de imediato um sucesso entre os seus leitores. De forma inusitada até então, o texto foi dissecado no ensaio "A Filosofia da Composição" (1846), em que o autor demonstra hábil e pontualmente como escreveu o poema. O segundo, publicado em novembro de 1849, provavelmente uma homenagem póstuma à sua esposa Virginia, é um bom exemplo da peculiar construção sonora de Poe, tão admirada pelos simbolistas, e de sua fixação temática na morte de jovens mulheres. A capacidade de adentrar nos recônditos da mente para revelar, através de uma poesia extremamente imaginativa, a combinação de estranheza, culpa e obsessão que aflige o ser humano transformou Edgar A. Poe em um escritor reverenciado, um verdadeiro *cult*.

E. E. CUMMINGS

✯Cambridge, Estados Unidos, 1894
✞North Conway, Estados Unidos, 1962

Edward Estlin Cummings, que preferia a grafia e. e. cummings, foi criado no berço de uma família protestante. Estudou em Harvard, especializando-se em literatura grega. Com a Primeira Guerra Mundial, alista-se como voluntário, sendo designado para a França. É preso por três meses e meio, permanecendo praticamente incomunicável com o mundo exterior. Seu romance *The Enormous Room*, publicado em 1922, traz suas memórias desse cárcere, sendo considerado por Ernest Hemingway como "inigualável". Nesse período começa a se dedicar à poesia e à pintura. Foi casado três vezes, sendo que sua única filha, fruto do primeiro casamento, só veio saber quem era seu pai muitos anos depois do nascimento. Faleceu em sua fazenda, poucas horas depois de sofrer uma hemorragia cerebral.

Obras principais: *40 Poem(a)s*, 1986; *Poem(a)s*, 2014.

E. E. Cummings

por Estevan de Negreiros Ketzer*

O que podemos ler em um texto? Responder a essa pergunta é parte da insistência em um trabalho artesanal diante do mistério das palavras. E. E. Cummings propôs uma nova chave de leitura através dos diferentes modos da percepção humana manifestar-se, atingindo com a utilização das palavras outras formas comunicativas sem, porém, obliterar o aspecto lírico.

---

* Estevan de Negreiros Ketzer é psicólogo clínico. Doutorando em Letras pela PUCRS. Tem trabalhos publicados acerca da relação entre filosofia, poesia e psicanálise.

Em um primeiro momento a obra de Cummings causa uma profunda estranheza pelo uso de espaçamentos e também seu desuso, unindo vírgulas e pontos entre as palavras, mudanças bruscas na gramática inglesa, uso de letras maiúsculas dentro de palavras minúsculas. Aos 41 anos, com sua obra *No Thanks*, de 1935, recusada por catorze editores, ele nos brinda com ironia, representando um poema em forma de cálice composto dos nomes de todas as editoras que o haviam rejeitado. Além dessa capacidade criativa, crítica à conservadora sociedade letrada estadunidense, o modo como o poeta escrevia servia justamente de desafio ao reconhecimento do cotidiano de seu tempo, entre as décadas de 1920 e 1950 dos EUA. Em "POEMA, OU A BELEZA FERE O SR. VINAL", o poeta toma o famoso hino nacionalista "América, eu te amo", sobreposto ao ideal do homem bem-sucedido, mas perdido entre as muitas marcas de empresas consagradas, em uma terra fragmentada com outros "delicadamente castrados (ou enterrados)". Enfim, um homem igual a todos os cem milhões de cidadãos do país. A forma de mostrar isso, com o texto recortado por travessões, já dá o mote de seu teor e das dificuldades na leitura.

Com o poema "gafanhoto", de *No Thanks*, fica nítida a intenção em demonstrar que o trabalho com as palavras pode transbordar para fora do lirismo. Ao demonstrar o movimento do pulo do gafanhoto com a disposição das letras no papel, ao invés de descrevê-lo com os significados das palavras, salienta-se a sonoridade do verso e a visualidade do elemento palavra, mais um entre outros. Não por acaso, Augusto de Campos é seu principal tradutor para o português: esse processo de composição foi uma das características principais do movimento concreto brasileiro, das décadas de 1950 e 1960.

Também no plano lírico, Cummings não pode deixar de ser citado como impressionante. Em "eu gosto do meu corpo...", do livro *& (and)*, de 1925, ele foge de um texto repleto de adjetivos e ideais do feminino, preferindo reparar nas partes musculares, nervosas e ósseas do corpo de sua musa. Com a morte de seu pai em um acidente de trem, vemos esse processo lírico se intensificar, nunca abandonando por completo o caráter imagético. Como exemplo dessa fase temos o poema "Meu pai se movia através de sentenças de amor", do livro *50 POEMS,* de 1940. Nele, o poeta fala de um pai em que "sua tristeza era tão verdadeira quanto um pão", provocando, além de uma ideia acerca de um homem de caráter inigualável, a memória de uma sociedade que desapareceu devido ao surgimento de uma modernidade demolidora.

No livro *1 X 1*, de 1944, encontramos como o poeta vê o homem: "piedade desse monstro em ação, humanimaldade? / não. O progresso é uma doença confortável: / tua vítima". Essa versificação fala muito de como ele, mesmo ao usar elementos gráficos típicos da impressa moderna, tinha em mira justamente a crítica de seu tempo, como vemos em: "minha especialidade é viver – era a legenda / de um homem (que não tinha renda / porque não estava à venda)". Crueza e sensibilidade de um homem que se recusou a ter energia elétrica em sua fazenda, avesso ao rádio e a televisão em casa, mas um defensor irrestrito da individualidade do poeta.

Elizabeth BISHOP

✯ Worcester, Estados Unidos, 1911
✝ Boston, Estados Unidos, 1979

Órfã de pai e mãe, de 1914 a 1917 morou na Nova Escócia, Canadá, cuja paisagem se mantém como referência visual e afetiva em sua poesia, e em Worcester. Nos anos 20, viveu em Paris. De 1929 até 1933 estudou no Vassar College, período no qual conheceu Marianne Moore, graças a quem se tornou poeta. Residiu em cidades como Nova York, Key West, Cape Cod, Boston, Rio de Janeiro, Petrópolis, Ouro Preto, Seattle, São Francisco e North Haven, tempos-espaços esses determinantes à sua produção poética. Viveu no Brasil por quase vinte anos, período produtivo como poeta, tradutora e pintora. Em 1972, retornou aos Estados Unidos. Foi poeta residente em Harvard. Dentre outros prêmios, ganhou o Pulitzer e foi a primeira mulher e único norte-americano a receber o International Neustadt Prize for Literature.

Obras principais: *Poemas*, 1990; *Uma Arte – As cartas de Elizabeth Bishop*, 1995; *Poemas do Brasil*, 1999.

Elizabeth Bishop

por Neusa da Silva Matte*

A obra de Elizabeth Bishop, desde *North and South* até seus últimos poemas, constrói-se sobre os espaços geográficos percorridos e habitados, e as metáforas delineadas como avatares desse real, agregados de subjetividade e universalidade, mapeando as fronteiras entre o sujeito lírico e o mundo, o particular e o universal, o poeta e o leitor. A arte da paisagem é um elemento essencial de sua forma de fazer poesia. Segundo ela, a relação íntima entre

* Neusa da Silva Matte é doutora em Literatura Comparada e foi professora do Instituto de Letras da Universidade Federal do Rio Grande do Sul.

poesia e paisagem a tornava um "Wordsworth feminino menor". Sua poesia é rica em detalhes, debruçada sobre a materialidade do mundo, evitando, porém, os sobressaltos românticos. A aparente simplicidade de sua forma mascara a sofisticação de sua escrita. Da errância sobre múltiplos espaços e culturas e, principalmente, da sua erudição, ecoam as vozes localizadas no espaço físico e literário: Herbert, Donne, Crashaw, Hopkins, Coleridge, Wordsworth, Keats, Baudelaire, Melville e Emerson, sem falar nas suas relações com praticamente todos os grandes do mundo artístico do seu tempo, em especial T.S. Eliot, Marianne Moore e Robert Lowell. As outras artes, especialmente a música e a pintura, são presença constante em sua obra, como tema indiretamente referido, ou como percepção e composição repetidas na engenhosidade da forma escrita.

Em sua poesia há um claro desinteresse pela grandiloquência. Segundo afirma, é feita mais de olhares do que de visões, de perguntas do que respostas, de atitude do que opinião; é um modo de habitar os espaços e de se apropriar da paisagem. Na sua renúncia do dizer, reside o poder da reticência, diz seu amigo Octavio Paz. Bishop tinha consciência da aridez da poesia puramente introspectiva, desconectada do mundo real, e trabalhava o poema a fim de lhe dar corpo, torná-lo quase que fisicamente perceptível, expressar preocupação com as pessoas e lugares além do seu próprio eu.

Em apenas quatro livros e menos de cem poemas ao longo de quarenta anos, exerce o rigor, a ironia e a lucidez. Seus temas predominantes são: a viagem, a geografia, o sentido da perda e o reencontro com a infância através da memória. Escreve com olhos de pintor, e os detalhes descritos em tom comedido e objetivo encobrem e revelam uma riqueza e complexidade de visão extraordinários, cujos efeitos ultrapassam os limites da palavra para produzir um cenário visualmente percebido. Muitos de seus poemas são sugestivos, alusivos, cheios de matizes; em outros, predomina a linguagem denotativa e coloquial ou reflete-se uma preocupação social; ainda há os emblemáticos, simbólicos ou metafísicos.

É difícil localizar Elizabeth Bishop. Parte de sua obra é vista como surrealista; outra, expressionista, imagética ou metafísica. W. H. Auden considerou a musicalidade de seus versos com traços da engenhosidade barroca. Um dos traços que mais caracteriza a força de sua poesia é a técnica de isolar, com nitidez, cor e movimento do objeto descrito, como se esse fosse a única coisa que existisse, como se tivesse sido trazido ao mundo para ser percebido na sua essência.

O tempo em que viveu no Brasil (1951-1972) foi um período feliz e produtivo. Aqui, começou a escrever narrativas em prosa e a resgatar memórias da infância. Conviveu com poetas, artistas e políticos brasileiros, mas o que mais a fascinava era a natureza, os costumes da gente simples. Nos poemas *Chegada em Santos* (1952), *Santarém* (1978) e *Uma Arte* (1997), é possível acompanhar a rota literária de um período determinante para sua vida pessoal e artística.

Emily DICKINSON

★ Amherst, Estados Unidos, 1830
✝ Amherst, Estados Unidos, 1886

Nasceu em 1830 em Amherst, Massachusetts, onde sempre viveu. Seu pai, o respeitável legislador Edward Dickinson, foi juiz e congressista de proeminente carreira política. Tal fato, contudo, não influenciou a vida social da poeta, que poucas vezes foi a Boston ou a Washington. Optou por uma vida simples e caseira. Aos trinta anos, vivia quase que totalmente reclusa, elegendo o jardim e a casa de seu pai como refúgio particular. Tinha a particularidade de vestir-se sempre em cores brancas e receber poucas visitas. Sua poesia versa sobre os tradicionais temas do amor, da natureza, da religião e da moralidade, de acordo com sua educação dentro do puritanismo norte-americano. A maior parte de seus poemas foi encontrada após sua morte pela irmã, Lavinia.

Obras publicadas: *Um Livro de Horas*; *Não Sou Ninguém; A Branca Voz da Solidão.*

Emily Dickinson

por Valter Henrique Fritsch*

Escritoras do século XIX, como Charlotte Brontë e George Eliot, escreveram sobre o confinamento e opressão aos quais eram submetidas. Emily Dickinson, contudo, viveu esse confinamento de forma espontânea, chegando a ser considerada uma excêntrica pelos vizinhos que não compreendiam a subjetividade poética da filha do juiz, que apenas vestia-se de branco e nunca saia de casa.

A poesia de Emily Dickinson foi inspirada pelos trabalhos dos poetas metafísicos ingleses do século XVII, unindo-se a isso a

* Valter Henrique Fritsch, doutorando em Literaturas de Língua Inglesa (UFRGS), é crítico literário, diretor artístico do Grupo Teatro do Lírio e professor da FURG.

influência de uma criação bastante tradicional dentro dos princípios do puritanismo norte-americano, que possuía um forte apelo conservador e ortodoxo do cristianismo. A Bíblia, em especial o Livro das Revelações, também foi uma forte influência para a criação poética de Dickinson. Sua poesia tão particular foi concebida a partir de uma complexa teia de inspirações, que parece vir, ao mesmo tempo, de todos os lugares e de lugar nenhum. Suas estrofes de quatro versos e padrão de rima ABCB são derivações dos Salmos bíblicos e de hinos protestantes, os quais Dickinson conhecia com maestria.

A poeta dedicou grande parte de seu trabalho explorando a relação entre Deus e o homem, atribuindo ao ente divino a responsabilidade do sofrimento humano, acusando-o de indiferença. Muitos de seus poemas apresentam uma rebelião velada contra a subjugação da identidade humana perante os preceitos divinos. Em seus poemas, Deus é muitas vezes retratado como um ser cruel, vingativo e indiferente ao sofrimento humano. Como uma forma de combater esse Deus, Dickinson escreve uma poesia fortemente centrada no eu (*self*) e na afirmação desse eu em relação à divindade, dando a poeta uma voz criativa e ativa, capaz de modificar o mundo que a cerceia através das palavras.

Apesar de apresentar uma variação considerável de pessoas que compõem seus eu líricos, Dickinson utiliza por diversas vezes a primeira pessoa do singular, estabelecendo um diálogo direto com o leitor de sua poesia. Essa fala em primeira pessoa permite que a poeta expresse a subjetivação de suas emoções e a forma como as mesmas moldam sua visão de mundo, afastando da sua poesia toda e qualquer tentativa de apreender o mundo de uma forma unicamente racional, libertando sua criação poética de compromissos com a busca de uma verdade concreta e objetiva.

Embora tenha escrito cerca de 1.800 poemas, a maioria deles só foi publicada postumamente, por amigos e familiares. Dickinson tinha uma relação muito próxima e vívida com a poesia, que ocupava a maior parte do seu tempo. Ela definia a escrita lírica em termos bastante subjetivos, aproximando suas definições do fazer poético do lirismo avassalador que permeia seus poemas. São palavras dela: "Se eu leio um livro que faz com que meu corpo inteiro fique tão frio que nenhum fogo possa aquecer, eu sei que estou lendo poesia. Se eu sinto fisicamente como se o topo da minha cabeça fosse decepado, eu sei que é poesia. Essas são as únicas formas de definição que conheço. Existem outras?".

EUGENIO MONTEJO

✯ Caracas, Venezuela, 1938
✞ Valência, Espanha, 2008

Eugenio Montejo foi diplomata na embaixada da Venezuela em Portugal, professor universitário, editor e, sobretudo, poeta e ensaísta venezuelano. Fundador da revista *Azar Rey* e cofundador da *Revista Poesia*, publicada pela Universidade de Carabobo. Pesquisador do Centro de Estudos Latino-Americanos "Rómulo Gallegos" de Caracas e colaborador de inúmeras revistas nacionais e internacionais. Em 1998, recebeu o Prêmio Nacional de Literatura da Venezuela e, em 2004, o Prêmio Internacional Octavio Paz de Poesia e Ensaio.

OBRAS PRINCIPAIS: *O poeta sem rio*, 1985; *Adiós al siglo XX*, 1992; *Fábula del escriba*, 2006.

EUGENIO MONTEJO

por Carlos Jorge Appel*

Tradutor de vários poetas e ficcionistas latino-americanos, foi o contista Sergio Faraco quem primeiro deu a conhecer a obra do poeta venezuelano Eugenio Montejo aos brasileiros. Em edição bilíngue e coedição da editora Movimento e Carlos Tortolero Editor, de Caracas, apareceu em 1985, portanto, há praticamente trinta anos, a obra *O poeta sem rio* (*El poeta sin río*).

Pelo que sabemos, esta é a única obra de Eugenio Montejo editada no Brasil, o que confirma o conhecido chavão de que, culturalmente, nosso país vive de costas para a América Latina, mirando, de preferência, os europeus e norte-americanos. Traduzimos os escritores do *boom* da década de 70/80, com destaque

* Carlos Jorge Appel foi secretário de Estado da Cultura do Rio Grande do Sul e professor universitário. Escritor e editor, fundou e dirige a Editora Movimento.

para Gabriel García Márquez, Julio Cortázar, Mario Vargas Llosa, Alejo Carpentier, Carlos Fuentes, Miguel Ángel Asturias, Juan Rulfo, Juan Carlos Onetti, Mario Benedetti e, sobretudo, Jorge Luis Borges. A poesia ficou nas referências a Pablo Neruda, chileno, e ao extraordinário peruano César Vallejo. Gabriela Mistral, chilena, desapareceu das livrarias brasileiras, sendo lida apenas pelos escolares chilenos, o mesmo acontecendo com Rubén Darío. Hoje nossas atenções se voltam para o mexicano Octavio Paz e José Hernández que, com *Martín Fierro*, continua a ser lido, com várias traduções e edições bilíngues no Brasil.

Eugenio Montejo, em sua vasta e sólida obra, vê um mundo em comoção e contínua contradição, sem uma filosofia e um propósito comum, com a sociedade composta de pessoas desarraigadas, deslocadas, sem solidariedade, o que permite que os fortes e os pragmáticos sacrifiquem os sem perspectiva. O mundo parece feito de normas instáveis, com predomínio de violentos conflitos de interesses, já no limite da destruição. O atavismo retrógrado se contrapõe ao culto moderno do eficiente e eficaz. As etapas socioeconômicas se queimam rapidamente e levam de arrasto "los de abajo". Oferece-nos um desenho do ambiente da Venezuela da segunda metade do século XX e início do XXI, em que os restos caducos da velha aristocracia se confrontam com demandas inevitáveis, ainda sem perspectivas de superação dos atavismos residuais e retrógrados que conformam a vida de Caracas e, por extensão, da Venezuela atual. Diz Montejo: "Pertencemos mais a nossa época que a nosso país, pois há famílias poéticas, identidades verbais que nem sempre coincidem com as demarcações geográficas".

A poesia de Montejo se caracteriza pela pulsão construtiva e pela preocupação com o desenvolvimento do poema, que sempre parte de uma premissa para voltar a ela no final.

O poeta sem rio constitui uma seleção de várias obras de Montejo, que são as seguintes: *Elegos* (1967), *Muerte y memoria* (1972), *Algunas palabras* (1977), *Terredad* (1978), *Trópico absoluto* (1982) e *Alfabeto del mundo* (1986). Publicou, ainda, os livros de ensaios *La ventana oblicua* (1974) e *El taller blanco* (1981). *El cuaderno de Blas Coll* (1981) mostra uma escritura surpreendente, que o aproxima de Fernando Pessoa.

Os poemas de *O poeta sem rio* conseguem expressar a luta de Montejo para manter-se fiel à angústia que rastreia a criação do escritor latino-americano: ser um poeta universal, sem escamotear a realidade subdesenvolvida que o envolve. Diz Mariano Soares: "Com Eugenio Montejo temos a sensação de que ser sul-americano não significa necessariamente miserabilizar-se, perder-se numa floresta de insignificâncias, de subvalores, de subvidas. Com Eugenio Montejo nos sentimos mais em casa, pois a palavra consegue elevar as nossas virtudes a um projeto de vida superior".

Ezra POUND

✯Hailey, Estados Unidos, 1885
✞Veneza, Itália, 1972

Ezra Pound (1885-1972) nasceu nos EUA, onde estudou linguagens romanescas, provençal e anglo-saxão. Acusado de receber uma atriz em seu dormitório, partiu para Veneza. Na Europa, publicou, em 1908, seu primeiro livro. Ao longo da vida, esteve em Londres, Berlim, Paris e Roma, além dos EUA. A Segunda Guerra Mundial o encontrou engajado: pronunciou ideias antissemitas e contrárias à participação norte-americana, chegando a se apresentar nas fileiras do Eixo. Desde meados dos anos 1910, seu nome já estava ligado ao movimento Imagista e a intelectuais modernistas como T. S. Eliot e James Joyce. Em 1915, começou a escrever a obra pela qual é mais conhecido, *Os cantos*, publicado em "rascunhos" a partir de 1925.

Obras principais: *Lustra*, 1916; *ABC da literatura*, 1934; *Os cantos*, 1925-1989.

Ezra Pound

por Atilio Bergamini*

Poetas como Carlos Drummond de Andrade e Fernando Pessoa, cada qual à sua maneira, inventaram diversos livros e linguagens. Outros poetas se dedicaram a um só livro: é o caso do norte-americano Walt Whitman e do seu conterrâneo, Ezra Pound. Aquele trabalhou boa parte da vida com *Folhas de relva*, enquanto este se dedicou, mesmo tendo publicado várias obras, a *Os cantos* (impressos a partir de 1925, sendo que a tradução brasileira só saiu em 1986, por José Lino Grünewald). Os leitores que

* Atilio Bergamini é professor de literatura, pós-doutorando em Teoria Literária na UNICAMP/FAPESP e doutor em Literatura Brasileira pela UFRGS.

se dedicarem à descoberta desse poema de quase 800 páginas, ao mesmo tempo épico e memorialístico, poliglota e oral, fragmentado e estruturado, descontínuo e contínuo, repleto de alusões, citações, traduções e referências, sentirão talvez alguns dos principais problemas da humanidade ao longo do século XX, entre eles, o dilema fáustico de como criar sem espalhar destruição. De fato, um dos móveis de Pound parece ter sido criar formas a partir de tradições reinventadas, uma espécie de antropofagia, cuja fome tinha a escala dos imperialismos norte-americano e europeu.

No início da década de 1910, Pound propôs, com outros intelectuais, o que chamava de Imagismo, isto é, poemas construídos a partir da toada de diversos idiomas, do uso de palavras "exatas", de sintaxe coloquial e da descrição de imagens, isto é, complexos intelectuais e emocionais estudados em um tempo específico. Anos depois, Pound acrescentaria ao Imagismo a proposição de que o poema deveria ser uma condensação de tempos, espaços, imagens, conflitos, gêneros e línguas. A essa proposta, denominou Vorticismo. Muito dela chegou ao Brasil, quando Pound foi, a partir dos anos 1950, apropriado, traduzido e discutido pelos concretistas. A penetração e atualidade de Pound nas discussões a respeito de literatura no Brasil podem ser atestadas em *Altas literaturas* (1998), de Leyla Perrone Moysés. Boa parte da metodologia empregada pela autora se vale das formulações de Pound em *Como ler* (1932) e em *ABC da literatura* (1934), entre outros. *Lustra*, livro de poesias de 1916, foi traduzido no Brasil em 2011 por Dirceu Vill, com edição rapidamente esgotada.

Além de traduzido e lido em diversas culturas, Pound foi ele mesmo tradutor. Leitores costumam ressaltar a dificuldade de distinguir, nos versos dele, tradução, adaptação e composição original. Desde meados da década de 1910, ele se propôs uma crítica capaz de elencar o melhor da poesia mundial. Ajudava-o na tarefa o fato de ter estudado, quase sempre de modo rudimentar, inglês, latim, alemão, francês, italiano, espanhol, provençal, anglo-saxão, chinês, japonês e grego. Seu objetivo era se apropriar das mais refinadas texturas, imagens, sentidos, invocando-os desde as circunstâncias presentes da escrita e da tradução, que, por sua vez, revidavam os modelos com tons, ritmos e ênfases próprios. Ficam novamente ressaltadas as continuidades entre o projeto poudiano e ideias dos concretistas brasileiros.

Para Ezra Pound, crítica, tradução e criação eram gestos de um mesmo ato. Se partimos das elaborações de *ABC da literatura*, veremos uma espécie de aplicação do que Pound propusera em *Como ler*, isto é, uma escrita ao mesmo tempo poética e científica, baseada em imagens concretas, a um tempo coletivas e individuais, possíveis de ser "descritas" com palavras "exatas". Tais formulações – às quais Pound chegou estudando e traduzindo poesias chinesas – descrevem também o cerne do projeto de *Os cantos*. Teoria, tradução e criação eram gestos de um mesmo processo.

Federico García Lorca

✯ Fuente Vaqueros, Espanha, 1898
✞ Víznar/Alfacar, Espanha, 1936

Federico García Lorca nasce em Fuente Vaqueros (1898) e, ainda jovem, destaca-se como compositor, pianista e desenhista. Em Granada, estuda nas faculdades de Direito e Filosofia e Letras. Em 1919, muda-se para Madri e se instala na Residência de Estudantes, foco de ideias liberais e vanguardas artísticas. Ali conhece Alberti, Dalí, Buñuel e De Falla. Lorca dedica-se ao teatro, ministra conferências, viaja a Nova York, Cuba e América Latina enquanto, na Espanha, eclodem conflitos entre monarquistas, republicanos, militares, anarquistas e falanges de tendência fascista. Embora apartidário e bem relacionado com artistas de todas as ideologias, Lorca é preso pela *Escuadra Negra* falangista, em 1936. Acredita-se que tenha sido fuzilado em Viznar, num barranco onde jazem de 1.000 a 3.000 mortos.

Obras principais: *Obra poética completa.*

Federico García Lorca

por Andrea Kahmann*

Fuente Vaqueros e Víznar integram a área metropolitana de Granada, que evoca para si a condição de berço e sepultura, mas também, e sobretudo, de musa de Federico García Lorca. Afinal, ele transita por sonetos, versos livres, tragédias com verso e prosa, mas, antes de tudo, margeia folclore, costumes e paisagens granadinas. *Poema do cante jondo* (1921) abunda em referências às cidades que formam um triângulo sobre o mapa da Andaluzia (Sevilha, Córdoba e Granada) e às heranças dos três povos (judeus,

* Andrea Kahmann é mestre e doutoranda em Literatura Comparada (UFRGS), pesquisadora em estudos culturais e de tradução, professora de língua espanhola.

ciganos e árabes) que se mesclam àquela Espanha catoliquíssima para dar-lhe um tanto de complexidade, cor e tempero. Lorca parece semear as plantas coloridas e aromáticas típicas dos jardins mouriscos, e ervas de cheiro, oliveiras e *azahar*: a flor das laranjeiras que ornam os caminhos andaluzes e brota antes da Semana Santa para assumir ares religiosos que a justificam na grinalda das noivas. A cor verde, no código simbólico do poeta, sugere a morte, que ronda os versos e se imiscui nas remissões à prata (de facas, navalhas e punhais), à lua e às águas. Esse tom mantém-se em *Canções* (1921-1924), mas é desenvolvido com maestria em *Romanceiro gitano* (1924-1927), que brinda o leitor com a poesia do *Romance Sonâmbulo*: "verde que te quero verde / (...) verde carne, pelo verde / com olhos de fria prata". A morte violenta persegue sobremaneira os ciganos, acossados pela guarda-civil espanhola. Homem, criança ou mulher pode acabar no meio da rua, de onde "sob a lua gitana, / as coisas a estão olhando / e ela não pode olhá-las". Também o touro (e o toureiro) assume dimensão trágica e evoca o destino que faz sucumbir até os mais fortes em espetáculos sangrentos aplaudidos pela multidão.

Em *Pranto por Ignacio Sánchez Mejías* (1935), dedicado ao toureiro morto por um touro proibido de vencer, Lorca cria aqueles que, talvez, sejam os versos mais contundentes sobre o exício. Não por casualidade, esta obra é comumente citada como metáfora da Guerra Civil Espanhola, que seria deflagrada um ano depois (1936-1939). Lorca, porém, não chega a escrever sobre os conflitos da Espanha ou deles participar. Passa longos períodos no exterior, mas, naquele fatídico verão de 1936, decide rever sua terra e sua gente antes de embarcar em nova viagem. Ser uma das primeiras vítimas da guerra civil deve-se ao fatalismo, à sua orientação sexual e por seus cantos em prol dos marginalizados. Em *Poeta em Nova York* (1929-1930), escrito durante sua estada na Universidade de Columbia, denuncia uma América materialista, racista e violenta. Em *Ode ao rei de Harlem*: "Não há angústia comparável a teus olhos oprimidos, (...) a teu grande rei prisioneiro com um traje de porteiro!". Embora a crítica o refira como poeta *neopopular* em sintonia com as vanguardas, nesta obra há um Lorca surrealista. Antes disso, flerta com temas e imagens atrevidas, mas amparadas em ritmos tradicionais e na atmosfera onírica justificada em tom local, o que provocaria críticas dos surrealistas. Há indícios de que o título *O cão andaluz*, do filme de Dalí e Buñuel (1929), poderia ter sido um deboche a Lorca, depois de Dalí ter reprovado a *putrefação* das canções gitanas. Porém, Lorca é muito mais que sua Andaluzia, mais até que sua poesia, tendo alcançado êxito notável como dramaturgo que vai dos títeres aos dramas vanguardistas e tragédias em três atos. De Lorca, pode-se dizer que é mais do que ele mesmo, ou assim o disse o monólito junto ao barranco de Víznar que se supõe seu cemitério: *Lorca eran todos.*

Fernando PESSOA

☆Lisboa, Portugal, 1888
✝Lisboa, Portugal, 1935

A vida de Fernando Pessoa desenrolou-se entre Lisboa e Durban (África do Sul). Nesta cidade viveu cerca de dez anos, na sequência de um segundo casamento da mãe; foi lá que fez a sua formação escolar, em língua inglesa. De regresso a Lisboa, em 1905, inscreve-se no Curso Superior de Letras, mas não prossegue estudos. Dedica-se então a uma vida profissional banal, como funcionário de firmas comerciais. É em paralelo com a sua atividade de correspondente comercial (para o que foi muito útil o domínio da língua inglesa) que frequenta tertúlias, dirige publicações culturais (como *Orpheu*), colabora em jornais e em revistas literárias e escreve obsessivamente. Apesar dessa dedicação quase compulsiva à escrita, são escassos os livros que publica em vida: *Antinous* (1918), *35 Sonnets* (1918), *English Poems I - II* e *III* (1921) e *Mensagem* (1934). Morre em 1935, praticamente ignorado, fora do mundo literário em que era, apesar de tudo, conhecido e já admirado.

Obras principais: *Livro do Desassossego por Bernardo Soares*; *Obra Poética* e *Obra em Prosa.*

Fernando Pessoa

por Carlos Reis*

Fernando Pessoa, considerado um dos maiores poetas de sempre da língua portuguesa, conheceu destaque assinalável sobretudo depois da morte, quando a sua poesia começou a ser publicada em livro. E só quase meio século depois disso foi editado pela primeira vez (em 1982) o *Livro do Desassossego por Bernardo Soares.*

* Carlos Reis é professor da Universidade de Coimbra, onde ensina literatura portuguesa e teoria da literatura. Publicou cerca de quinze livros.

No ano em que morreu, endereçou a Adolfo Casais Monteiro uma carta em que explicava a génese dos heterónimos, a sua configuração como ortónimo e diversos aspetos da sua personalidade literária. Para além das referências a perturbações psíquicas de que tinha consciência clara, Pessoa elabora, nessa carta, um meticuloso testamento literário, destinado a fixar a sua imagem *post mortem*. No centro dessa imagem está a questão do desdobramento, um processo tipicamente modernista, apreendido por Pessoa em tendências da poesia europeia do fim do século XIX, que ele aprofundou até ao extremo que o seu génio poético consentia. Pessoa não é, então, um sujeito único, mas vários; segundo ele, a diversidade e o culto da alteridade instauradas pela heteronímia têm uma origem infantil (logo na infância surgiram figuras que povoaram a vida íntima do escritor), mas só num dia determinado "nasce" o primeiro heterónimo.

O episódio está descrito na carta a Casais Monteiro e é hoje sabido que ele faz parte do vasto movimento de fingimento que atravessa toda a vida literária de Pessoa. No chamado "dia triunfal" (8 de março de 1914), surgiu, então, Alberto Caeiro, o "mestre" dos restantes heterónimos; de seguida, manifestam-se outros dois grandes heterónimos, Álvaro de Campos e Ricardo Reis; o semi-heterónimo Bernardo Soares é também mencionado, por essa sua condição de desdobramento menos radical do que o dos heterónimos. Em diversos outros textos, Pessoa aborda a questão da heteronímia e reafirma-se como ortónimo, ou seja, enquanto poeta com identidade autónoma. Os heterónimos não se reduzem, entretanto, aos nomes mencionados; outros nomes menos destacados (Alexander Search, António Mora, Vicente Guedes etc.) ocupam lugar próprio na que já foi chamada a *galáxia heteronímica*.

Um aspeto fundamental da sua poesia é a tensão entre unidade e diversidade. Vivendo aquilo a que ele mesmo chamou "drama em gente" ou "poetodrama", Pessoa "encena" um debate, em regime poético, que o envolve a ele mesmo, como figura virtualmente dividida (é isso que se lê na série *Chuva Oblíqua*, de 1914) e aos heterónimos. De Alberto Caeiro diz-nos (e a sua poesia confirma-o, em especial em *O Guardador de Rebanhos*) que é um poeta pagão, vivendo uma inocente e "inculta" ligação com a Natureza, o que lhe permite olhar as coisas sem a contaminação de pensamentos metafísicos ou religiosos. Essa visão despojada fascina Álvaro de Campos, engenheiro naval e poeta seduzido pela técnica e pela mitologia da modernidade, tal como se pode ler em odes às vezes de tonalidade futurista; o que o não impede, no termo de uma evolução algo dolorosa (Campos parece ser o único dos heterónimos que muda), de chegar a posições de desilusão e de tédio. Já Ricardo Reis, médico e dotado de uma formação clássica (latinista e semi-helenista), surge como poeta de austera e muito trabalhada linguagem, cruzada com um pensamento em que paganismo, estoicismo e epicurismo se articulam.

A partir da publicação do *Livro do Desassossego* – conjunto de fragmentos cuja edição tem levado os sucessivos editores a diferentes opções de organização dos textos –, abriu-se outra via de exploração do riquíssimo universo pessoano. Naquele caso, está em causa uma figura que se distingue de Pessoa pela identidade, mas não pelo estilo; e o seu modo de vida e de olhar os outros evidencia componentes que, de novo, lembram o Pessoa ortónimo. Neste, importa realçar ainda o pendor épico e místico-nacionalista que em fim de vida literária dá lugar à *Mensagem*. Não se esgota nessa deriva a personalidade de Pessoa-ele-mesmo, completada por uma fecundíssima vocação para a reflexão metaliterária, cultural, política, ideológica, sociológica e filosófica; é essa vocação que pode ver-se nos papéis do acervo pessoano, em grande parte já publicados.

Ferreira GULLAR

✯ São Luís, Brasil, 1930

Ferreira Gullar, pseudônimo de José Ribamar Ferreira, é um dos mais aclamados poetas brasileiros, escolhido em 2010 para receber o Prêmio Camões. Também é crítico de arte, dramaturgo, jornalista e tradutor. Nasceu em São Luís, no Maranhão, cidade rememorada na sua obra mais conhecida, o *Poema Sujo* (1976). Radicou-se no Rio de Janeiro na década de 1950, onde participou da fase inicial do Movimento Concretista. Nos anos 1960, preocupações sociais e políticas fizeram-se presentes em sua escrita. Na esteira do Ato Institucional nº5 (1968), foi encarcerado pela Ditadura Militar. A partir de 1971, exilou-se em Paris, Moscou, Santiago, Lima e Buenos Aires. Voltou ao Brasil em 1977. Em 1980, foi lançado *Toda Poesia*, edição completa de seus poemas. A obra foi reeditada em 1999, com o acréscimo dos livros posteriores. Em 2010, após um hiato poético de 11 anos, publicou *Em alguma parte alguma*, que foi eleito o Livro do Ano no Prêmio Jabuti.

Obras principais: *Poema sujo*, 1976; *Toda poesia*, 1999; *Em alguma parte alguma*, 2010.

Ferreira Gullar

por Luís Roberto Amabile*

Na sucinta introdução à edição completa dos poemas de Ferreira Gullar – *Toda Poesia* –, Sérgio Buarque de Holanda afirma que se sente familiarizado com "todos os recantos" do universo do poeta. De fato, Ferreira Gullar é dono de uma obra com muitos recantos e que costuma ser dividida pelos críticos em partes bem

* Luís Roberto Amabile é doutorando em Teoria da Literatura na PUCRS. Autor dos livros de conto *O amor é um lugar estranho* (2012) e *O livro dos cachorros* (2014).

delimitadas. A primeira delas engloba *A luta corporal* (1954, com poemas de 1950-1953) e *O vil metal* (1960, com poemas de 1954-1960) e revela um poeta de cunho intimista, com muitos versos que abordam o fazer poético ou tratam da fugacidade do tempo e a angústia com a morte.

A literatura de Ferreira Gullar sofre uma primeira mudança drástica quando ele se junta a Augusto de Campo, Haroldo de Campo e Décio Pignatari e participa da fase inicial do Movimento Concretista, com o qual rompe em 1957. Em 1959, escreve o Manifesto Neoconcreto, publicado na grande imprensa e assinado por vários artistas plásticos. Desse período resulta o livro *Poemas Concretos e Neoconcretos* (1958, com textos de 1957-1958) no qual troca o caos das emoções subjetivas pelo caráter plástico da poesia, explorando de forma radical as possibilidades visuais e sonoras das palavras.

Porém no início da década de 1960 o poeta abandona a experimentação vanguardista e dá outra virada brusca, movendo-se ao polo oposto, a de uma arte socialmente engajada. "Eu me envolvi com a poesia política a partir de um contexto social. A minha poesia só ganha um caráter político de 1962 a 1975", disse em entrevista recente. Refere-se às coletâneas *Romance de Cordel* (que reúne quatro narrativas em formato de poesia de cordel e inicialmente publicadas entre 1962-1967) e *Dentro da Noite Veloz* (1975, com poemas de 1962-1975), nas quais há uma espécie de fusão entre o texto e o contexto, que então era de agitação política, com a tomada do poder e a implantação da ditadura pelos militares.

É no exílio, em Buenos Aires, que Ferreira Gullar compõe seus versos mais lembrados e celebrados, o *Poema Sujo* (1976), um texto memorial em vários níveis. O poeta cavouca a fundo na memória ao mesmo tempo em que canta e se encanta e se desencanta com a São Luis de sua infância, uma cidade dolorosa, úmida, corporal, de onde parecem fluir emoções filtradas com extrema lucidez poética. Gullar considera o *Poema Sujo* seu texto mais comovente. O amigo Vinicius de Morais declarou que se tratava do "mais importante poema escrito em qualquer língua nas últimas décadas". Hoje, quase quatro décadas mais tarde, esse longo poema firmou-se como fundamental na literatura brasileira do século passado e quiçá de qualquer século.

Em 1980, Gullar lança seu primeiro livro após voltar do exílio, *Na vertigem do dia*, no qual retoma as composições intimistas e de forte musicalidade da fase inicial. Desde então o tom segue o mesmo, talvez mais aprofundado. A produção poética, porém, tornou-se mais espaçada. *Barulhos* (1987), *Muitas vozes* (1999) e *Em alguma parte alguma*, de 2010, mesmo ano em que recebeu o Prêmio Camões.

Francisco de QUEVEDO

✯Madri, Espanha, 1580
✞Villanueva de los Infantes, Espanha, 1645

Francisco Gómez de Quevedo y Santibáñez Villegas, ou simplesmente Quevedo, nasceu no seio de uma família nobre da cidade de Madri em 1580. Ao lado de Luis de Góngora, Quevedo foi um dos poetas barrocos mais representativos do Século de Ouro espanhol, construindo uma prolífica obra que inclui tanto a poesia quanto a prosa; admirador de Sêneca e dos estoicos, discorreu também sobre questões filosóficas, além de ter demonstrado interesse pela filologia. Reconhecidamente polêmico, seu barroquismo se reflete nas diversas máscaras que assumiu durante sua vida, dificultando o trabalho dos críticos que ora o definiam como conservador e moralista, ora como liberal e rebelde, e outras vezes como imoral e libertino.

Obras principais: *Antologia Poética*; *Sonetos de Amor e de Morte.*

Francisco de Quevedo
por Rita de Cássia Miranda Diogo*

Entre os muitos inimigos que conquistou no mundo acadêmico, Góngora figura como um dos principais. Ambos chegam mesmo a travar uma disputa estética, na qual, por um lado, estava o conceptismo de Quevedo contra o culteranismo representado por Góngora. As mencionadas máscaras quevedianas podem ser observadas em sua obra, que da poesia amorosa à poesia satírica oscila entre um Quevedo culto e erudito e um Quevedo irônico, debochado, cujo humor dessacraliza e desautoriza figuras e valores respeitados pelos códigos e normas da época, por meio de uma linguagem repleta de coloquialismos e vulgarismos.

* Rita de Cássia Miranda Diogo é professora da UERJ. Dedica-se ao estudo da literatura e do cinema latino-americanos em perspectiva comparada.

Costuma-se classificar sua obra poética em três grandes grupos: a) poemas amorosos, b) poemas satíricos e jocosos e c) poemas de tema moral, religioso e político, nos quais predominam os grandes tópicos da estética barroca: a fugacidade da vida ("tempus fugit"), o convite a desfrutá-la intensamente ("carpe diem"), o caráter igualitário da morte ("omnia mors aequat") e o famoso "desengaño" (a desilusão diante da vida como sonho ou aparência), conceito fundamental da cosmovisão quevediana.

O poeta espanhol se destacou ao inovar os códigos e formas poéticas de sua época, modificando-os e adaptando-os às exigências do novo contexto cultural do Barroco. Assim, podemos considerar o conceptismo como uma das maneiras pela qual Quevedo coloca em prática esta inovação, ou seja, a relação lúdica que estabelece com a linguagem, especialmente com as formas consagradas pela tradição. Em termos gerais, esse jogo consiste em um complexo experimentalismo linguístico, por meio do qual, Quevedo, a partir de um mínimo de referentes, oferece ao leitor uma amplitude de significados, convidando-nos assim a participar de seu universo poético.

Quanto à prosa, Quevedo continua nos brindando com uma obra complexa e bastante variada. No entanto, uma das mais celebradas entre seus leitores e críticos chama-se *El Buscón* (Zaragoza, 1626). Pertencente ao gênero picaresco, trata-se da autobiografia do pícaro Pablos de Segovia, que relata sua história desde a infância até o momento em que foge rumo às Índias, aventura com a qual finaliza sua obra. Todas as peripécias de Pablos, quase sempre fracassadas, marcam a busca do protagonista por conquistar estabilidade econômica e social, daí seu nome: "Buscón" (aquele que busca). Assim como a primeira, as demais acepções também nos falam muito sobre o protagonista: ladrão, delinquente, chantagista ou, quando no gênero feminino, "buscona", prostituta.

Todos os enganos e artimanhas do pícaro para atingir seus objetivos podem ser traduzidos por uma palavra-chave do barroco: engenho ("ingenio"), a qual, por sua vez, coincide com a linguagem de Quevedo: construções engenhosas que desafiam a inteligência do leitor.

FRIEDRICH HÖLDERLIN

☆Lauffen, Alemanha, 1770
✝Tubinga, Alemanha, 1843

A vida de Hölderlin, nascido em Lauffen, Alemanha, foi marcada por inúmeras dificuldades, a começar pela perda do pai e do padrasto ainda na infância. Após concluir teologia no seminário de Tübingen, onde teve como colegas os filósofos Hegel e Schelling, tornou-se preceptor de meninos ricos. Nessa função conheceu a sua musa inspiradora, "Diotima", uma das personagens centrais de sua maior produção literária, o romance *Hipérion ou o eremita na Grécia* (1795-1797). Sua obra é ainda constituída por poemas (odes, elegias e hinos), por reflexões filosóficas relacionadas ao idealismo alemão e à tragédia, bem como por tentativas de tradução de tragédias de Sófocles para o alemão. Hölderlin foi tido como louco aos trinta anos de idade, ficando confinado em uma torre em Tubinga por quase quarenta anos.

OBRAS PRINCIPAIS: *Hipérion ou o Eremita na Grécia*, 1795-1797; *Reflexões*; *Canto do destino e outros cantos.*

FRIEDRICH HÖLDERLIN

por Marco Aurélio Werle*

Hölderlin não é apenas um dos maiores monumentos poéticos da língua alemã, mas possui um lugar de destaque na filosofia do idealismo alemão. No fragmento "Juízo e Ser", ele explora a gênese da subjetividade e aponta os limites da consciência: o sujeito somente nasce quando se instaura uma separação entre o homem e o mundo. O Ser, ao contrário, está na origem da relação entre sujeito e objeto, sendo, portanto, inatingível pelo pensamento

---

* Marco Aurélio Werle é professor de filosofia na USP, autor de *A questão do fim da arte em Hegel* (2011) e *A aparência sensível da ideia* (2013).

lógico e racional. Essa reflexão marca toda a sua produção literária, equilibrada entre filosofia e poesia. Por exemplo, em seu mais importante poema, "A canção do destino de Hipérion", é celebrada a ausência de destino dos deuses, que vivem "num botão de singeleza" e cujo "espírito floresce eternamente", sendo seu olhar "de eterna claridade". Os homens, porém, "sofrem e erram cegamente", ou seja, não "possuem nenhum lugar onde descansar".

Em seus comentários às traduções de fragmentos de hinos de Píndaro, no começo dos anos de 1800, Hölderlin considera o ser como sendo o "imediato", inatingível tanto para os mortais quanto para os imortais. A noção de um todo pleno (panteísmo), de um lado, e da esfera humana como separação (subjetividade), de outro, se anuncia também num fragmento do período da loucura, intitulado *Figura e espírito*: "Tudo é íntimo/Isso separa/Assim guarda o poeta".

Tanto na poesia quanto na filosofia, Hölderlin se move numa região que transcende situações e fatos do cotidiano e se aproxima de um universo marcado pela experiência do divino e do sagrado, em suma, pelo panteísmo, o "um e tudo" (em grego: *en kai pan*). A tematização do todo implica atentar para a questão da origem, que é tanto o todo quanto a parte, isto é, abriga nela mesma a diferença: a plenitude do divino (o todo) contrasta com as carências e limitações da finitude humana (a parte). No romance sobre o Hipérion, não somente o "um e tudo" é mencionado, mas também "o uno que se diferencia em si mesmo" o "*hèn diaphéron heautôi*", de Heráclito.

Toda a obra poética de Hölderlin é profundamente marcada pela presença da Grécia antiga, desde suas primeiras criações, o romance *Hipérion ou o Eremita na Grécia* e a tragédia inacabada *A morte de Empédocles*, até o ciclo dos grandes hinos, posteriores a 1800, bem como as traduções que empreendeu das tragédias de Sófocles, *Antígona* e *Édipo Rei*, nos últimos anos produtivos de sua vida. Como poucos, Hölderlin se dedicou intensamente ao modo de ser do homem grego e acolheu essa perspectiva inicialmente sob um registro tanto nostálgico quanto entusiástico. Aos poucos, porém, foi penetrando no lado oculto, misterioso e oriental dos gregos e, a partir disso, pôde reinterpretar o próprio destino de toda a cultura ocidental e, principalmente, do homem moderno, tido como "cindido" (corpo e alma, razão e sentimento, indivíduo e sociedade etc.).

Sua obra compreende um curto espaço de tempo de dez anos, aproximadamente entre 1793 a 1803. No início, sua produção poética tinha uma forte predileção por questões filosóficas ligadas ao idealismo e ao pós-kantiano, mas aos poucos foi deixando a filosofia, que ele então passa a considerar como um hospital para o poeta. Desse modo, há uma passagem da filosofia para a poesia sem que a primeira desapareça do horizonte criativo. A poesia se lhe revela como a única via que permite nomear o Ser e ultrapassar a esfera da separação promovida pela reflexão e dominante no seio da finitude da existência humana.

Friedrich VON SCHILLER

✯Marbach am Nechar, Alemanha, 1759
✞Weimar, Alemanha, 1805

Foi, além de poeta, historiador, filósofo e dramaturgo. Aprendeu Latim e Grego antes dos treze anos com Moser, pastor imortalizado em *Die Räuber*, peça que faria do jovem aspirante a escritor um sucesso instantâneo. Posteriormente, seu pai, um militar aposentado, foi obrigado a enviá-lo para a Karlsschule, onde prestaria serviço militar por oito anos sob as ordens do Duque Karl Eugen, um homem despótico e abusivo. Frustrado, conseguiu uma liberação para estudar medicina, profissão que mais tarde seria substituída pelas Letras. Escreveu inúmeros ensaios filosóficos, sobretudo acerca de Ética e Estética. Seu interesse também se voltou para a História, mais especificamente para a questão da liberdade humana e do abuso de poder. Influenciou os escritos de Goethe, de quem foi grande amigo.

Obras principais: *A educação estética do homem*, 1794; *Lírica de Pensamiento*; *Correspondência entre Goethe e Schiller; Colección Integral de Friedrich Schiller.*

Friedrich von Schiller

por Bárbara Zeni*

Schiller, ao lado de Goethe, é autor de uma das mais importantes obras literárias da Alemanha. Como poeta é pouco conhecido no Brasil, pois as traduções da sua obra focaram-se mais nos âmbitos filosófico e dramatúrgico. Em edições de domínio público, sua obra poética foi organizada postumamente em três volumes, aos quais se somam os poemas suprimidos.

* Bárbara Zeni, graduada em Filosofia e mestre em Letras, é professora de português para estrangeiros e revisora.

Podemos afirmar didaticamente que sua obra poética se insere em parte no movimento Romântico alemão (participou do *Sturm und Drung*) e posteriormente, no Classicismo de Weimar. Na fase de juventude, as suas poesias ainda estão embebidas na ideologia do Romantismo, que valorizava a singularidade, a expressão torrencial de emoções e o indivíduo, em detrimento das ideias Iluministas (racionalismo, empirismo, universalismo). Nos poemas desta fase, destacam-se os versos eróticos compostos para Laura, que tematizam o amor romântico de diversas formas, seja enquanto força que mantém os átomos colados e os planetas girando em suas órbitas, seja enquanto um Deus constituído da união dos dois amantes que, separados, como gêmeos eternos, tornam a se buscar. Chama atenção, ainda, o poema *Die Freundschaft* [*Amizade*], uma celebração da amizade, que seria mística e eterna, em consonância com os conceitos de amor dantes apresentados. Nos poemas deste período notamos o uso de antíteses e hipérboles com o intuito de criar um efeito musical, e o desenho de imagens extraordinárias, porém já se percebe um fundo reflexivo que mais tarde será explorado abertamente.

Na fase adulta, destacam-se *Ode an die Freude*, parcialmente musicado por Beethoven na sua Nona Sinfonia, e *Die Künstler* [*Os artistas*]. Este foi proposto como um poema filosófico representando a Arte como a atividade própria do homem, sendo até mesmo superior à ciência: a beleza seria a porta de entrada ao conhecimento, que nos conduziria à verdade. O poema consiste em uma breve história mitológica da civilização, na qual a deusa da beleza, Urânia, teria cuidado de cultivar nosso espírito recrutando seus soldados, os artistas, e ensinando-os a imitar as formas da natureza. Admirando tais obras, os homens teriam superado seus impulsos bestiais, criando heróis, deuses e ideais para si, e, ao contemplá-los, surgiram a ciência e a filosofia, caminhos pelos quais se chegaria à verdade.

Na fase de suposta maturidade, que tem início aproximadamente em 1795 e se estende até o seu falecimento, Schiller volta sua atenção poética para temas filosóficos de fundo abstrato. Percebemos um sério apelo ao humanismo, à confiança na razão, ao cultivo de ideais de completude e harmonia orgânicas, além de um retorno à filosofia das luzes e da retomada de personagens e temas da Antiguidade greco-romana, expressão de seu passo em direção ao Classicismo, em parceria com Goethe.

Nesta fase os seus escritos se tornam mais contemplativos, com a composição de baladas (muito populares na época), dísticos, elegias e versos filosóficos. *Das Ideal und das Leben* é tido como um dos seus mais bem acabados poemas filosóficos, cujo argumento é que a única forma de se obter as verdadeiras paz e liberdade seria através da abdicação do tortuoso mundo dos sentidos em favor de uma vida voltada aos ideais eternos, a uma vida mental. Isso só aconteceria caso enfrentássemos a dura realidade de frente, por meio de trabalho enérgico, ao invés de mera contemplação passiva. O autor escreveu ainda o ensaio *Sobre poesia ingênua e sentimental*, uma reflexão sobre as diferentes formas de criatividade poética, e teve poemas musicados por Brahms (*Nänie*) e Schubert (*Die Bürgschaft*).

Gabriela MISTRAL

✯Vicuña, Chile, 1889
✞Nova York, Estados Unidos, 1957

A obra de Lucila de María del Perpetuo Socorro Godoy y Alcayaga, conhecida mundialmente pelo pseudônimo de Gabriela Mistral, revela a importância exercida pelas mulheres no cenário intelectual latino-americano no século XX. Antes ser consagrada como escritora, Mistral atuou no magistério em seu país. O seu trabalho como educadora teve reconhecimento internacional e em 1922 ela viajou para o México para integrar o programa educativo mexicano. Gabriela também desempenhou cargos diplomáticos, representando o Chile em diversos países. Com a obra *Desolación* ela ganhou projeção literária e, no ano de 1945, foi condecorada com o Nobel de Literatura, sendo, portanto, a primeira ganhadora desse prêmio na América Latina. A significativa presença de imagens americanas e o lirismo em torno do sentimento de perda são apontados pela crítica como alguns dos aspectos que permeiam sua poética.

Obras principais: *Desolación*, 1922; *Tala, 1*938; *Lagar*, 1954.

Gabriela Mistral

por Jacicarla Souza da Silva*

No que se refere aos estudos sobre a obra de Gabriela Mistral, observa-se a presença de estereótipos vinculados à sua produção que reforçam a ideia de uma poesia "sentimentalista mística" ou mesmo a imagem de Gabriela como "*madre de la patria*". Tais características estão atreladas a uma visão que tende

* Jacicarla Souza da Silva, docente da Universidade Estadual de Londrina, é autora de *Um (in)visible college na América Latina: Cecília, Meireles, Gabriela Mistral e Victoria Ocampo* (2014).

a enfatizar os aspectos biográficos à sua obra, como a da maternidade frustrada, a da suposta relação amorosa entre Gabriela e Jaime Quezada, um ferroviário de 27 anos que comete suicídio. Conforme chama a atenção Nuria Gironda: *"los ejemplos son variados, pero siempre insisten en el determinismo del suceso biográfico en la producción lírica"*.

Outro aspecto que aparece evidenciado no discurso da crítica mistraliana diz respeito à dificuldade em enquadrá-la dentro das estéticas literárias do início do século XX. Assim, sua obra não é vista nem como modernista e nem como vanguardista, sendo confinada, portanto, a um "entre-lugar", se assim pode-se dizer, o qual a crítica hegemônica tem destinado à produção de autoria feminina.

A partir dessas observações, é possível afirmar que, ao reconhecer a sua obra, essa mesma crítica tradicional reconhece nela a existência de valores supostamente femininos. Em outras palavras, as características atribuídas à sua produção servirão para legitimar a hegemonia da produção masculina. Donde os comentários de que a poesia de Mistral faz "uso imperfeito da métrica e da rima", reforçando a concepção de que a mulher escreve influenciada pela emoção, enquanto o homem pela razão. Dicotomias, como lembra Hélène Cixous, que apontam a presença dos contrastes entre *passividade* feminina e *atividade* masculina e que mostram, por sua vez, as oposições hierárquicas mantidas pela sociedade ocidental para tratar o modo como esse posicionamento binário desprivilegia a mulher.

Nesse sentido, não restam dúvidas de que se faz necessário uma revisão em torno da produção de Gabriela Mistral. Os estudos mais recentes sobre a autora chilena, com base nas propostas da crítica feminista, têm procurado confrontar as leituras e métodos sustentados pela crítica tradicional a fim de mostrar outras facetas de sua obra.

Diante desse olhar de "dupla revisão" é possível observar como a existência do espírito de americanidade, presente em sua poética, vai além de uma representação do continente americano e de suas belezas naturais. Esses espaços americanos revisitados por Mistral ganham dimensão enigmática, utópica, assim como o próprio conceito de América Latina que corresponde, por sua vez, a um espaço de encontros culturais, de apropriações, de transculturação, caracterizados pela pluralidade, o que torna inexistente a ideia de uma única América.

Percebe-se, desta forma, em seus poemas uma ressignificação simbólica da própria história e formação cultural da América Latina. Ao evidenciar esses aspectos, Gabriela Mistral marca o seu lugar dentro da proposta modernista por meio de uma linguagem "inquieta", "balbuciante" ou mesmo "trêmula", como apontam os estudiosos. Ainda que reconhecida mundialmente, sua obra poética merece ser relida pela crítica.

Geoffrey CHAUCER

★ Londres, Inglaterra, 1342
✞ Londres, Inglaterra, 1400

Geoffrey Chaucer nasceu por volta de 1342, em uma família de prósperos comerciantes de vinho. Gravitou sempre nas altas esferas da corte e da nobreza. Recebeu uma educação refinada: leu os autores clássicos e tornou-se um especialista diletante em várias ciências da época, tornando-se um exímio diplomata. A serviço da coroa, viajou à França e à Itália. De volta à Inglaterra, ocupou vários cargos na administração pública. Suas obras incluem *O Livro da Duquesa*, *O Parlamento das Aves*, *A Legenda das Santas de Cupido* e *Troilo e Criseida.* Morreu sem conseguir completar sua obra-prima, os *Contos da Cantuária.* Está sepultado na Abadia de Westminster, em Londres. Chesterton escreveu sobre Chaucer: "Ele criou o idioma nacional – e quase podemos dizer que criou a própria nação".

Obras principais: *Contos da Cantuária*, 1476 (?).

Geoffrey chaucer

por José Francisco Botelho*

No "Prólogo Geral" de sua obra-prima, os *Contos da Cantuária*, Geoffrey Chaucer apresenta a si mesmo com uma das mais formidáveis ironias nas letras universais:

Não me julgueis malandro, boa gente:
É que eu não sou lá muito inteligente.

A passagem é curta, e a piada, discreta – mas bastará um olhar de soslaio à biografia do autor para que se perceba a sutileza

* José Francisco Botelho é escritor, tradutor e jornalista. Tradutor dos *Contos da Cantuária* pela Penguin-Companhia em 2013.

avassaladora dessa tirada. Chaucer foi um dos maiores eruditos de seu tempo. Quando começou a escrever seus *Contos*, já era poeta e intelectual respeitado em seu país. Em sua obra, no entanto, retratou a si mesmo como um sujeito de poucas luzes, sem arte e sem engenho, quase um iletrado. Ou seja: o riquíssimo universo ficcional de os *Contos* seria obra de um criador algo obtuso ou maliciosamente modesto – como um Deus ambíguo que, no ato de criar o mundo, desse uma piscadela cósmica com Seu olho onisciente... A autoironia dessa passagem revela, num relance, a grandeza peculiar de Chaucer: um humorismo que transcende o próprio riso, que se eleva às alturas da metafísica e cujos limites se confundem com os do universo humano.

Como tantos poetas da época, Chaucer foi, primeiramente, tradutor: verteu ao inglês médio o *Roman de la Rose* e a *Consolatione Philosophiae*, de Boécio. Entre 1368 e 1385, escreveu seus primeiros poemas longos. Entre eles, *Troilo e Criseida* – história de amor inspirada na mitologia grega, que é um primor de construção narrativa e profundidade psicológica. Ao que tudo indica, Chaucer começou a esboçar seus *Contos* após 1386. O plano original era talvez demasiado ambicioso: em uma estalagem inglesa, trinta peregrinos (entre eles, o próprio Chaucer) reúnem-se para realizar a célebre romaria ao túmulo de São Tomás Becket, na Cantuária. Para aliviar as asperezas da jornada, decide-se que cada viajante contará quatro contos ao longo do caminho – dois na ida e dois na volta. Chaucer jamais completou seu grande projeto: dos cerca de 120 contos prometidos, o poeta conseguiu terminar apenas 24 antes de morrer.

Escritos quase integralmente em versos, os *Contos* apresentam uma abundância de gêneros: há romances de cavalaria, fábulas cômicas, relatos de prodígios e milagres, desastres amorosos, aventuras obscenas, duelos mágico-filosóficos e até uma breve e vertiginosa viagem ao Inferno. O que fascina é a relação entre os relatos e aqueles que os contam: cada narrativa ilumina seu narrador, tornando-o ao mesmo tempo mais convincente e mais ambíguo. Moldados pela voz de Chaucer e pela algaravia de suas próprias vozes, os peregrinos-narradores estão entre os personagens mais verossímeis e influentes da literatura ocidental. A Mulher de Bath, com seu egoísmo glorioso e hilariante, é ancestral direta do Falstaff shakespeariano; o Vendedor de Indulgências, sinistro e sutil, é o modelo de uma longa estirpe na tradição da vilania; já o Albergueiro, virulento perscrutador de almas, é uma espécie de Voltaire medieval com muitos calos e poucas letras.

Por ter captado com tal maestria o que há de específico, estranho e insubstituível na individualidade humana; por ter criado, no outono da Idade Média, uma obra que não se funda simplesmente no alegórico nem no anedótico, mas na variedade indecifrável dos temperamentos humanos; por tudo isso, Geoffrey Chaucer merece um título suplementar, além de patrono da língua e da literatura inglesas. Anterior a Shakespeare, anterior a Cervantes, ele foi – como eles – um precursor do romance moderno.

Gertrude STEIN

✯Pittsburgh, Estados Unidos, 1874
✞Neuilly-sur-Seine, França, 1946

Editora, escritora, feminista, colecionadora de arte, poeta e jornalista, antes de ir à França em 1903, Gertrude Stein estudou psicologia e filosofia em Harvard Annex. Pesquisou a escrita automática, o que influenciou toda sua obra. Seguiu estudando medicina, mas abandonou o curso para mergulhar em sua carreira de escritora e colecionadora. Em 1907, em Paris, conheceu sua companheira, Alice B. Toklas, com a qual permaneceu por quase quarenta anos. Sua história está imbricada com a vida artística de uma geração inteira, Stein promovia encontros e festas no salão de sua casa no número 27, na *rue de Fleurus*, mantendo contato com artistas e escritores expatriados durante as décadas de 1920 e 1930. Em 27 de julho de 1946, em Neuilly-sur-Seine, Gertrude faleceu em decorrência de um câncer de estômago.

Obras principais: *Botones Blandos*, 1914; *A Autobiografia de Alice B. Toklas*, 1933; *Stanzas in Meditation and Other Poems*, 1929-1933; *Paris França*, 1940.

Gertrude Stein

por Natalia Borges Polesso*

Sem Gertrude Stein, Paris não teria sido uma festa, especialmente para os escritores e artistas expatriados que lá moravam nas décadas de 1920 e 1930. Essa escritora americana modernista se autointitulava um gênio da literatura e, de fato, sem sua autoconfiança e obstinação, os ecos da geração perdida, nome dado ao grupo de artistas da época pela própria Stein, não reverberariam até hoje. A história da arte e da literatura se concentrou em Paris

* Natalia Borges Polesso é escritora e professora. Mestre em Letras, Cultura e Regionalidade pela UCS e doutoranda em Teoria da Literatura na PUCRS.

naquele momento, mas não tivesse sido tão relevante a sua presença, não fosse o poder de aglutinação que Stein exerceu naquele tempo e lugar, talvez esses escritores não tivessem se encontrado, quem sabe tivessem se visto em algum bar, algum outro salão, frequentado por pessoas com menos entusiasmo. Mas não no número 27, na *rue de Fleurus*, não seria Gertrude Stein a dar conselhos e a transformar a história do século XX completamente.

Para além de seu importante papel na configuração do campo literário e artístico no início do século XX, sua escrita experimental também marca uma inovação na própria literatura. Através de justaposição de palavras, omissão de pontuação, padrões melódicos e gramática peculiar, Gertrude Stein buscava a representação mais verdadeira possível dos objetos e dos sentidos. À primeira vista sua escrita pode parecer ingênua, mas se observada com atenção, mostra-se completamente oposta à ideia de ingenuidade e apresenta a intricada composição das coisas banais. O ritmo impresso em seus poemas e textos em prosa expõe, em seus trabalhos, a tal escrita automática ou pensamento automático, processo sobre o qual pesquisou durante sua graduação. Seu trabalho é uma procura obcecada pela descrição exata da realidade interna e externa. Seu estilo é, até hoje, um enigma e divide opiniões de críticos, teóricos e leitores em geral.

Muitos mitos circundam a vida dessa escritora, desde sua vida conjugal com Alice, passando pelas dúvidas de como uma judia e toda sua coleção de arte teriam sobrevivido à ocupação alemã na França, até o rumor de ter sido protegida por um colaborador nazista. Quanto à sua relação amorosa, Gertrude era abertamente homossexual e pode ser considerada uma das primeiras militantes feministas lésbicas. Quanto a sua participação durante a Segunda Guerra Mundial, muito se especula, mas há poucos documentos que esclareçam essa parte de sua história.

O fato é que Gertrude Stein foi uma das escritoras mais profícuas e afamadas da literatura norte-americana de todos os tempos. Ela conta com uma produção no entorno de seiscentos títulos. No entanto, é ainda das menos lidas e continua sendo uma incógnita para o cânone. Suas obras foram publicadas na ordem em que ela as escrevia, pois eram textos de difícil aceitação, por um lado, eram considerados um tanto herméticos, por outro, um tanto revolucionários.

Boa parte do acervo, contendo documentos como fotos, cadernos e manuscritos de Stein, está na *Yale Collection of American Literature, Beinecke Rare Book and Manuscript Library* na Universidade de Yale, nos Estados Unidos.

Gilbert KEITH CHESTERTON

✭Londres, Inglaterra, 1874
✞Buckinghamshire, Inglaterra, 1936

Prolífico e influente escritor, Gilbert Keith Chesterton produziu peças de teatro, biografias, obras de ficção e não ficção, poemas e histórias policiais, além de mais de 4 mil ensaios e colunas jornalísticas. Converteu-se ao catolicismo aos 48 anos por aí encontrar "uma resposta natural às necessidades humanas". Popularizou-se no Reino Unido com o detetive "Padre Brown", que originou obras de cinema e televisão. Polemista contumaz, são famosas suas querelas com Bernard Shaw, H.G. Wells, Bertrand Russell e Rudyard Kipling. Jorge Luis Borges reconheceu a relevância do estilo do autor inglês para a sua escrita. Mahatma Gandhi, por sua vez, inspirou-se em um artigo de Chesterton sobre o colonialismo na Índia para escrever seu primeiro livro, dando início assim a toda sua trajetória libertária.

Obras principais: *La Tierra de los Colores*, 1938; *Lepanto y otros poemas. Poemas escogidos*; *La balada del suicidio y otros poemas.*

Gilbert Keith Chesterton

José Carlos Calich*

Compôs em torno de duzentos poemas, poucos traduzidos ao português, sendo que alguns destes são encontrados somente pela internet. Nos primeiros livros, *Greybeards at Play* (1900) *e The Wild Knight* (1900), estão delimitados seu estilo e muito de sua temática. Alguns críticos dizem que sua poesia e mesmo

* José Carlos Calich é psicanalista (SPPA), editor do International Journal of Psychoanalysis e membro do Comitê Científico da Fondation J. Laplanche do Institut de France.

a prosa posterior apenas aprofundaram o que já constava nos versos iniciais.

A poesia de Chesterton pode ser dividida em quatro categorias, diferentemente nominadas na literatura: metafísica; sobre amor e paixão; sobre temas cristãos; e épico-narrativa. Nesta, enquadram-se "Lepanto" e "The Ballad of the White Horse", os poemas mais conhecidos e importantes do autor. Na primeira, a rica narrativa da batalha entre cristãos e otomanos em 1517 perscruta a essência das forças da constituição cultural e da natureza do herói na Europa. Na segunda, a narrativa da história e da lenda da batalha de Ethandun, em 878, reflete sobre as origens do pensamento e da moral inglesa. Pela complexidade dos temas e da escrita, sua tradução a outros idiomas é compreensivelmente difícil.

Tinha grande domínio do idioma inglês, assim como da métrica e da rima. Usava com habilidade a riqueza polissêmica de cada palavra, fazendo movimentos lúdicos com suas acepções, antinomias e articulações. Sua habilidade em contraditar, justapor e criar tensões de significado entre uma ideia e outra (em geral, de seus opositores) tornou-o conhecido como "príncipe do paradoxo". Suas poesias iniciais utilizavam esse estilo de modo tão proeminente que são frequentemente consideradas obras primas da literatura do absurdo e exemplificam o dito presente em *How to read poetry*, de 1904, de que a poesia é uma arte "exclamativa", porque revelava através de suas características uma intensidade emocional e um sentido inalcançável pela prosa, sendo a poesia "a melhor forma de se expressar". Quando redigia seus pensamentos (que brotavam copiosamente), o fazia muitas vezes em versos espontâneos. Seus dois romances mais conhecidos são iniciados por obras poéticas de sua autoria. Ainda assim, não escrevia poesia para ser publicada – inclusive, a desvalorizava – e a maioria de seus livros poéticos são compilações feitas por sua esposa, amigos ou editores.

A busca que fazia da "iluminação" de uma ideia ou de um sentimento utilizando os deslizamentos de sentido próprios da poesia faz com que a leitura de seus versos tenha uma condição evocativa e origine uma sensação de estranheza familiar, de revelação (religiosa), de descoberta (infantil). Mesmo com motes do cotidiano ou com temas que eventualmente tendam ao óbvio, a leitura é agradável e o clima de desvendamento produz uma marca que segundo muitos tende a tornar o conteúdo inesquecível, o que seguramente auxiliou em sua grande popularização no Reino Unido. Contribui também o fato de que tendia a escrever de modo simples (barroco para alguns), com humor, eventualmente de forma hilariante, o que contrastava com a seriedade racionalista de sua época. Exaltava o otimismo frente à vida e o prazer aos pequenos sinais do existir. Suas palavras facilmente se transformam em imagens mentais, algumas aterradoras, que utilizava para focalizar paradoxalmente algum aspecto da realidade ou, o que lhe era muito valioso, facetas do comportamento humano, para as quais tinha reflexões bastante aprofundadas e distantes do senso comum.

Sem dúvida, Chesterton é um paradoxal desconhecido/conhecido à espera de novos contatos a revelar seu poderoso impacto.

Giuseppe UNGARETTI

☆Alexandria, Egito, 1888
✝Milão, Itália, 1970

Giuseppe Ungaretti nasceu em Alexandria (Egito), em 1888, filho de emigrantes italianos. Passa a juventude no Egito e, aos 22 anos, muda-se para a França, onde entra em contato com célebres poetas, filósofos e artistas das vanguardas, contato este que influenciará de forma profunda seu estilo e poética. Na Itália, serve o exército durante a Primeira Guerra Mundial, experiência dramática da qual deriva seu primeiro livro de poesias, escrito nas trincheiras. Em 1922, muda-se para Roma, onde trabalha para o Ministério das Relações Exteriores, colabora com várias revistas e viaja muito. É convidado para lecionar Literatura na Universidade de São Paulo em 1936 e, seis anos depois, regressa para a Universidade de Roma na qual permanece até 1958. Falece em Milão, em 1970.

Obras principais: *A Alegria*, 1931; *Daquela estrela à outra*, 2003.

Giuseppe Ungaretti

Por Patrizia Cavallo*

Se os espaços em branco entre as palavras de Giuseppe Ungaretti pudessem romper o silêncio, as páginas de sua obra ouviriam gritos firmes e agudos de dor, medo e, ainda assim, esperança. O escritor italiano, cuja existência foi dividida entre o Egito, a França, a Itália e o Brasil, vivenciou experiências trágicas que impactaram de forma decisiva a sua poética: a participação como soldado na Primeira Guerra Mundial e o sofrimento entre as trincheiras, a morte do irmão e depois do filho Antonietto no Brasil,

* Patrizia Cavallo é mestre em Literatura Comparada (UFRGS), formada em tradução e interpretação de conferências na Itália (Universidade de Bolonha).

os horrores da Segunda Guerra Mundial e a dor de perder, em 1958, sua esposa.

A poesia de Ungaretti, que aparece inicialmente no panorama europeu do século XX com versos simples, porém intensos e repletos de significado, se torna cada vez mais estilhaçada, fragmentada e essencial, até deixar no papel apenas poucas marcas – palavras – que expressam o grito de sua dor existencial e o da humanidade inteira diante de tais tragédias. Desde sua primeira obra, *Porto Sepolto* (1916), quase inteiramente escrita nas trincheiras, Ungaretti tenta descrever os sonhos, o medo e a angústia que atormentam o ser humano desde suas vísceras; viscerais são, também, suas palavras, rápidas, jogadas como tinta pelo pincel na folha, palavras violentas e, ao mesmo tempo, cheias de inocência, na busca perene por fraternidade.

Após a guerra e até a publicação de *Sentimento del Tempo* [Sentimento do Tempo] em 1933, sua vida volta à normalidade, assim como a poesia se aproxima da tradição italiana do hendecassílabo e recupera uma sintaxe mais articulada, focando no sentido e valor da existência, na memória, na infância, na passagem do tempo, nos lugares perdidos. A época brasileira, durante a qual Ungaretti leciona na Universidade de São Paulo, é caracterizada pelo enorme luto causado pela morte de seu filho de apenas nove anos. Diário dessa trágica experiência é a obra *Il Dolore* [A Dor], de 1947, em que captura a voz e as memórias de seu filho Antonietto, contando o desespero, a perda e o luto tanto individual quanto coletivo, uma vez que os anos da Segunda Guerra Mundial deixaram uma marca sangrenta na história da humanidade. Ungaretti, que regressa à Itália em 1942 – e ali permanecerá até 1970, ano de seu falecimento –, escreve também prosa, sobretudo ensaios sobre literatura e poesia, traduz autores como Blake e Shakespeare, e colabora com artigos e resenhas para várias revistas. Continua lecionando na universidade e escreve poesias de grande carga emotiva dedicadas à inocência, às origens e à caducidade da vida; recupera as formas métricas dantescas e petrarquescas, tal como a sextina, e percorre o passado mítico, sempre à busca de sentido e salvação.

Os últimos anos de vida, após o falecimento de sua esposa, são dedicados ao resgate de imagens, sons e emoções, condensados na coletânea *Vita d'un uomo* [Vida de um homem], que reúne toda sua produção poética. Considerado mestre do hermetismo, Ungaretti revoluciona o panorama da poesia italiana e internacional da primeira metade do século XX tornando-se o precursor de uma poesia "pura", essencial, autêntica, porque é só a poesia, segundo Ungaretti, que pode educar, purificar e salvar o homem.

Gonçalves DIAS

✯Caxias, Brasil, 1823
✞Guimarães, Brasil, 1864

Expressão plena do Romantismo brasileiro, Antônio Gonçalves Dias nasceu a 10 de agosto de 1823, no sítio Boa Vista, perto de Caxias, no interior do Maranhão, filho do comerciante português João Manuel Gonçalves Dias e de Vicência Mendes Ferreira. Sua vida foi tão romântica quanto a escola da qual foi o mais completo representante no Brasil: mestiço de origem humilde, sem recursos, em virtude da morte do pai, cursou Direito em Coimbra, às expensas da madrasta; rejeitado pela família de sua pretendente, casou com outra mulher e foi infeliz; sua filha morreu criança e ele próprio ficou tuberculoso. Doente, voltava da Europa quando o navio em que viajava naufragou nas costas do Maranhão, em 3 de novembro de 1864. Foi o único passageiro falecido, cumprindo-se a sua premonição de falecer no mar.

Obras principais: *Primeiros cantos*, 1847; *Os timbiras*, 1857.

Gonçalves Dias

por Maria Eunice Moreira*

Conhecido pela famosa "Canção do exílio", Gonçalves Dias cedo começou a escrever e investiu em vários gêneros: poesia, drama, prosa, ensaio, tradução e crítica literária. Seus primeiros versos datam de 1841, quando conheceu o grupo da Gazeta Literária, do qual iria fazer parte. A consagração, porém, chegou com *Primeiros cantos*, publicado em 1847, merecedor de crítica favorável do português Alexandre Herculano, que viu nesses versos uma verdadeira renovação literária. Associada aos recursos fonéticos, o poeta

---

* Maria Eunice Moreira, professora da PUCRS e pesquisadora do CNPq, é autora, entre outros livros, de *Gonçalves Dias e a crítica portuguesa no século XIX*.

vale-se de um conjunto de expressões indígenas, que colaboram para transmitir o espírito americano, garantindo o tom nacional à literatura brasileira. Seguem os *Segundos cantos* e os *Terceiros cantos*, no qual incluiria o poema dramático "I-Juca-Pirama". Ao indianismo romântico, contrapõe com a criação de *Sextilhas de Frei Antão*. Para o teatro, escreveu *Patkull*, *Beatriz Cenci*, peça rejeitada pelo Conservatório Dramático, como imoral, e *Leonor de Mendonca*, que logo no início da encenação não obteve sucesso, e *Boabdil*. Em prosa, publicou algumas páginas, das quais se destacam *Meditação;* como ensaísta e estudioso das coisas do Brasil, produziu o *Dicionário da língua Tupi*. Foi também tradutor e crítico, atividade que exerceu sob o pseudônimo "Optimus Criticus".

A produção poética de Gonçalves Dias foi marcante para a literatura brasileira, especialmente no momento em que o país se instituía como nação. Seus versos transmitiram o deslumbramento pelo Novo Mundo e incorporaram o pitoresco da vida americana, de modo original. Sua obra transita entre harmonia dos neoclássicos, lição que aprendeu com os primeiros românicos portugueses, mas se afasta de seus antecessores ao abandonar o pessimismo e a exacerbação sentimental. Ao contrário de seus antecessores, que se dividiram entre o classicismo e o romantismo, soube conciliar o equilíbrio clássico e apresentar a novidade americana, criando com esses elementos um novo paradigma para a poesia do Brasil. Surgiu com Gonçalves Dias a esperada literatura brasileira capaz de identificar a nação recém-emancipada. Se "A canção do exílio" já o anunciava como poeta de talento e representante da nacionalidade literária – título que, aliás, o próprio Gonçalves Dias almejava para si –, "O I-Juca-Pirama", ápice de sua criação indianista, o consagra como o verdadeiro poeta nacional. A crítica já considerou esse poema como um "dos tais deslumbramentos que de vez em quando ocorrem em nossa literatura", pois a uma certa estabilidade da poesia neoclássica junta-se o tema romântico, trazendo a novidade da figura indígena e do lamento do prisioneiro. Caracterizado pela seleção vocabular que apresenta, melódico pelo ritmo que explora e plástico pelas cenas que produz, constitui um poema em movimento, o que lhe garante a concepção nitidamente romântica.

Morto tragicamente aos 41 anos de idade, Gonçalves Dias conferiu ao Romantismo no Brasil um caráter inovador e à literatura brasileira concedeu a originalidade almejada para a discussão das questões relativas à nacionalidade literária, particularmente através da temática indianista.

Gregório DE MATOS

✯ Salvador, Brasil, 1636
✞ Pernambuco, Brasil, 1696

Gregório de Matos, 1636, nasceu em Salvador, na Bahia. Da pequena nobreza, o pai teve fazendas e engenhos. Estudou Direito em Coimbra; lá conheceu a tradição poética vinda de Camões, Gôngora e Quevedo. Casou e foi Juiz; diligente, caiu nas graças do rei. Porém, não duraria muito. Ao não aceitar investigar mandante da colônia, é demitido. No Brasil assume de vigário-geral, onde não dura. Ao não seguir as regras da Ordem e fazer sátiras e críticas, é posto para fora do emprego. Tenta o Direito, mas logo abandona tudo; viaja pelo interior como cantador e poeta. As sátiras acabam por molestar os poderosos, que o mandam para o exílio em Angola, na África. Permitido o retorno ao Brasil desde que não mais pusesse os pés na cidade de Salvador. Vive algum tempo em Recife, Pernambuco, onde falece em 1696.

Obras principais: *Antologia – Gregório de Matos*; *Poemas escolhidos de Gregórios de Matos.*

Gregório de Matos

por José Eduardo Degrazia*

A releitura de Caetano Veloso do soneto de Gregório de Matos que começa por *Triste Bahia*, no disco *Transa* de 1972, mostra bem como o poeta do século XVII instala-se confortavelmente no nosso tempo. Caetano traz o poeta baiano para o Brasil dos anos 70 do século XX, período da ditadura militar, onde a verve satírica do poeta barroco une o passado ao presente numa crítica ao

* José Eduardo Degrazia é médico. Publicou *Lavra permanente*, *Corpo do Brasil*, poesia; O *atleta recordista*, conto; e novelas. Tem textos traduzidos para várias línguas.

sistema vigente. Este é o destino dos grandes poetas, serem lidos, relidos e reinventados a cada geração.

Poeta da época do Barroco utiliza características desta escola, procurando sempre as antíteses, as diferenças, para nelas encontrar a síntese do conhecimento do mundo. Vale-se da tradução e das paráfrases de poetas como Gôngora e Quevedo, tanto na sátira, quanto na poesia lírica, atingindo um alto fazer poético e formal. Faz uso do soneto de matriz petrarquiana, da décima e das formas populares; usa rimas ricas consoantes e toantes, aliterações e figuras de linguagem como o oximoro. Sua poesia, conforme ao cânone barroco, é muito conceitual e trabalhada, acadêmica por um lado, mas inovadora ao aceitar a influência popular, sendo um dos primeiros escritores brasileiros a usar palavras de origem indígena e africana.

Sua poesia pode ser dividida em satírica/circunstancial; religiosa/mística; lírica/erótica. A importância de sua poesia satírica está na tradução da crise colonial, onde o poeta se posiciona contra a exploração a que o Brasil era submetido. Satiriza e ataca tanto o poder eclesiástico quanto os que representam a ordem colonial do Reino; também investe contra os que, nascidos na colônia, chegavam a ocupar altos cargos pelo interesse, pela bajulação, pela compra pura e simples de honrarias. O poeta era homem de sua época, demonstrando preconceito por se achar nobre no meio de uma sociedade que não lhe dava o devido respeito. Alguns dos seus poemas não seriam aceitos hoje por serem contra judeus, negros e mulatos, e por terem uma visão abusiva sobre as mulheres. As qualidades estéticas e o conhecimento do mundo colonial da época fazem com que o poeta Gregório de Matos seja lido ainda hoje com atenção.

Guillaume APOLLINAIRE

✮Roma, Itália, 1880
✝Paris, França, 1918

Nascido a 26 de agosto de 1880, em Roma, foi inicialmente registrado como filho de pais desconhecidos. Após mais de dois meses, a mãe o reconhece legalmente. Passa parte da infância e adolescência em colégio interno. Adulto, estabelece-se em Paris, onde escreve e organiza volumes de literatura erótica, especialmente em prosa, como forma de subsistência e revelando fixação pelo mundano. Antes de adotar em definitivo o sobrenome Apollinaire, divulgou seus poemas sob diversos pseudônimos. O nome francês seria homenagem à pátria que escolheu, além de Apolo ser o deus da poesia, campo em que mais se destacou – embora tenha escrito contos, romances e teatro. Foi precursor de uma nova lírica, menos presa à tradição de forma e conteúdo e mais humanista, assim como vinculada às artes plásticas (pintura), de que era crítico. Criador do termo *Surrealismo*, influenciou a poesia do século XX para além da França. Seus temas são o amor (e o desencanto), a natureza, a morte e o outono. Morre em 9 de novembro de 1918, em Paris.

Obras principais: *O Bestiário ou o Cortejo de Orfeu*, 1911; *Álcoois*, 1913; *Caligramas*, 1918.

Guillaume Apollinaire

por Daniela Damaris*

O escritor Guillaume Apollinaire, italiano naturalizado francês, é um dos nomes mais importantes da literatura do século XX.

* Daniela Damaris Neu é mestre em Teoria da Literatura e revisora de textos. Poeta e ensaísta, assina *Lótus*, *Cais de cítara*, *O som da folha quando cai*, entre outros.

É impossível falar em Surrealismo sem mencioná-lo, visto que foi o criador do termo e precursor de seus ideais.

O rompimento com a tradição literária da época rendeu-lhe retornos duros da crítica, especialmente da francesa. O vanguardismo em sua obra deve-se muito às circunstâncias de seu tempo, quando as revolucionárias inovações tecnológicas (telefone, avião, trem) do início do século impuseram um novo ritmo de vida, agora muito mais dinâmico, e por isso também fragmentado. As oscilações mesmas na vida de Apollinaire, com as constantes mudanças de endereço e de trabalho, os conflitos familiares e a precariedade das condições de subsistência, podem tê-lo influenciado em sua escrita, assim como os tantos encantos e desencantos com o amor. Não renegou, todavia, suas origens simbolistas.

Esse intenso movimento pode ser lido em sua obra na adoção do fluxo de consciência e na aproximação entre mundo exterior e mundo interior, razão e inconsciente, realidade e fantasia, especialmente em sua prosa – vide *A mulher sentada* e *O Flâneur das duas margens*. Além disso, transparece em estratégias de estilo, como a abolição de recursos de pontuação e a adoção do verso livre, facilmente identificáveis em *Álcoois*, sua obra mais representativa.

Justamente por isso, talvez *Álcoois* seja a leitura mais pertinente a quem se dispõe a ingressar no estudo da obra de Apollinaire, sobretudo por se aproximar bastante da poesia proposta por muitos poetas de hoje, que optam pela liberdade em seus versos, seja na sua disposição ou no sem-fim de leituras possibilitadas pela falta de pontuação.

Ainda: a ênfase no eu, registrando o subjetivismo herdado do Romantismo, está presente na bibliografia de Apollinaire, seja na "intrusão" biográfica em enredos de sua prosa, seja na adoção de um eu lírico em primeira pessoa na poesia.

Em *Caligramas*, a aproximação direta entre poesia e pintura, registrando um momento crucial da poesia visual, oferece ao leitor um testamento do contexto de transformações da época, incluída a guerra, pelos recursos pictóricos que traduzem mudanças na forma de olhar a poesia, o tempo, o espaço, o mundo. Essa obra, especificamente, poderia ter seu impacto diminuído ao olhar do leitor de hoje, quando movimentos como o concretismo, no Brasil, ou as experiências diversas com a poesia visual exploraram à exaustão esse viés. Mas é imprescindível que se coloque *Caligramas* no auge do seu surgimento, e então o vanguardismo de Apollinaire soará inconteste e ficará salientado.

Em *O Bestiário*, ainda mais centrada está a concisão absoluta dos versos e dos poemas, ressaltando uma de suas temáticas, a natureza, por meio da poetização dos animais, acrescido a isso o recurso de novo das artes plásticas, com ilustrações em xilogravura de Raoul Dufy.

Autor de uma obra capaz de reunir o clássico e o inovador, Apollinaire é leitura obrigatória para se conhecer a trajetória da literatura e, fundamentalmente, da poesia. Em seu conjunto, seus livros proporcionam ao leitor um olhar ousado e repleto de profunda humanidade sobre sua época, colocando-o entre os grandes artistas do século XX e de todos os tempos.

Haroldo DE CAMPOS

✯ São Paulo, Brasil, 1929
✞ São Paulo, Brasil, 2003

Junto a seu irmão Augusto (1931) e o amigo comum Décio Pignatari (1927-2012), Haroldo de Campos foi um dos principais representantes da poesia concreta no Brasil, além de um dos mais importantes tradutores e teóricos de literatura da América do Sul. Nascido no bairro Perdizes, em São Paulo (onde viveu até o final da sua vida), graduou-se pela Faculdade de Direito da Universidade de São Paulo (USP), em 1952. Depois de se retirar do grupo *Clube de poesia*, composto sobretudo por membros da Geração de 1945, fundou com Augusto e Décio, no mesmo ano, o grupo literário *Noigandres*. No curso do movimento da poesia concreta, passou a dedicar-se também à tradução, compreendida por ele como processo criativo que exige o intervir ativo do tradutor. Fala, nesse contexto, de *transcriação* em vez de tradução. Na sua tríplice função de poeta, tradutor e crítico, Haroldo deixou uma obra rica e heterogênea, onde *galáxias* (*work in progress*, 1984) tem grande destaque.

Obras principais: *Xadrez de Estrelas*, 1976; *galáxias*, 1984; *A Educação dos Cinco Sentidos*, 1985; *A Máquina do Mundo Repensada*, 2000.

Haroldo de Campos

por Jasmin Wrobel*

Haroldo de Campos compreende a poesia moderna como "obra de arte aberta", caracterizada pela abundância fonética e lexical, pela ruptura dos gêneros e pelo diálogo de diferentes tipos

* Jasmin Wrobel é assistente de pesquisa no Instituto de Estudos Latino-Americanos da Freie Universität Berlin, onde trabalha com a obra de Haroldo de Campos.

de arte – aspectos nitidamente ligados à poesia concreta de *Noigandres*.

A obra do poeta paulistano caracteriza-se não apenas pelo seu profundo conhecimento da literatura universal, mas também por sua poliglotia. Para *transcriar* as obras que lhe pareciam relevantes e inovadoras, Haroldo se valeu do latim, inglês, espanhol e francês (línguas aprendidas já durante os estudos secundários no Colégio São Bento), além do italiano, alemão, grego clássico, hebraico, russo e japonês. Traduziu, entre outros, autores como Homero, Dante, Goethe, Mallarmé, Joyce e Pound, diversos textos bíblicos e também obras da poesia russa e japonesa, partindo da ideia de que os textos criativos em si não são traduzíveis, mas que é possível recriar ou transcriar um texto, produzindo assim outra obra autônoma, recíproca ao texto original.

A obra onde mais se refletem as considerações teóricas e os interesses específicos do poeta consiste, sem dúvida, em *galáxias*, iniciada em um momento em que o Noigandres começa a se dedicar a novos projetos e experimentos. Nos cinquenta fragmentos multilíngues, escritos no limite entre prosa e poesia entre 1963-1976, um narrador lírico viaja entre as cidades do mundo, onde, em primeiro lugar, dialogam várias línguas. Ainda que o português domine, há expressões em muitos outros idiomas, dependendo de onde se encontra o narrador no fragmento correspondente. Encontram-se, assim, locuções em espanhol, francês, italiano, inglês, alemão, russo, latim e grego clássico, que, de vez em quando, se *transcriam*. Além do multilinguismo literário, os fragmentos são retoricamente muito elaborados: caracterizam-se por figuras literárias como o neologismo, a paranomasia, o anagrama, a aliteração e a repetição, todas produzindo uma leitura destacadamente rítmica. Uma sintaxe coerente não existe; o texto se constitui, ao contrário, por um jogo de associação, um fluxo de palavras que, em parte, só se referem a si mesmas.

Além das diferentes línguas e culturas, também desempenham um papel importante os acontecimentos históricos e culturais que marcaram o cenário correspondente: a atenção do "eu lírico" é dirigida a diferentes detalhes e aspectos, desde as arquiteturas mouras de Granada, no segundo fragmento, até o mundo asteca, no fragmento 25, cujo cenário é a Cidade do México ou "la gran tenochtitlan". Aparentemente, não há limites em relação ao tempo e ao espaço, ou seja, o velho e o novo interagem constantemente. A cidade, e especialmente a metrópole, são cenários privilegiados como lugares onde se misturam e interagem várias culturas e línguas, bem como diferentes manifestações de arte e memória. Através das numerosas referências intertextuais e intermidiais, produz-se um tecido complexíssimo, de grande dificuldade para o leitor identificar e separar todos os elementos constituintes, manifestando assim também o papel do Haroldo-leitor insaciável. Por fim, o percurso textual de *galáxias* revela ainda outra paixão do autor, as viagens pelo mundo: cada fragmento é inspirado por uma viagem e por suas próprias experiências.

Em relação à obra de Haroldo, tanto por sua produção poética como crítica (considerando também as *transcriações*, que se constituem desses dois aspectos, ou seja, consistem em uma mistura de poesia e crítica), como pelas muitas amizades com intelectuais de diferentes países, pode-se considerar o poeta um dos mediadores culturais mais importantes do século XX, não apenas entre a América Latina e o resto do mundo, mas também entre o Brasil e a América espanhola.

Hilda HILST

☆Jaú, Brasil, 1930
✞Campinas, Brasil, 2004

Hilda Hilst nasce em 21 de abril de 1930, na cidade de Jaú, São Paulo, e morre em 4 de fevereiro de 2004. Em 1965, motivada pela leitura de *Lettres a El Greco*, de Nikos Kazantzakis, muda-se para a Fazenda São José (Campinas/SP), propriedade de sua mãe, e inicia a construção do que hoje é o Instituto Hilda Hilst ou a Casa do Sol. Dotada de uma forte personalidade, bem como de uma profunda repulsa às tipificações sociais, a autora se distancia da cidade para se dedicar integralmente à literatura. Conhecida por sua voz literária transgressora e obstinada, Hilda Hilst se dedica a todos os gêneros da literatura, constituindo-se, dessa maneira, como uma escritora de apreciação imprescindível aos leitores.

Obras principais: *Roteiro do Silêncio*, 1959; *Do desejo*, 1992; *Cantares*, 2004.

Hilda Hilst

por Camila Alexandrini*

Em suas diversas faces e fases literárias, não há um texto sequer assinado por Hilda Hilst que não convide o leitor ao ringue feito de palavras – urros e sussurros. Por meio de seus textos, pode-se perceber um desejo contínuo pela palavra que ganha força na multiplicidade de sentidos, na violência da ordem pré-estabelecida, na compreensão da profundidade da vida. Mesmo que não em forma de versos, a poesia sobressai-se sempre na obra da autora. Seu anseio mais recôndito parecia querer transfigurar em poesia o mistério das coisas, do mundo (aqui ou além) e do indivíduo, a fim de que o poético, como alicerce de toda a literatura,

* Camila Alexandrini é doutoranda em Letras na PUCRS, é professora e pesquisadora em Teoria Literária e Literatura Brasileira.

obtivesse um lugar privilegiado. Tal busca incessante da escritora encontra-se, em sua obra, desdobrada em manifestações que aspiram à redenção e à plenitude, ainda que afundadas no absurdo e no abandono que é estar vivo. Não é por atrevimento ou pura rebeldia que a autora, em crônicas e em textos teatrais (*Cascos e carícias: crônicas reunidas*, 2000, e *Teatro reunido*, 2000), intercala o tom ácido acerca de acontecimentos ainda hoje atuais (a desvalorização de poetas, o desmazelo na política, a opressão das instituições, como a Igreja e o Estado) e a voz ora suave ora pontiaguda de sua poesia (*Júbilo, memória, noviciado da paixão*, 1974).

A linguagem provocativa de Hilst igualava-se à sua vontade de aceitação, estabelecendo, assim, um limiar entre os duplos da vida e de sua literatura: o sagrado e o profano; a vida e a morte; o divino e o mundano; o encontro e o desamparo. Observa-se, inclusive, que, na obra de Hilda Hilst, há resquícios de determinada amargura por não ter sido uma autora com mais sucesso junto aos leitores e à crítica literária. Sendo assim, com o decorrer dos anos, uma jovem e determinada escritora se transformou em uma senhora que se deixava ver como louca para ser ouvida e lida. A loucura de uma consciência desperta é, por conseguinte, um dos elementos da sua refinada poesia, bem como as atávicas relações amorosas (*Cantares do sem nome e de partidas*, 1995), os enigmas divinos (*Sobre a tua grande face*, 1986) e os substratos da vida e da morte (*Alcoólicas*, 1990).

É com a publicação de *Presságio* (1950) e *Balada de Alzira* (1951) que Hilda Hilst se dispõe ao desafio de viver na e pela literatura no Brasil. Após sua formação em Direito na Universidade de São Paulo (USP), em 1954, a escritora prefere não seguir essa profissão e passa a se dedicar integralmente à literatura, recebendo seu primeiro prêmio em 1962, com a publicação de *Sete Cantos do poeta para o anjo*. No entanto, seu principal alvo estava distante de ser atingido, isto é, o leitor. E não foi por meio de subterfúgios quaisquer que a autora o conquistou, mas sim pela audácia da sua linguagem, pela ousadia do pensamento, pela via vertiginosa ao adentrar em si. É possível compreender que, sendo assim, a toda palavra lançada à página, Hilda Hilst apontava diretamente a esse elo intransponível da literatura – entre aquele que lê e aquele que escreve. E, por esse motivo, destaca-se, tantas vezes, em suas publicações, seu viés provocador e impudico, mas não menos rebuscado e lírico.

Compondo este mosaico de poetas, Hilda Hilst se estabelece, a partir de versos e estrofes dilacerantes, repletos de uma humanidade amplificada, como um ritual de passagem dos que descobrem na poesia a chave para as carícias da vida, embora também saibam que ela é feita de cascos e vísceras.

HOMERO

Homero foi um poeta grego a quem se atribui os dois maiores poemas épicos da Grécia Antiga, a Ilíada e a Odisseia.

Obras principais: *Ilíada*, 850-750 a.C. (?); *Odisseia*, 850-750 a.C. (?)

Homero

por Donaldo Schüler*

A *Odisseia* nunca deixou de ser lida. Esteve nas mãos de Virgílio, de Camões, de Joyce, de Ezra Pound, de Guimarães Rosa, de Garcia Marques. Merece ser lida e relida.

Homero conversa com a Musa. Irrita-se ao lembrar que os companheiros de Odisseu morreram por terem cometido a loucura de abater bois de Hélio, embora o comandante da última nau o tivesse proibido rigorosamente. Quem decide por onde começar é a Deusa. Isso não impede que ouça sugestões. A viveza da narrativa brota dessa conversa. Homero – a que poeta atribuímos esse nome não importa – não se comporta como narrador passivo. Sente-se no direito de reinventar o que a tradição lhe transmitiu.

A epopeia, ao narrar as aventuras de Odisseu, rei de Ítaca, um pequeno Estado grego, dilata tempo, espaço e ação. Embora Odisseu esteja envolvido em aventuras marítimas por dez anos, o narrador o apanha em Ogígia, uma ilha misteriosa nas proximidades de Ítaca. Em algumas semanas, o herói, livrando-se do cativeiro da ninfa, chega à sua terra, depois de breve estada em Esquéria, a ilha dos feáceos. Recebido pela corte de Alcínoo, Odisseu rememora para um auditório fascinado o que lhe aconteceu desde a saída de Troia, onde combateu por dez anos, até à prisão de sete anos em Ogígia. Entre as doze aventuras lembradas, Odisseu se demora naquelas que lhe ilustram a inteligência e a ousadia, voando sobre insucessos.

* Donaldo Schüler é escritor e tradutor. Entre tantos outros trabalhos, traduziu para o português *Odisseia* e *Finnegans Wake*, de James Joyce.

Odisseu está longe do seu palácio por vinte anos. O tempo é escultor inexorável. O filho, Telêmaco, que Odisseu encontra não é o filho que ele deixou. Penélope não é a mesma. Não reencontramos o que perdemos. Sendo irreversível o tempo, irremediáveis são as perdas e muitos são os ganhos. Odisseu, Penélope e Telêmaco ganharam o que viveram.

A *Odisseia* desdobra-se em três conjuntos distintos: os quatro cantos iniciais em que é protagonista Telêmaco, as aventuras de Odisseu e a reconquista do palácio. Atentos a esta divisão, críticos sugeriram a existência de três poemas originariamente separados, amalgamados, por fim, em um único. A hipótese, embora plausível, é inverificável. Farta tradição oral anterior à *Odisseia* está fora de discussão. Basta comparar a *Odisseia* com os contos recolhidos por Grimm e Andersen para constatar a dívida da epopeia grega à literatura popular cultivada em outras regiões. Fontes orais não negam, entretanto, a existência de um poeta de qualidades privilegiadas. Devemos a ele a reorganização e a recriação do legado. O sol ilumina a ação desde o alvorecer. O sol impera. Na aurora ilumina-se o fazer divino e humano. Auroras, em variada formulação, ligam e separam episódios à maneira de um refrão.

O poema é dominado do princípio ao fim pela figura singular de Odisseu. O autor da *Odisseia* assume o compromisso de cantar o herói versátil, não uma de suas qualidades. Circunstâncias diversificadas iluminam o herói como orador, cavalheiro, trapaceiro, guerreiro, pai, esposo, amante, estrangeiro, rei, líder. O Odisseu narrador surge na corte de Alcínoo. É também aí que se vê a urbanidade do guerreiro no trato com a rainha, com o rei, com a princesa, com os príncipes e os nobres.

Como não há exércitos inimigos que afastem o herói do objetivo, Homero cria obstáculos de outra ordem. A natureza, cuja força encheu de espanto o homem desde sempre, é uma delas. Ela ataca com tempestades, estreitos rochosos, mares desconhecidos, escassez de alimentos. Para vencê-la, requer-se inteligência, além de destreza, coragem e força. Sem o amparo de ninguém, Odisseu inventa soluções para todas as dificuldades. Os deuses, que decretaram o seu regresso à pátria, ofereceram imprecisos recursos para realizá-lo. Odisseu é vitorioso por ser quem é.

A amplitude e diversidade espacial já estava prevista na introdução. O narrador declara que Odisseu conheceu muitas cidades e a índole de muitos homens. Odisseu enfrenta o desproporcional, o desmedido, o desumano, o caótico. Odisseu, quando toma a palavra para contar o que lhe aconteceu, mente muito. Se devemos procurar a verdade na mentira, chegamos à conclusão de que Homero conhecia histórias de navegações plausíveis, transfiguradas nos cantos, transfiguradas em poesia, encanto do poema. A *Odisseia* nos oferece um rico mundo dos sonhos, suaves e assustadores. Ensina-nos a desbravar o mundo interior. A poesia, com sua sedutora capacidade de dizer várias coisas ao mesmo tempo, até coisas contraditórias, nos liberta, um tanto, do nosso dizer precário.

Nascidos e criados num continente em que bebemos o fantástico com o leite materno, podemos sentir melhor a verdade das narrações de Odisseu do que a culta Europa de que somos periferia. Os escritores latino-americanos da segunda metade do século passado repetiram a homérica incorporação do fantástico, libertando-nos do confinamento cotidiano.

Ivan JUNQUEIRA

✯Rio de Janeiro, Brasil, 1934
✞Rio de Janeiro, Brasil, 2014

Nascido em 3 de novembro de 1934, no Rio de Janeiro, e falecido no dia 3 de julho de 2014, poucos meses antes de completar 80 anos, Ivan Junqueira foi o sexto ocupante da cadeira de número 37, antes de João Cabral de Melo Neto, da Academia Brasileira de Letras. Poeta, ensaísta, tradutor e crítico literário, foi vencedor de importantes prêmios, como o Jabuti de poesia por *A sagração dos ossos* (1994) e *O outro lado* (2007). Estudou medicina e filosofia na Universidade do Brasil (atual UFRJ), sem concluir nenhum dos dois cursos. Trabalhou como jornalista e como colaborador nos principais jornais do Rio de Janeiro, atuando em várias revistas de circulação nacional. Sua poesia foi traduzida para o espanhol, alemão, francês, inglês, italiano, dinamarquês, russo e mandarim.

Obras principais: *Os mortos,* 1964; *A sagração dos ossos,* 1994; *O outro lado,* 2007.

Ivan Junqueira

por Cíntia Moscovich*

Poeta dado a formas fixas, Ivan Junqueira juntou o melhor dos dois mundos, o da precisão e o da transcendência, amalgamando uma expressão tão bela quanto singular. Exato na forma, Junqueira tinha aquilo que Drummond chamava de "sentimento do mundo", como se tudo de que é capaz o coração humano coubesse em poesia (e cabe). De temática ampla, da infância à morte, do amor ao mundo marinho (é urgente ler *O polvo*), Ivan Junqueira alcançava virtudes expressivas ímpares: de seu punho, saíram

* Cíntia Moscovich é escritora, jornalista, mestre em Teoria Literária e ministrante de oficinas literárias.

versos que excitam a intuição do leitor, que participa da recriação, quase metafísica, do poema. É quase como dizer que Junqueira oferecia ao leitor uma espécie de puzzle refinadíssimo, no qual as peças se amoldam às sensações e se retorcem aos sentimentos de forma constante e sempre inédita, dependendo da disposição anímica daquele que lê e do próprio verso.

Percorrendo com igual desenvoltura tetrassílabos, pentassílabos, heptassílabos, octossílabos ou decassílabos, Ivan não se intimidava frente à métrica, executando poemas em tercetos, quadras, quintilhas, com rimas soantes ou toantes. Belíssimo sonetista, abrindo mão da, digamos, alforria conquistada pelo modernismo e pelo verso branco, Junqueira perseguiu à exaustão a perfeição e a beleza, com resultados sempre excelentes, característica que se via já no seu primeiro livro, *Os mortos*, e no poema que abre que abre o volume:

Os mortos sentam-se à mesa,
mas sem tocar na comida;
ora fartos já não comem
senão côdeas de infinito

Erudito e elegante, Junqueira não é, no entanto, hermético. Lida à perfeição com o arrancar de sentidos do som que produz e das combinações originais que consegue. Encantado pela poesia, é dele o metapoema *Poema*, que está em *A sagração dos ossos.*

Que será o poema,
essa estranha trama
de penumbra e flama
que a boca blasfema?

Que será, se há lama
no que escreve a pena
ou lhe aflora à cena
o excesso de um drama?
Que será o poema:
uma voz que clama?

Uma luz que emana?
Ou a dor que algema?

Chamado por muitos como "o poeta do pensamento", Junqueira realizava-se em várias modalidades, intelectual verdadeiramente completo. Foi ensaísta premiado (*O encantador de serpentes*, de 1987; *O signo e a sibila*, 1993; *O fio de Dédalo*, 1998), crítico literário muito respeitado e tradutor de T.S. Eliot, Marguerite Yourcenar, Marcel Proust, Dylan Thomas, Charles Baudelaire, Camus e Shakespeare, além de organizar volumes sobre Manuel Bandeira e outros autores.

Jean RACINE

✯ La Ferté-Milon, França, 1639
✞ Paris, França, 1699

Jean Racine recebeu sólida educação clássica no Colégio de Beauvais. Isso o favoreceu na Academia de Port Royal, que passou a frequentar aos dezesseis anos. Com os mestres jansenistas, além das Escrituras, teve contato com as obras-primas da Antiguidade. Transferindo-se para Paris, passou a frequentar o Colégio de Harcourt e, graças à amizade com La Fontaine, entre outros, foi introduzido na sociedade refinada de então. Viveu no auge do classicismo francês e soube canalizar seu talento para a poesia dramática. Assim, depois de outras tentativas, conquistaria o público com *Andrômaca*, em 1667, seguindo-se vários sucessos. Exerceu por um tempo a função de historiador de Luís XIV, o Rei Sol, que favoreceu sua entrada na Academia Francesa, da qual chegou a ser diretor. Mas foram as tragédias *Ifigênia* e *Fedra* que fizeram do poeta dramático um marco da literatura do Século XVII.

Obras principais: *Três tragédias – Fedra, Ester, Athália.*

Jean Racine

por Helena Tornquist*

A poesia, mais que a prosa, está ligada à expressão da emoção e dos sentimentos, e o legado do poeta e dramaturgo Jean Racine é prova disso. O escritor soube canalizar seu talento para o gênero que marcou sua época, o teatro, mas enquanto outros clássicos como Molière e Corneille se apoiavam na forma narrativa, com ênfase retórica, Racine foi essencialmente poeta. A dicção incon-

* Helena Tornquist, doutora em Literatura Comparada, é professora e crítica literária. Lecionou na UFSC, onde é colaboradora do Núcleo de Memória. Tem obras publicadas.

fundível de seus personagens logo chamou atenção da crítica, que destacou a mestria de seu lirismo, no qual impregnava habilmente cada verso com uma melodia inconfundível.

Seguindo tendências da dramaturgia de então (instruir e divertir), buscava elementos na vida real, adaptando-os às situações dramáticas. Sem prejudicar os "ornamentos" da estética setecentista, não deixava de preservar a verossimilhança. Atento ao gosto de seu público, em lugar de situações complicadas, uma ação simples destacava a figura do herói, quase sempre dividido entre paixões exacerbadas e barreiras morais e, ao final, esmagado pela fatalidade.

Com Racine, uma nova dicção dramática se introduzia nos palcos de Paris: pela primeira vez o amor era vivenciado, em sua delicadeza e acessos – egoísmo, falta de escrúpulos ou covardia. O que já se observa nas peças iniciais, *A Tebaida*, de 1664, e *Alexandre, o Grande*, de 1665, acentua-se em *Andrômaca* e *Britanicus*. Os tipos levados à cena no Hotel de Bourgogne expõem claramente contradições insolúveis do homem: natureza violenta e fraqueza, lucidez e cegueira, orgulho e humildade. Conduzindo as personagens a profundas imersões na corrente da consciência, Racine transformava as falas dos atores em denúncias da miséria e da crueldade humanas.

Desde cedo, a perfeição de seus alexandrinos era notória – para alguns, tão rítmicos e musicais que nada ganhavam em cena, bastando como poemas. Mas as encenações até hoje provam o contrário: criando certo encantamento, as falas das personagens exprimem a desordem de suas paixões. O mote próprio da ação pode ser abstraído, isolado em frases cuja beleza arrebata. Através de uma dicção fluida, os versos se respondem num fluxo de ressonâncias e musicalidade.

O poeta e dramaturgo chegaria ao ápice na década seguinte, com *Ifigênia* e *Fedra*, verdadeiros mergulhos na condição humana. Isso decorre da sensibilidade de um autor capaz de criar personagens profundamente humanos, de psicologia intensa e complexa.

Justaposições antagônicas (oxímoros), simetrias e sugestivas assonâncias atestam a mestria do versejador, traduzindo o talento de um poeta capaz de dar expressão aos impasses vividos por seus heróis, a fúria que os transportava, o desespero que podia levá-los à loucura.

No fim da vida, Racine passou a praticar um lirismo cristão, marcadamente intimista, o que se percebe nos títulos de poemas como *Salmos/Laudes*. Isto não significa que tenha se desligado completamente da realidade que o cercava, como se deduz dos poemas *Le bonheur des justes* [Sobre a felicidade dos justos] e *Sur les vaines occupations des gens du siècle* [Sobre as vãs ocupações das gentes deste século].

Sem dúvida, é possível dizer que Jean Racine realizou-se como poeta. Entre os escritores de sua época, talvez tenha sido aquele que, inspirado nos trágicos gregos, melhor tenha sentido que a arte da tragédia residia justamente na transmutação do horror em beleza. Em seu lirismo, que ia do elegíaco ao arrebatamento emocional, criou heróis de intensidade psicológica única, levando a um alto grau de perfeição a palavra poética.

João Cabral de Melo Neto

✯Recife, Brasil, 1920
✞Rio de Janeiro, Brasil, 1999

João Cabral de Melo Neto nasceu no Recife em 9 de janeiro de 1920. Passou sua infância em engenhos do interior de Pernambuco. Quando tinha dez anos, a família mudou-se para Recife. Sua formação foi marcada pelo contato com importantes figuras da cena artística e acadêmica brasileira. Era primo de Gilberto Freyre e Manuel Bandeira. Além disso, frequentou o círculo literário do Recife e, já morando no Rio de Janeiro, conviveu com Carlos Drummond de Andrade e Murilo Mendes. Foi jornalista e diplomata, cargo que o levou a residir na Espanha, país que o inspirou tanto quanto sua terra natal. Vítima de uma doença degenerativa que lhe roubou a visão, o escritor lamentava profundamente a privação do grande prazer que a leitura lhe proporcionava. Faleceu em 9 de outubro de 1999.

Obras principais: *O cão sem plumas*, 1950; *Morte e Vida Severina*, 1956; *Museu de tudo*, 1975.

João Cabral de Melo Neto

por Caleb Faria Alves*

João Cabral de Melo Neto é um dos poetas mais controversos da nossa história. Bebeu de fontes populares nacionais, mas foi também dos que mais conheceu e produziu textos sobre a Europa. Seus versos ganharam a música popular na voz de Chico Buarque, ao mesmo tempo, é um dos poucos citados no Plano-Piloto para Poesia Concreta de 1957. Ele apreciava a leitura prosaica, que soube combinar com versos intensamente

* Caleb Faria Alves é doutor pela USP e professor do Departamento de Antropologia da UFRGS. Dedica-se aos temas da arte e cultura popular.

trabalhados. Foi regional, pernambucano, e um dos poetas mais intelectualizados e internacionais que tivemos.

Segundo ele mesmo, sua dedicação à literatura aconteceu por acaso. Havia resolvido, ainda bem jovem, pela profissão de jornalista. A tentativa frustrada de conseguir um emprego no *Diário de Pernambuco* rendeu um direcionamento para a carreira de crítico literário. Na época, já frequentava a roda literária do Café Lafayette, cujo mentor era Willy Lewin. Percebe rapidamente, entretanto, que sua formação era insuficiente para a atividade. Para manter acesso aos livros que amava, encontra outra forma de vínculo com o grupo, a escrita, e assim começa sua obra.

Muitos críticos apontam tendências surrealistas nos seus poemas, principalmente nos primeiros. João, no entanto, repudiava a associação. Era admirador de Pierre Reverdy, que aproximou a literatura do cubismo e que serviu de modelo a uma poesia que podia ser confundida com a produzida pelo grupo de Lewin, ao mesmo tempo em que permitia uma escrita consciente, seu objetivo por toda vida.

Em 1940 vai ao Rio de Janeiro pela primeira vez, onde trava contato com Carlos Drummond de Andrade e Jorge de Lima. João se pensava na contramão da poesia lírica que predominava no Brasil. Parte da obra Drummond seria a exceção à qual procurava emparelhar-se.

Em 1945 é aprovado no concurso do Itamaraty o que o leva a residir em vários países. A Espanha, para onde retornou várias vezes, foi o lugar que mais o influenciou. Tornou-se um conhecedor da dança e da música do país, amigo do pintor Joan Miró e dos poetas Antoni Tàpies e Joan Brossa. Ao observar Manolete (tido como o maior toureiro de todos os tempos), aprendeu a evitar os floreios. O toureiro não recuava, não se desviava do touro, fazia o touro desviar dele. João pensava que a poesia, da mesma forma, devia conter o essencial.

Seu livro mais famoso, *Morte e Vida Severina*, tem passagens inspiradas por uma história que ouviu sobre os soldados do ditador Franco. Eles conduziam um prisioneiro para ser fuzilado em Soria; no caminho, o condenado se queixou do frio, ao que teriam respondido: "O que você está reclamando, você não vai fazer a viagem de volta". O poema contém vários episódios de viagens sem volta, a dos que morrem e a do próprio Severino, retirante. Sua motivação foi a baixa expectativa de vida no Brasil. A Espanha teria lhe proporcionado, ainda, o distanciamento necessário à escrita, não pela situação de estrangeiro, na qual não se via, mas pela lembrança do que podia gerar de poesia.

Uma chave para entendermos como ele conjugou tantas influências, vivências e histórias talvez esteja no seu desinteresse pela paisagem. Onde estivesse, estudava a literatura local e selecionava o que lhe servia. Não acreditava em inspiração. Entre seus principais ingredientes: a memória de Pernambuco e o caráter concreto da poesia espanhola. Em seu discurso de posse na Academia Brasileira de Letras, em 1969, afirmou que herdava de Assis Chateaubriand a compreensão da necessidade da renovação permanente de qualquer forma cultural.

Joaquim de SOUSA ANDRADE (SOUSÂNDRADE)

☆Guimarães, Brasil, 1833
✞São Luís, Brasil, 1902

Sousândrade foi o nome adotado por Joaquim de Sousa Andrade, poeta de difícil adequação em relação aos estilos de época de seu tempo. Formado em Letras pela Sorbonne, em Paris, o escritor soube aproveitar bem a condição abonada de sua família: saiu do Maranhão (local onde nasceu e morreu) para experimentar o cosmopolitismo das grandes cidades da Europa e dos Estados Unidos, que viviam franca expansão urbanística a partir de meados do século XIX. Tais experiências com a modernidade influenciaram-no em relação aos seus ideais republicanos e, de certa forma, credenciaram-no para tentar inovadoras possibilidades no trabalho com o verso, ousadia que, contudo, acabou lhe custando o reconhecimento como artista, que só viria, portanto, tardiamente – cerca de 60 anos após sua morte.

Obras principais: *Harpas Selvagens*, 1857; *Guesa Errante*, 1884.

Joaquim de Sousa Andrade (Sousândrade)

por Vinícius da Silva Rodrigues*

Filiado cronologicamente à poesia romântica brasileira, Sousândrade não encontra paralelos entre seus contemporâneos, sendo percebido por muitos como um notório caso de vanguarda artística. Durante algum tempo, seu nome sequer figurou entre os poetas destacáveis do período, sendo visto, quase sempre, como um "caso à parte" que, eventualmente, buscara certa originalidade ainda nos primeiros escritos – os poemas líricos de *Harpas*

* Vinícius da Silva Rodrigues é professor de Literatura e mestre em Letras pela UFRGS; na pesquisa acadêmica, transita, especialmente, pelo tema das histórias em quadrinhos.

Selvagens, uma obra mais homogênea em relação a suas intenções artísticas, ainda que irregular, na medida em que conjuga um vocabulário, de certa maneira, cultista, rebuscado, sendo, porém, estranhamente antecipadora de propostas simbolistas (como sugerem Augusto e Haroldo de Campos em *Revisão de Sousândrade*, estudo fundamental para a revitalização da obra do poeta maranhense). As ousadias formais e estilísticas do autor, contudo, intensificam-se, de fato, em *Guesa Errante*, poema narrativo que se tornou sua grande obsessão. Nas diferentes edições da obra, nota-se a preocupação com a revisão do material produzido, o que só engrandece suas pretensões literárias. Assim, reordenações de episódios narrados nos versos e muitos acréscimos ao longo dos anos são procedimentos típicos tomados pelo autor. Com isso, o poema tornou-se uma obra inacabada.

Guesa Errante (título um tanto redundante, pois "guesa" já significaria "errante", "sem lar", segundo as origens do termo), mesmo sendo narrativo, rompe com o estatuto tradicional da poesia épica de maneira radical, subvertendo a estrutura clássica, a linearidade e a coerência espaço-temporal, compondo um grande painel fragmentado das andanças de seu protagonista. Baseado numa lenda indígena colombiana, na qual uma criança é tomada de seus pais e destinada a cumprir os ensinamentos de Bochica, deus do Sol, entre os quais a repetição de suas peregrinações, que culminariam no percurso pela estrada do Suna e, por fim, em seu sacrifício. É nesse périplo que leva a outros continentes que o "guesa" irá se deparar com diversas realidades sociais e culturais, o que levará narrador e personagem (que se confundem ao longo da obra) a encararem as situações dos diversos povos aborígenes pelo mundo e a se defrontarem com a modernidade e com própria História. No entanto, é no plano estilístico que o *Guesa* tem seu destaque efetivo, indicando sua proposta múltipla e, portanto, vanguardista. Primeiramente, nota-se a variedade linguística, composta de expressões estrangeiras incorporadas a um vocabulário ora coloquial, ora arcaico, onde se podem notar neologismos produzidos, principalmente, por palavras compostas; irregular também é o *tom*, não raro apresentado como eloquente e declamatório; notam-se também múltiplas variantes estruturais em relação à métrica, às rimas e à estrofação (neste campo, chama a atenção o episódio "O Inferno de Wall Street", o mais famoso e ousado formalmente do poema, composto de uma possível variante do *limerick*, forma fixa popular típica da poesia de língua inglesa); ainda no plano estilístico, observa-se o trabalho que Sousândrade executa com a sonoridade das palavras, reforçada pelo uso de onomatopeias, assonâncias e – em maior grau – aliterações; indicações características das rubricas teatrais, que acabam funcionando como vozes narrativas, também são percebidas com curiosidade, além de intervenções tipográficas inusitadas ao longo do texto.

Johann WOLFGANG VON GOETHE

✯Frankfurt am Main, Alemanha, 1749
✞Weimar, Alemanha, 1832

Filho de uma rica e tradicional família burguesa de Frankfurt, Goethe obteve sua formação inicial com professores particulares, no ambiente doméstico. Após estudos fracassados em Leipzig, estudou Direito em Estrasburgo, onde conheceria uma das influências decisivas de sua vida, o literato Herder. Seu primeiro sucesso literário foi o romance epistolar *Os sofrimentos do jovem Werther*, de 1774. A convite do jovem duque de Weimar, Goethe mudou-se para esse pequeno ducado do centro-leste da Alemanha. Aí permaneceu pelo resto de sua vida, cumulado de cargos e funções – ministro de Estado, conselheiro, diretor de teatro –, e também de honrarias, como sua elevação à nobreza. Sua presença transformou a cidadezinha no centro da cultura alemã, e os principais intelectuais e poetas do mundo para lá viajavam a fim de conhecê-lo.

Obras principais: *Viagem à Itália* 1816-1817; *Fausto:* partes I e II, 1832 (edição póstuma); *Memórias: Poesia e verdade,* 1811-1833.

Johann Wolfgang von Goethe

por Pedro Theobald*

A poesia inicial de Goethe pertence a um período conhecido como "Sturm und Drang", Tempestade e Ímpeto. É constituída, sobretudo, de baladas, forma de poesia popular e anônima, de caráter narrativo, que, reelaborada por poetas, recebe a designação de balada artística. Exemplos dessa forma são "O rei de Thule" e "O rei dos Elfos". Pertencem a esse período também as primeiras

* Pedro Theobald, doutor em Literatura Comparada pela UFRGS, é docente da Faculdade de Letras e do Programa de Pós-Graduação em Letras da PUCRS.

produções líricas. "Canção de maio" e "Boas-vindas e despedida" expressam seu amor à jovem alsaciana Friederike Brion. "Canção do viandante sob a tempestade" e "A Cronos Auriga" são hinos à moda de Píndaro, nos quais os sentimentos do poeta constituem paralelo com a tempestade da natureza. "Canção de Maomé", "Ganimedes" e "Prometeu" tematizam a concepção artística. Todos esses poemas se apresentam em diversas versões, e as mudanças operadas na forma, atingindo tanto a concepção do todo quanto dos versos, do ritmo e da rima, atestam um elevado grau de elaboração. Assim, o conceito de que Goethe era um poeta intuitivo, essencialmente autobiográfico, cuja obra seria constituída dos "fragmentos de uma grande confissão", encontra um limite nos testemunhos deixados por seus próprios manuscritos.

A musa dos dez primeiros anos de Goethe em Weimar foi Charlotte von Stein, dama da corte, casada e mãe de vários filhos. A essa mulher sete anos mais velha o poeta dedicou algumas de suas mais belas canções, dentre as quais podemos citar "A taça", "Pensamentos noturnos", "À lua", "Canção noturna do peregrino" e a belíssima e inesquecível "Outra" [i.e. outra canção noturna do peregrino]: "Por todos estes montes / Reina paz, / Em todas estas frondes / A custo sentirás / Sequer a brisa leve; / Em todo o bosque não ouves nem uma ave. / Ora espera, suave / Paz vais ter em breve."

Seu primeiro período em Weimar terminou em 1786, quando inicia uma viagem de dois anos à Itália. Licenciado das funções opressivas no ducado, Goethe empreende agora o conhecimento do mundo antigo, de que os monumentos de Roma e as recém-descobertas ruínas de Herculano e Pompeia apresentam um testemunho fascinante. A viagem transformou, em primeiro lugar, o homem. Seus frutos apareceriam depois, nas *Elegias romanas,* que publicou em 1795. Escritas em pentâmetros e hexâmetros clássicos, as elegias dão expressão à liberdade e alegria da sensualidade, ao encontro do Norte com o Sul, do antigo com o novo. Os poemas foram publicados no periódico *Die Horen,* editado por Friedrich Schiller, poeta com quem o unia uma amizade recente. As publicações conjuntas de ambos marcaram também seu distanciamento em relação aos românticos e selaram uma relação intelectual de coproduções e incentivo que duraria até 1805, o ano da morte de Schiller.

Goethe retomaria o tema do classicismo em sua obra da velhice, o *Divã ocidental-oriental.* Nesse ciclo de poemas, em que expressa seu amor a Marianne von Willemer, a descrição da folha de "Gingo Biloba" mostra a tensão entre unidade e dualidade, união e separação, busca da harmonia em meio à multiplicidade. A mais tocante das sequências poéticas do último período de sua vida foi a "Trilogia da paixão", que expõe o sofrimento do amor frustrado e da reconciliação após a dor. Para Goethe, a catarse assumiu, como outras vezes, a forma da doença e do pranto e, por fim, da expressão poética. Os poemas, escritos em 1823, só foram publicados em 1827. Goethe terminaria ainda a segunda parte do *Fausto,* que permaneceu inédito até sua morte, como legado à humanidade.

John DONNE

✯ Londres, Inglaterra, 1572
✞ Londres, Inglaterra, 1631

John Donne, célebre poeta metafísico, nasceu em Londres em 1572 e morreu em 1631. Foi ainda pastor, advogado e tradutor. Católico, duas vezes não recebeu o diploma universitário (Oxford e Cambridge) por não assinar o *Juramento de Supremacia* – que significava fidelidade total ao Chefe da Igreja Anglicana e Rei da Inglaterra. Supõe-se ter viajado pela Europa, ocasião em que aprendeu espanhol e italiano. Casou-se e teve nove filhos. Sofreu dificuldades financeiras severas ao longo da vida. Mais tarde, acabou tornando-se pastor da Igreja Anglicana. Temas principais de sua obra são amor, morte e religião, apresentados por meio de linguagem metafórica impactante. Notabilizou-se pelo conhecimento da sociedade elisabetana e pela crítica a alguns de seus problemas, como corrupção e mediocridade.

Obras principais: *Satires*, 1593; *Songs and Sonnets*, 1601; *Devotions Upon Emergent Occasions*, 1624.

John Donne

por Sara Viola Rodrigues*

Muitos já devem ter ouvido ou lido as expressões "Nenhum homem é uma ilha", ou "Por quem os sinos dobram". Alguns ainda ignoram que elas pertencem a John Donne, poeta e pastor anglicano, que foi contemporâneo de Shakespeare e Cervantes, e viveu na época da revolução científica de Copérnico e Galileu e do grande racionalismo do século XVII. Autor de meditações, sermões, poemas e sátiras, John Donne figura no cânone literário

* Sara Viola Rodrigues é doutora em Letras pela Universidade de São Paulo. Professora de Literatura Comparada e Estudos de Tradução no PPG-Letras/UFRGS.

ocidental porque seu texto tem densidade literária. A linguagem plurissignificativa que expressa sua realidade pessoal e de época é tecida por meio de metáforas, conceitos e argumentos construídos através de recursos estilísticos muito próprios. Suas metáforas normalmente estão a serviço da expressão intelectual da emoção. Donne, considerado o grande poeta do amor, igualmente se destaca pela preocupação com o espiritual. Durante toda a vida travou intensa busca pela verdadeira religião, o que coexistiu com uma permanente reflexão sobre a morte, parâmetro supremo em seus escritos para a valoração dos atos da vida.

Donne une paixão e racionalidade, expressando o caráter complexo e ambíguo de suas experiências e reflexões, por meio de uma linguagem metafórica em que abundam o paradoxo, o jogo de palavras e a aproximação de fenômenos díspares – para confronto – o que leva à aguda percepção das referidas ambiguidades e complexidades. Por vezes, suas metáforas religiosas são de matéria erótica, mas Donne também se serve do corpo e da sensualidade para atingir o transcendente, o espiritual; jamais resvala para o sentimentalismo, mesmo quando o tema é o amor. Às associações analógicas acima referidas, Donne empresta finas qualidades intelectuais, utilizando discurso engenhoso, sagaz e sutil, habilidade essa que se conhece como *wit*. Donne foi denominado "o monarca do *wit*". Essa é uma característica importante da poesia metafísica, uma poesia cerebral, não exclusivamente emocional. Por outro lado, o mecanismo de utilização do *wit*, das figurações e metáforas impactantes e bizarras provocam intenso efeito sobre o leitor. Em seus textos, os conceitos e argumentos provêm principalmente dos campos teológico e jurídico. Tais características afinam com as do maneirismo, movimento que se distingue por rever os valores clássicos por meio de alta sofisticação intelectual, valorização da interpretação individual e uso da contradição ou conflito para causar tensão e expor a complexidade da experiência do homem diante da nova relação com Deus e o mundo. O Donne maneirista é aquele poeta que trabalha sua perplexidade diante da própria vida e das situações sociais da época por meio da sensualidade, do lúdico e de forte melancolia, tornando visíveis sua preocupação em mostrar a fragilidade da existência humana e seu desejo de encontrar um sentido maior para essa mesma existência, não mais ancorada em uma realidade estável e rígida – do mundo clássico –, mas orientada por uma visão de mundo dinâmica, em constante movimento – conforme a perspectiva do barroco.

Relativamente ao barroco, a obra donneana se caracteriza formalmente pelo uso abundante do *conceptismo* ou *conceitismo* – jogo de ideias com retórica elaborada –, notando-se, em sua expressão, o respeito pela tradição clássica e, simultaneamente, um desejo de superar essa mesma tradição através da inovação da forma artística. Dentre seus poemas, para ilustrar as características aqui referidas, podem ser citados: "Elegia, indo para o leito", "Em despedida: proibindo o pranto", "A pulga".

John KEATS

✯Londres, Inglaterra, 1795
✞Roma, Itália, 1821

Poeta representante da segunda geração do romantismo inglês, Keats ficou conhecido por um conjunto de odes, escrito em 1819 e publicado em 1920, de marcado lirismo e recursos prosódicos. O conjunto de sua obra não é extenso, pois morreu precocemente de tuberculose aos 25 anos de idade. Apesar da má recepção crítica de sua época, postumamente alcançou reconhecimento: sua obra excedeu os limites de seu próprio país em traduções e estudos críticos e influenciou gerações inteiras de outros poetas. De instrução formal de baixa distinção, Keats perdeu os pais muito cedo e, alguns anos depois, dois de seus quatro irmãos, um dos quais também para a tuberculose. Casou-se com Fanny Browne e morreu em Roma, para onde havia se retirado em 1920 por recomendação médica.

Obras principais: *Poems*, 1818; *Endymion: a poetic romance*, 1818; *Ode on a Grecian Urn*, 1819.

John Keats

por Elizamari Rodrigues Becker*

John Keats dedicou sua breve existência ao aprimoramento do verso de apurado lirismo e também de prosódia estruturada. Sua verve literária, tragicamente interrompida, ficou conhecida por experimentar um profundo dialogismo com os clássicos. Keats ficou também conhecido por seu persistente imagismo, por vezes sensual e até religioso. Dentre outros, foi influenciado por Homero e também por Tasso, Chapman e Edmund Spenser.

---

* Elizamari Rodrigues Becker é doutora em Literatura Comparada (UFRGS). Professora no PPG em Letras e no Departamento de Línguas Modernas da UFRGS.

A posteridade do reconhecimento do valor poético e literário de Keats como importante partícipe do movimento romântico inglês tardou um século, se não mais. Seus biógrafos mais reputados, William Michael Rossetti e Sidney Colvin, concordam em alegar que a tuberculose do jovem poeta roubou à literatura um talento da grandeza de um Shakespeare ou de um Milton. Com a crescente revitalização de sua obra por meio de estudos críticos e sucessivas traduções para outras línguas, Keats alcançou posição de reconhecimento – e até de destaque – entre os grandes poetas de sua época, conhecidos como poetas da segunda geração romântica na Inglaterra – como Byron, Shelley, Coleridge e Wordsworth.

O primeiro livro de Keats que ganhou publicação foi *Poems* (1818), cuja recepção pela crítica não foi positiva. Dotado de invulgar gosto pelo poema de fôlego, Keats tinha preferência pelos versos de estrutura bem formal. As odes são os poemas de maior distinção de Keats, marcadas pelo desenvolvimento articulado e meticuloso, e ao mesmo tempo emocional e meditativo, como é o caso de seus "Ode to a nightingale", "On a Grecian Urn", "To Autumn", "On Melancholy", "On Indolence" e "To Psyche", poemas escritos por um Keats um pouco mais maduro e que lhe proporcionaram uma recepção mais favorável. Seus temas mais comuns são releituras dos mitos gregos, o amor pela beleza e a efemeridade da vida. Em seu *Endymion: a poetic romance* (1818), longo poema narrativo de quatro partes e de centenas de versos dísticos (rimas emparelhadas), Keats apresenta uma história de amor baseada no mito grego de mesmo nome. No inacabado *Hyperion*, iniciado em 1818 e protagonizado por aquele deus grego, Keats ganha experiência com o verso branco e seu poema é uma leitura antagônica à de Milton para o mesmo mito. *Ode on a Grecian Urn* (1819) é um poema em cinco décimas compostas em rimas alternadas e encadeadas, que canta a estética e o valor da arte grega na voz de um poeta que admira um vaso grego.

As cartas de Keats, que compõem um conjunto de textos de significativo valor literário, alcançaram grande interesse de público e crítica, sobretudo no século XX, pois muitas de suas crenças sobre poesia e filosofia ficaram registradas na correspondência que trocou com os irmãos, com os amigos e com outros pares. Foi em uma carta de 1817, dirigida aos irmãos, que Keats cunhou a expressão "aptidão negativa" do poeta, que se refere à necessária competência por parte daquele que se pretenda poeta de grandes realizações em transcender seu limitado contexto pessoal e ganhar experiência com o mundo amplo e desconhecido que o circunda, rejeitando todo e qualquer sistema estético pré-concebido. Essa ideia foi, algumas décadas mais tarde, considerada um princípio essencialmente modernista, ainda que incidental na prática literária de Keats.

Na sua relação com outros poetas de sua época, estreitou laços com Charles Brown, John Reynolds e com o crítico Charles Dilke. Shelley, com quem mantinha uma amizade menos próxima, dedicou-lhe o poema pastoral *Adonaïs* logo depois de sua morte.

John MILTON

★Londres, Inglaterra, 1608
✝Londres, Inglaterra, 1674

John Milton nasceu em 1608, em Londres. Estudou na Universidade de Cambridge. Figura literária eminente durante o reinado de Carlos I e no período republicano liderado por Cromwell, de quem, por sua vastíssima cultura humanística, foi ministro de Relações Exteriores (Secretário Latino) incumbido de escrever cartas em latim às autoridades estrangeiras. Era da facção dos Puritanos, favoráveis à república, contrária à facção dos Cavaleiros, que apoiavam a monarquia. Opôs-se à ditadura de Carlos I e apoiou sua execução, em 1649. No início do reinado de Carlos II, em 1660 (Restauração), foi preso e condenado à morte, mas foi indultado por intervenção do poeta Andrew Marvell. Morreu cego e pobre, em Londres, em 1674.

Obras principais: *L'Allegro*, 1631; *Il Penseroso*, 1633; *Areopagítica*, 1644; *Paraíso Perdido*, 1667.

John Milton

por Élvio Funck*

A maioria dos críticos é de opinião que, na literatura inglesa, Milton é apenas superado por Shakespeare, mas há mesmo quem, como William Blake, o considere superior a Shakespeare. Depositário de uma vasta cultura humanística, com conhecimento perfeito de latim, grego e italiano, Milton é um dos espíritos da alta elite literária e intelectual que adornam a humanidade. Iniciou sua vida poética ainda como estudante em Cambridge, quando escreveu sonetos em latim. Infeliz em seu primeiro casamento (sua

* Élvio Funck é ph.D. em Literatura Inglesa. Foi professor na UFRGS e Unisinos. Publicou *Breve História da Inglaterra* e traduziu obras de Shakespeare.

esposa o abandonou), escreveu uma pungente defesa do divórcio, *The Doctrine and Discipline of Divorce*, e das liberdades individuais, em 1643. Em 1644 escreve a *Aeropagítica*, em defesa da liberdade da imprensa. Sua inconformidade com a ditadura de Carlos I e com os privilégios hereditários dos reis transparece no mordaz *The Tenure of Kings and Magistrates*, no qual defende a liberdade que os povos têm de se libertar dos tiranos, inclusive executando-os. Foi favorável à execução de Carlos I, em 1649. Entusiasta defensor da nova república, mas se tornou mais reservado ao perceber a tendência ditatorial de Cromwell.

Sua obra-prima e perene, *Paradise Lost*, só viria à luz durante o reinado de Carlos II. Já alquebrado e cego, ditou-a para suas filhas, e o grande épico inglês foi publicado em dez partes em 1667 e em doze partes em 1674, ano de sua morte. A obra foi imediatamente um sucesso de vendas e de crítica. O século XVIII testemunhou cem edições consecutivas de *Paradise Lost*, o dobro das edições de Shakespeare no mesmo período. Em 1639, quando lhe surgiu a ideia de dar à literatura inglesa um épico, hesitava entre temas históricos da Inglaterra e temas religiosos, mas decidiu, homem espiritual que era, que nenhum épico se equipara à portentosa história bíblica da queda de Adão e Eva e à subsequente vinda do Redentor, enfatizando o *Felix culpa* de Santo Agostinho, ou seja, "feliz a culpa de Adão e Eva que nos valeu tão extraordinário Redentor". Já no início de sua obra Milton declara que a finalidade do épico é assegurar a humanidade de que há um Deus Providência, que zela por seus filhos, e que o poeta pretende *justify the ways of God to men*, ou seja, "justificar perante os homens os desígnios de Deus". A temática central da obra e seu amálgama unificador é o Amor.

Para o leitor preparado para ler esta obra-prima do barroco inglês, *Paraíso Perdido*, por sua sublimidade, por sua profundidade, por sua erudição e originalidade, pelo contraponto que o Mal (Satanás) estabelece com o Bem (o Redentor), é só comparável a uma sinfonia de Bach. Mas que o leitor não se iluda: ler *Paraíso Perdido* sem notas explicativas, seja no original seja em tradução, é quase desanimador, tamanha é a erudição que se concentra no épico. O mesmo se diga das obras de Shakespeare, de Dante e de

Camões, mas ler Milton, Shakespeare, Dante e Camões equivale a frequentar uma universidade e muito mais. Contrariamente a Dante e a Camões, Milton decidiu escrever seu épico em versos brancos, pois não queria se amarrar às peias da rima o que, segundo ele, tolheria sua liberdade. Mais tarde, John Dryden (1631-1700) reescreveu a obra em rimas, mas quem hoje lê esta versão? Os versos são brancos, mas as dez sílabas de cada verso, "verso heroico", são rigorosamente preservadas, como as primeiras linhas do épico bem mostram, (com os dois primeiros versos escandidos em dez sílabas):

Of Man's First Dis o be dience, and the Fruit
Sobre a primeira desobediência do homem e sobre o fruto
Of that For bid den Tree, whose mor tal taste
daquela árvore proibida, cujo mortal gosto.
Brought Death into the World, and all our Woe,
trouxe a morte ao mundo e todas as nossas dores,
With loss of Eden, till one greater Man
com a perda do Éden, até que um homem maior
Restore us, and regain the blissful Seat,
nos redima e recupere aquela sede bem-aventurada,
Sing, Heav'nlyMuse...
canta, musa celestial...

Nas linhas acima, observa-se a preferência que Milton demonstrava pela sintaxe e pelo léxico latinos, no que foi criticado por alguns eruditos anglo-saxões da época. Para Harold Bloom, que afirma reler constantemente este épico "o que torna *Paradise Lost* sem par é sua perfeita mistura de tragédia shakespeariana, de épico virgiliano e de profético bíblico".

Jorge DE LIMA

★ União dos Palmares, Brasil, 1893
✝ Rio de Janeiro, Brasil, 1953

Jorge de Lima é um dos principais poetas brasileiros. Começou a publicar ainda jovem e foi desde o início reconhecido pelo seu trabalho poético. Ao longo da vida, exerceu várias funções. Foi médico, político, professor, poeta, romancista, ensaísta, historiador, tradutor e pintor. Candidatou-se várias vezes à Academia Brasileira de Letras, mas não teve êxito. Foi grande amigo de Murilo Mendes, com quem dividiu ideias e projetos literários. Acreditava que a poesia podia ser um veículo para a manifestação do sagrado, tendo o poeta um papel importante nessa relação. Deixou uma obra ao mesmo tempo regional e universal, com influências clássicas, mas também modernistas. *Invenção de Orfeu*, publicada ao final da vida, é considerada uma das obras mais importantes da poesia brasileira.

Obras principais: *A túnica inconsútil*, 1938; *Poemas negros*, 1947; *Invenção de Orfeu*, 1952.

Jorge de Lima

por Patrícia dos Santos Silveira*

Foi um poeta versátil, que experimentou diversas formas e muitos temas em sua obra poética. No início da carreira, teve influências parnasianas e simbolistas, aproximando-se de Olavo Bilac e Cruz e Sousa, mas logo depois aderiu ao modernismo. Os temas principais de sua poesia foram a vida e a cultura dos negros, o folclore nordestino, a religiosidade cristã e os temas

* Patrícia dos Santos Silveira é mestre em Teatro e doutoranda em Escrita Criativa (PUCRS). Escritora e diretora de teatro. Trabalha com dramaturgia, poesia e narrativa.

bíblicos. A infância no nordeste foi a grande inspiração temática de sua criação literária, aparecendo e sendo retomada de diferentes formas ao longo da vida.

Seus primeiros textos publicados foram sonetos, na maior parte. Nessa primeira fase, debruçou-se principalmente sobre a temática dos negros, ficando conhecido com poemas como *O Acendedor de Lampiões* e *Essa Negra Fulô*, que lhe trouxeram popularidade à época da publicação. A temática dos negros foi uma vertente intensa de sua criação literária e contribuiu para uma percepção despida dos estereótipos e preconceitos vigentes no país. Nos livros *Poemas, Novos Poemas e Poemas Negros*, o poeta tratou o tema de forma autêntica e profunda, tanto no âmbito existencial quanto com relação à marginalidade social dos descendentes de escravos, dando voz à sua alma, com caráter mais humano do que em outros poetas.

Considerado um grande sonetista, ao longo da carreira também experimentou o verso livre, utilizando recursos de expressão modernista, abordando os temas religiosos e transcendentes e alcançando um grande aprofundamento filosófico em sua obra. Acreditava que a poesia é uma forma de revelação e transcendência. Na fase posterior de criação poética, publicou os livros *Tempo e Eternidade, A túnica inconsútil, Anunciação e Encontro de Mira Celi* e *Livro de sonetos*. Nessas obras, os temas religiosos e de transcendência mística ganharam imensas profundidade e expressão.

Do conjunto da obra, o trabalho mais importante foi *Invenção de Orfeu*, livro publicado pouco antes de seu falecimento. Nesse livro, vemos o apogeu da obra do poeta. Poema épico longo, de difícil exegese, é leitura obrigatória para quem pretende conhecer a poesia brasileira devido à profundidade, à beleza e ao trabalho linguístico alcançado pelo poeta. Nele, o autor retoma temas que já haviam aparecido em obras anteriores e atinge qualidades inigualáveis, dialogando com textos clássicos como a *Bíblia*, *Os Lusíadas*, *Eneida*, *A divina comédia*, *A utopia* e *A carta* de Pero Vaz de Caminha, sendo difícil esgotar sua intertextualidade. Apresenta elementos do surrealismo, com a utilização da livre associação de ideias e palavras, além de técnicas de colagem e montagem na composição. Além disso, ao enfatizar elementos sonoros e rítmicos, *Invenção de*

Orfeu é, acima de tudo, um poema aberto a muitas interpretações, um convite à fantasia e à imaginação do leitor, sendo impossível delimitar todos seus sentidos. Para o escritor, esse livro foi feito como criação onírica, cabendo aos críticos explicá-lo.

Ao analisar o conjunto da obra, pode-se dizer que ao longo do desenvolvimento houve uma interiorização progressiva. O poeta partiu de temas sociais para temas cada vez mais interiores e subjetivos sem nunca abandonar os temas iniciais, cada vez mais mergulhando em sua complexidade subjetiva, filosófica e humana. *Invenção de Orfeu* constitui uma obra de valor inestimável, com qualidades universais e inesgotáveis. Se o leitor encontrar dificuldades de leitura, devido à erudição do texto, todo esforço será recompensado pelo prazer da leitura de uma obra poética tão completa.

Jorge Luis BORGES

⭑Buenos Aires, Argentina, 1899
✝Genebra, Suíça, 1986

Ainda criança, mudou-se com a família para a Suíça. Morou na Europa e depois retornou a Buenos Aires. Filho de pai inglês e mãe argentina, aprendeu a comunicar-se em dois idiomas. Desde cedo, dedicou-se à poesia. Ainda na Espanha, teve contato com o Ultraísmo e as vanguardas europeias. Na década de 1920, de volta à pátria, integrou os principais grupos de intelectuais argentinos. Foi presidente da Sociedade Argentina de Escritores, diretor da Biblioteca Nacional, membro da Academia Argentina de Letras, professor universitário e conferencista. Recebeu diversas distinções literárias, como o título de Professor *Honoris Causa* das Universidades de Columbia, Yale, Oxford, Michigan, Santiago do Chile, Sorbonne e Harvard.

Obras principais: *Elogio da sombra*, 1969; *Historia de la noche*, 1977; *Obra poética* (Emecé), 2011.

Jorge Luis Borges

por Léa Masina*

A *Obra poética* de Borges reúne todos os livros de poemas do escritor. Seus prólogos e notas contêm comentários elucidativos sobre poética; além disso, expressam, ao mesmo tempo, um universo nacional mediante um olhar cosmopolita. O tempo transcorrido entre os primeiros livros e sua revisão registra o cuidado em *mitigar sus excesos* de linguagem para chegar à *sencillez, que no es nada, sino la modesta y secreta complejidad.*

---

* Léa Masina é crítica literária, doutora em Literatura Comparada. Foi professora de Teoria e Crítica literária na UFRGS. Possui ensaios e livros publicados.

Os livros da década de 1920, *Fervor de Buenos Aires* (1923), *Luna de enfrente* (1925) e *Cuaderno San Martín* (1929) refletem o olhar apaixonado que contempla Buenos Aires de um modo íntimo, fixando seus recantos, ruas, arrabaldes; depois, mais *ostentoso y de público* o poeta cria uma estética própria. Delineiam-se nessa fase algumas temáticas borgeanas, como o louvor aos antepassados e o mergulho no cânone poético ocidental. Borges avança na compreensão da poesia ao situar, junto a Verlaine e Emerson, a tessitura poética dos textos de Shakespeare e Dante. Destacam-se desses livros o poema "Fundación mítica de Buenos Aires" e a homenagem a seus antepassados argentinos em "La noche que en el Sur lo velaron".

Trinta anos depois, Borges publica *El Hacedor* (1960), que traz alguns de seus melhores trabalhos. A vivência textual, amadurecida, permite-lhe incorporar leituras e reflexões de natureza filosófica e metafísica. A partir de então, inaugura a modernidade em seus poemas, antecipando tendências reiteradas no século XXI, como o deslizamento intertextual e a liquidez da linguagem que escorre por diferentes saberes. Em *El Hacedor*, lê-se o "Poema de los dones", o qual, juntamente com "Poema Conjetural", "Everness", "El Golem" e "Límites", de *El Otro, El Mismo* (1964), compõem o conjunto de cinco textos que, segundo o escritor, poderão justificar sua permanência na memória dos leitores. Aliam-se aos velhos, novos temas: o gosto pelo diálogo entre culturas e línguas e a importância da tessitura das palavras. Alguns poemas registram o espanto ante a circularidade do tempo que é, em suma, a substância dos homens. No prólogo de *El Otro, El Mismo*, Borges define a poesia como arte híbrida que sujeita um sistema abstrato de símbolos, a linguagem, a fins musicais, eis que a raiz da língua é irracional e de caráter mágico. Reconhece também a forte relação entre temas narrativos e poéticos, confirmando preferências literárias. Dentre essas, sobrepõem-se os espelhos e os simulacros (sombras, sonhos e formas) e a biblioteca como memória infinita do mundo. A partir desse livro, Borges explora cada vez mais a força da metáfora, que reconhece como o fundamento dos poemas e da própria literatura. Essa reflexão teórica condensa-se, de modo especial, nas conferências que proferiu em Harvard College entre 1967 e 1968, publicadas no Brasil com o título de *Esse ofício do verso* (2000).

Para las seis cuerdas (1965) reúne as famosas *milongas* borgeanas algumas delas depois musicadas por Astor Piazzolla. Elas reiteram o processo de reescritura da tradição, aproximando literatura e música e homenageando *paisanos y payadores.* Aos setenta anos, Borges publica *Elogio de la sombra* (1969). Em seu prólogo, refere o cuidado com a precisão das palavras; a correção da linguagem; o diálogo com autores preferidos; e o descaso para com estéticas e normas poéticas. Belos poemas introduzem dois novos temas: a velhice e a ética. Borges publicou também: *El oro de los tigres* (1972); *La rosa profunda* (1975); *La moneda de hierro* (1976); *Historia de la noche* (1977); *La cifra* (1981); e *Los conjurados* (1985).

José HERNÁNDEZ

☆ General San Martín, Argentina, 1834
✝ Buenos Aires, Argentina, 1886

José Rafael Hernández y Pueyrredón foi jornalista, militar e político, sobressaindo-se nas lutas pelo federalismo, contra a centralização portenha. Em 1971, com a derrota de López Jordán, em cujas tropas servia como oficial, Hernández exilou-se em Santana do Livramento, no Brasil. No ano seguinte, publicou a primeira parte de *El gaucho Martín Fierro*. A segunda parte só sairia em 1979, com o título de *La vuelta del Martín Fierro*. É também autor de *Los treinta y tres orientales* (1878), canto de louvor aos heróis da independência uruguaia, atribuído ao já popularíssimo Martín Fierro e inspirado no quadro homônimo de Blanes.

Obras principais: *Martín Fierro*; *La vuelta del Martín Fierro*; *Obra Periodística: Periodismo Gauchipolítico-La Reforma Pacífica-El Nacional Argentino.*

José Hernández

por Ligia Chiappini*

Se Hernández é conhecido mundialmente, isso se deve ao livro sobre o *Gaucho Martín Fierro*, da ida e da *vuelta*, tido como "livro nacional dos argentinos" (cf. Lugones, *El payador*) e, simultaneamente, como parte da literatura universal. Nele, Fierro nos conta suas aventuras e desventuras de gaúcho pobre, que perdeu sua casa, sua família e seus poucos bens, sendo incorporado ao exército e levado à fronteira, com a finalidade de combater os índios, na chamada "campanha do deserto". Aí descobre a exploração a que é submetido, juntamente aos outros gaúchos,

* Ligia Chiappini é professora de Literatura e Cultura Brasileira na Freie Universität Berlin. Tem vários livros e artigos publicados no Brasil e no Exterior.

transformados em guardiões da fronteira e matadores de índios, vivendo miseravelmente, sem receber soldo e sem direito nem de reclamar. Por isso, Fierro resolve desertar, transformando-se em um "gaucho malo", vagando pelo Pampa.

Caçado como desertor pelas tropas do governo, ele enfrenta uma patrulha, comandada pelo sargento Cruz, e combate com tal bravura que conquista a sua solidariedade. Cruz passa a lutar do seu lado, ajudando-o a vencer os soldados do governo, e inicia-se aí uma grande amizade. Ambos os desertores acabam cruzando a fronteira e indo viver entre os índios, os inimigos que, em princípio, deveriam combater. Assim acaba a primeira parte do poema, gerando a expectativa de um final ou de um novo começo idílico, numa vida livre entre os "bons selvagens". A segunda parte, no entanto, frustra largamente essa expectativa, pois narra a volta de Martín Fierro à "civilização", desiludido, por sua vez, com os índios, retratados como extremamente malvados, insensíveis e violentos. Mas, se a visão negativa do índio se mantém, a visão do negro, que era também extremamente negativa na primeira parte do poema, se transforma depois de uma *payada* que Martín Fierro trava com o irmão de outro negro que humilhara e matara numa *pulpería* na primeira parte da sua narrativa. Esse desafio era uma prévia de um duelo real, que o gaúcho prefere evitar, porque, velho e vivido, parece reconhecer as qualidades do seu adversário.

No final, tendo reencontrado seus filhos, depois de inteirar-se das agruras que tiveram que suportar até esse reencontro, em vez de aconselhar-lhes a vingança, despede-se deles com conselhos sábios e ponderados, no sentido de proceder segundo as leis para tornarem-se cidadãos em uma Argentina pacificada. Porém, Fierro não se entrega nem se integra. Some no horizonte, novamente "livre" e sem rumo, como um desamparado gaúcho, em vias de extinção.

A linguagem do poema pode nos enganar pela sua aparente simplicidade. Leitores desavisados viram aí uma reprodução fiel da fala do gaúcho. Mas os estudos mais acurados tem apontado o caráter artístico dessa fala-canto, sendo ela construída com a mescla também muito particular do oral e do escrito, do popular e do erudito, da narração e do diálogo, equilibrando-se nas fronteiras da fala do homem do pampa e da escrita culta de um autor da cidade. Essa construção poética é possibilitada, por um lado, pela retomada da tradição já longa da gauchesca platina, mas, por outro, pela experiência do próprio Hernández que, desde a infância na estância paterna, aprendeu a falar, trabalhar, lutar e sentir como os gaúchos.

José MARTÍ

★ Havana, Cuba, 1853
✝ Dos Ríos, Cuba, 1895

Filho de imigrantes espanhóis, nasceu em Havana, Cuba, em 1853. Dedicou sua vida à luta pela liberdade e pela independência do seu país. Em 1869, acusado de conspiração, foi condenado a seis anos de prisão, pena que foi comutada pelo desterro na Espanha, onde estudou Direito, Filosofia e Letras. Depois de passar por México e Guatemala, recebeu anistia e voltou a Cuba. No entanto, por vincular-se a movimentos revolucionários, em 1879 é obrigado mais uma vez a deixar o país. No segundo exílio, viveu em Nova York, onde escreveu grande parte de sua obra e colaborou com artigos para vários jornais, entre eles o *La Nación*, de Buenos Aires. Decidido a participar da guerra contra os colonizadores, desembarcou em Cuba para morrer no campo de batalha, em 1895.

Obras principais: *Ismaelillo*, 1882; *Versos sencillos*, 1891; *Versos libres*, 1913.

José Martí

por Carlos Rizzon*

As ideias de José Martí estão traduzidas não só na produção de sua crítica e de sua poética, mas também no seu engajamento revolucionário e nas suas ações combativas. Há pensadores que afirmam que José Martí sacrificou o escritor para cumprir o dever de lutar pela liberdade do seu país, o que o fez encontrar a morte prematuramente ao se envolver na missão de conquistar a independência de Cuba. O martírio que provocou a interrupção

* Carlos Rizzon, doutor em Literatura Comparada. Professor de Literatura e Língua Espanhola na Universidade Federal do Pampa.

de uma criação vigorosa não permitiu que, em vida, encontrasse o devido reconhecimento da inovação proposta por seus versos. Daí que, por razões mais cronológicas do que de linguagem, sua obra esteja relacionada a uma precursão do Modernismo hispano-americano, estética que encontrará em Rubén Darío o seu maior representante.

No entanto, seu espírito de luta também motivou sua criação, pois em sua obra aparece uma vibração e um idealismo dignos dos seus compromissos políticos e artísticos. O próprio poeta revela que seus versos "van escritos, no en tinta de academia, sino en mi propia sangre". Ciente do impulso de uma nova atitude literária, José Martí percebia que fazia parte de uma geração com concepções poéticas renovadoras, seja pela introdução de temáticas diferenciadas ou pela expressão de sensibilidades originais e refinadas, justapondo, por exemplo, ternuras e tiranias. Em sua lírica, domina a conciliação de vozes retóricas e populares, expondo ao mesmo tempo uma simplicidade e uma elaborada concisão, dualismos que permitem sobreposições da imagem com a consciência. Esse era um projeto programático liberador do prosaísmo, como define: "El verso ha de ser como una espada reluciente, que deja a los espectadores la memoria de un guerrero que va camino al cielo, y al envainarla en el Sol, se rompe en alas".

A vitalidade característica dos seus versos possui raízes que, por veias do simbolismo, enfatizam um caráter social e manifestam valores de uma América Latina que ainda buscava encontrar-se consigo mesma. Se, na origem das nações independentes americanas, predominou a construção do pensamento através da oposição entre civilização e barbárie, em José Martí existe uma visão redirecionada pelo despertar do reconhecimento de uma mestiçagem cultural e pela necessidade de uma integração latino-americana, reflexão sintetizada no título do seu ensaio "Nuestra América". Pois esse entendimento, combinado a sonoridades de rimas alternadas ou emparelhadas, modula uma literatura singular sem antecedentes para sua época, seguindo sempre a independência e a direção dos seus *Versos libres*: "Estos son mis versos. Son como son. A nadie los pedí prestados".

José Paulo PAES

⭑Taquaritinga, Brasil, 1926
✝São Paulo, Brasil, 1998

Filho de um casal modesto, após concluir o secundário em Araraquara e Araçatuba, José Paulo Paes transferiu-se, em 1944, para Curitiba, onde se diplomou em química industrial. Nessa cidade participou ativamente de um grupo literário, no qual se destacavam Wilson Martins e Dalton Trevisan. Em 1949, fez sua estreia poética. Desde o início, sua poesia foi absolutamente original. Nesse mesmo ano, o poeta radicou-se em São Paulo, onde trabalhou como químico. Trocou logo a profissão pela de editor, tradutor e ensaísta. Dentre seus ensaios destacam-se *As quatro vidas de Augusto dos Anjos*; *Gregos e Baianos; Os perigos da poesia e outros ensaios.* Traduziu: *Tristram Shandy* (Laurence Sterne) e *Poemas: Konstantinos Kaváfis*, W.H. Auden, Williams Carlos Williams, e Giórgios Seféris.

Obras principais: *Um por todos*, 1986; *A poesia está morta mas juro que não fui eu*, 1989; *Prosas seguidas de odes mínimas*, 1992.

José Paulo Paes

por Armindo Trevisan*

A poesia de José Paulo Paes distingue-se, no panorama da poesia brasileira do século XX, por um experimentalismo formal constante, uma concisão quase sem precedentes na poética nacional, uma crítica feroz, não só à burguesia, como também à sociedade de consumo, e uma temática amorosa – ainda não suficientemente valorizada – que inclui a aceitação estoica das limitações físicas. Estas, ao invés de serem lastimadas, como o são via de

* Armindo Trevisan é poeta, professor universitário, tradutor e ensaísta. Possui vasta obra publicada no Brasil e no exterior.

regra em nossa poesia, aparecem aureoladas de um lirismo estranho e convincente, que não se confunde com a autoironia (a qual também existe nos seus poemas), mas que se assemelha mais a uma catarse aristotélica, emoldurada num contexto de meditação existencial (ou existencialista?), e de respeito pela vida. Nos seus inícios, sem dúvida, a poesia de José Paulo Paes chegava a ser *cínica* – e até *cênica*. Aos poucos, ela atingiu um patamar metafísico – o de um agnóstico que não só não se orgulha de sua atitude, mas que aceita apenas ser o que é – e por fim, graças à dimensão humanista subjacente à lucidez do autor, guinda-se a alturas aonde poeta algum brasileiro chegou. Exemplifiquemos: "*Aqui estou,/Dora, no teu colo,/nu/como no princípio/de tudo./Me pega/me embala,/me protege./Foste sempre minha mãe/e minha filha/depois de teres sido/ (desde o princípio/de tudo) a mulher*". Creio que ninguém no Brasil escreveu poemas tão sentidamente humanos como: *Um Retrato* e *À minha perna esquerda* (do livro *Prosas seguidas de odes mínimas).*

Konstantinos KAVÁFIS

✯ Alexandria, Egito, 1863
✞ Alexandria, Egito, 1933

Konstantinos Kaváfis nasceu em 29 de abril de 1863, em Alexandria, no seio da numerosa colônia helênica que florescia nessa cidade do Egito, sendo batizado na Igreja Ortodoxa Grega. Com a morte do pai, próspero comerciante, a família mudou-se para a Inglaterra, lá permanecendo de 1870 a 1877. Depois, em dificuldades econômicas, regressaram a Alexandria, de onde novamente tiveram de sair em 1882, por causa de revoltas sociais. Konstantinos Kaváfis se restabeleceu definitivamente em sua cidade natal em 1885 e ali trabalhou como funcionário público por trinta anos. Morreu em 1933, no dia do seu aniversário. Não chegou a publicar livro; distribuía seus versos para amigos e intelectuais em *feuilles volantes.* Deixou apenas 154 poemas finalizados, os quais foram reunidos no volume póstumo *Poiemata* (1935).

Obras principais: *Poemas,* 1982; *Poemas de K. Kaváfis,* 2012; *60 Poemas,* 2015.

Konstantinos Kaváfis

por Rafael Bán Jacobsen*

Kaváfis é um dos primeiros nomes a se inscrever no panteão da moderna poesia grega, ainda que não tenha se envolvido no tema da bipolaridade linguística que tanto preocupou a Grécia e sua literatura durante os séculos XIX e XX: nos seus escritos, o *demótico,* forma popular do grego, harmoniza-se com a *catarévussa,* versão reconstruída do grego antigo, avessa a estrangeirismos e de lastro erudito. Eis uma das razões pelas quais, como notou

* Rafael Bán Jacobsen é físico da UFRGS e escritor, membro da Academia Rio-Grandense de Letras. Publicou os romances *Solenar* e *Uma leve simetria.*

Haroldo de Campos, seu coloquialismo faz lembrar a dicção de Carlos Drummond de Andrade, ainda que Kaváfis utilize, ao mesmo tempo, um registro vocabular elevado.

Em geral, seus poemas são curtos e, embora ocasionalmente rimados e quase sempre compostos em versos iâmbicos, não se prendem a formas fixas ou métricas rigorosas, característica que dá aos poemas de Kaváfis certa proximidade com a prosa. De fato, sua poesia não prima pela musicalidade, possuindo potência estética interior, de urdidura imagética e simbólica.

Entre as temáticas dominantes, destacam-se a incerteza sobre o futuro, os prazeres sensuais, o caráter moral e psicológico dos indivíduos, a homossexualidade e uma nostalgia fatalista. Por sua visão desencantada do mundo, Kaváfis é legítimo herdeiro do decadentismo simbolista que tanto marcou a poesia em fins do século XIX; daí o seu gosto pela vaguidade, pelo sonho, e também seu frequente uso da obliquidade mallarmaica, recurso em que a imprecisão de contornos confere ao objeto poeticamente invocado uma aura de candente subjetividade. Com efeito, Kaváfis reúne as características de um fascinante homem da decadência: sábio, irônico, hedonista, sedutor, saudosista.

Há três vertentes em sua obra: os poemas sensuais, os filosóficos e os históricos. Porém, tal classificação não é rígida: um poema existencialista pode se articular em torno de elementos históricos ou decalcados da mitologia, um poema sobre as sensações fruídas em um encontro amoroso pode abrir-se para especulações metafísicas etc.

Os poemas sensuais estão cheios de lirismo e das emoções conflituosas que emanam do amor por alguém do mesmo sexo, sempre buscando substrato na memória. Por sua exaltação (ainda que melancólica) da homossexualidade, Kaváfis recebeu a alcunha de "um outro Oscar Wilde". Destacam-se, aqui, os poemas *Desejos*, *O sol da tarde*, *A vitrina da tabacaria* e *Lembra, corpo*.

Os poemas filosóficos tratam de temas inerentes à essência do humano: o isolamento (*Os muros*), o binômio dívida-honra (*Termópilas*), o misto de temor e esperança frente ao desconhecido (*À espera dos bárbaros*), a exaltação de qualidades espirituais dignificantes (*O deus abandona Antônio*), o inescapável amadurecimento do ser no curso da vida (*Ítaca*), entre outros.

Já os poemas históricos são inspirados, na maior parte, pelo período helenístico, tendo foco em Alexandria, mas também evocam a antiguidade greco-romana e a era bizantina. Em geral, os períodos escolhidos são de declínio, com a presença de heróis confrontando o fim iminente (como nos poemas *Troianos* e *O prazo de Nero*). Contudo, o encantamento que a lírica histórica de Kaváfis provoca não vem das ações narradas, mas sim da alma que o poeta dá a cada personagem (Júlio César, Cesarião, Demétrio I, Manuel Comeno), como se Kaváfis animasse com sangue e desejos as antigas estátuas dos museus.

Na tempestuosa confluência entre oriente e ocidente, cultura greco-romana e herança hebraico-cristã, tradição e modernidade, a poesia multicultural de Kaváfis afirma-se como um vértice ideal entre *philos* e *aesthesia*.

Leopoldo LUGONES

☀ Río Seco, Argentina, 1874
✝ El Tigre, Argentina, 1938

Nasceu em 13 de junho de 1874, em Río Seco, Córdoba, Argentina. Escritor prolífico, foi poeta, prosador, tradutor e intelectual controverso, cujas preocupações com seu tempo e local se revelam nas obras que variam de temas como física, educação, linguística, cultura gauchesca, literatura e história. Contemporâneo e amigo de Ruben Darío, iniciou sua trajetória literária com publicações em periódicos com apoio deste. O conjunto de sua obra poética – dos primeiros livros *Las montañas del oro* (1897), *Los crepúsculos del jardín* (1905) e *Lunario sentimental* (1909) aos últimos abaixo mencionados – permite entrever a busca do artista pelo homem. Suicidou-se em 18 de fevereiro de 1938.

Obras principais: *Romancero*, 1924; *Poemas solariegos*, 1927; *Romances del Río Seco* (obra póstuma), 1938.

Leopoldo Lugones

por Fernanda Lisbôa*

Modernista. Assim Leopoldo Lugones entrou para o cânone dos necessários e inevitáveis escritores argentinos. O jovem poeta sufocava no marasmo literário de lugares-comuns de uma literatura dita neoclassicista quando assumiu a missão intelectual de transformá-la e, com engenho e artifício, enriquecê-la e alumbrá-la.

A sedução europeia das novidades artísticas – com o Naturalismo, Parnasianismo, Simbolismo, entre outros ismos –, somada a uma Argentina aparentemente de economia próspera e saciada de inquietudes, fez-se pampa para o escritor campear ver-

* Fernanda Lisbôa é revisora, licenciada em Letras e mestre em Literatura Comparada pela UFRGS.

sos *criollos*. Lugones sai de Río Seco e vai a Buenos Aires, à procura de espaço e acolhida para seu anti-Romantismo verborrágico.

Se o prezado leitor supõe certo tom de galhofa, perdoai o espírito de uma época. Lugones surgiu com uma lírica que se erigia sobre referências gregas, inglesas e francesas; elementos da natureza, mais especificamente girando em torno da lua, astro maior; poemas de métrica predefinida e versos sempre rimados, ou prosa poética com quebras estruturadas, pois a verdadeira poesia surgiria do exercício intelectual da forma, da sonoridade, do uso constante e inesperado das metáforas e de todas as palavras do dicionário, acrescentando a este as que lá por ventura ainda não estivessem. Tantas correntes de inspiração misturadas soam, por vezes, dissonantes, e falam da marcha rítmica de um Lugones em torvelinho criativo, somente explicado por uma mente na qual colidiram pensamentos ateus, católicos, artísticos, ditatoriais, nacionalistas, além dos relacionados a protestos políticos, a impérios científicos, a viagens à Europa e a rigores educacionais.

Confesso. Li o comentário de Jorge Luis Borges em colaboração com Betina Edelberg sobre Lugones. Não saí ilesa desse texto e concordo quando Borges/Edelberg dizem que há a princípio uma puerilidade risível no impulso de estreia de Lugones. Mas, assim como esses escritores, sinto-me atraída pela relação vida e obra e a contemplar um homem que, por meio da arte, habitou tanto suas luzes quanto suas próprias sombras. Do riso ao franzir do cenho. Tragicomédia e artimanha.

Meu texto-leitura vos chama a experimentar a musicalidade de Lugones. Poemas escritos em voz alta, diriam os supramencionados dois. E, diria mais, quando lidos, movimentam ondas sonoras e metáforas prontas para encantarem sentidos, confundindo significados, oportunidade de perder e reencontrar o pensamento nesse mar profundo, mantra ditado pela lua.

Lugones aprofundou seu além-mar e, no processo de sua rígida concepção poética, encontrou outras vozes, mais imaginárias, menos artificiais. Ao crepúsculo de sua produção, podemos avistar um poeta às voltas com seus amores, com imagens que pairam lúgubres e, em sua obra póstuma, *Romances del Río Seco*, um reencontro com sua mais íntima paisagem, uma transcriação poético-romanceada *de la pampa y la cultura criolla*, da sua oralidade, da vida agropastoril.

Por fim e em resumo, temos, na obra de Leopoldo Lugones, um tesouro laudatório à nacionalidade argentina que não se perdeu na turbulência ideológica do escritor e persistiu, com golpes de beleza estética e erudição, na história. A poesia de Lugones, apesar de Lugones, intriga e se ostenta. Midas.

Lewis CARROLL

☆ Daresbury, Inglaterra, 1832
✞ Guilford, Inglaterra, 1898

Lewis Carroll nasceu como Charles Lutwidge Dodgson, em Daresbury, Inglaterra. Era diácono da Igreja Anglicana, fotógrafo e matemático, ficou famoso por sua poesia e sua literatura infanto-juvenil, em particular pela criação da personagem Alice, que aparece em seus trabalhos mais famosos, *Alice no país das maravilhas* e *Alice no país do espelho.* Seu trabalho é muitas vezes colocado dentro do gênero do absurdo e caracterizado por sua predileção por jogos de linguagem e enigmas de palavras. Morreu de pneumonia aos 65 anos, sendo enterrado em Guilford.

Obras principais: *Alice no país do espelho,* 1871; *Alice no país das maravilhas,* 1865; *A caça ao Snark,* 1876.

Lewis Carroll

por Victor Meadowcroft*

Tendo escrito poesia e ficção desde cedo, suas primeiras obras sob o pseudônimo de Lewis Carroll foram publicadas já em idade adulta. Trata-se de uma brincadeira com o seu nome, Charles Lutwidge, que foi traduzido para o Latim como Carolus Ludovicus e então de volta para o inglês como Carroll Lewis, antes de ser invertido para criar a forma pelo qual o autor se tornou conhecido.

Dois dos poemas mais famosos de Lewis Carroll, "O Jaguadarte" e "A história do rato", aparecem em *Alice no país do espelho* e *Alice no país das maravilhas,* respectivamente. Enquanto a carac-

* Victor Meadowcroft nasceu em Oxford e estudou Música e História na Universidade de Leeds. Atualmente é consultor de Ficção de uma rede de livrarias inglesa.

terística mais impressionante de "A história do rato" é sua forma, que serpenteia pela página como a cauda de um camundongo, "O Jaguadarte" tem sido considerado como um dos mais famosos poemas de *nonsense*, ou absurdo, da língua inglesa, e demonstra algumas das características mais marcantes do estilo de Carroll. No poema, há a combinação de uma estrutura convencional de quadras e rimas alternadas com um vocabulário que conta com invenção e jogos de palavras. Ao mesmo tempo em que sabemos que certas palavras não são encontradas nos dicionários, se levarmos em conta o contexto do poema e a habilidade de Carroll em criar palavras absurdas que ecoam palavras reais, não surpreende o fato de a primeira quadra do poema originalmente ter aparecido sob o título de *Quadra de poesia Anglo-saxônica.* Essa evocação mítica também está presente em um dos mais longos poemas de Lewis Carroll, a balada *A caça ao Snark.* Assim como nas histórias de Alice, sua poesia se vale do uso de jogos de linguagem e enigmas de palavras, como trocadilhos e duplo sentido. Enquanto esses exemplos de jogos de linguagem são obviamente uma evidência de sua mente fértil e brilhante (lembremos que Carrol era ainda matemático e inventor), eles também demonstram um maravilhoso senso de humor, tornando impossível apreciar suas obras sem entender que ele passa o tempo tentando divertir e entreter o seu leitor.

Percorrendo a obra de Carroll, cuja substancial parte é endereçada a crianças, há um lado negro que complementa e contrabalança o humor e o estranhamento: "O Jaguadarte" é apunhalado inúmeras vezes pelo protagonista; o açougueiro na tripulação que vai à caça do Snark ameaça matar o animal de estimação de um dos outros tripulantes; e, por fim, a rainha sedenta de sangue em *Alice no país das maravilhas* passa grande parte de seu tempo gritando para cortar as cabeças fora.

Contudo, o preponderante é mesmo a fantasia, de papel importante na poesia de Carroll, sendo o leitor frequentemente exigido a aceitar a existência de lugares e personagens inventados tão estranhos quanto fenômenos como poções mágicas, fantasmas e animais falantes. O efeito criado por esses mecanismos, assim como o hábito ocasional de Carroll em distanciar-se do tema central de um texto por um trocadilho particularmente bom ou por uma linha de teor absurdo, leva algumas vezes a parecer que se lê os devaneios de uma criança. O talento de Carroll consiste em fazer isso tão sutil e fielmente de modo que seja acessível a leitores apreciadores da leveza em literatura, mesmo não havendo dúvidas de que se trata de obras refinadas.

Luis DE GÓNGORA Y ARGOTE

✭Córdoba, Espanha, 1561
✞Córdoba, Espanha, 1627

Uma das grandes estrelas do Século de Ouro espanhol, parte de uma inigualável plêiade de poetas (entre os quais se destacam Garcilaso de Vega, Calderón de La Barca, Lope de Vega, San Juan de La Cruz, Francisco Quevedo), Góngora, conhecido também como "O Cordobês", devido a seu local de nascença, fez seus estudos em Salamanca e ocupou ao longo da vida um cargo eclesiástico em Córdoba, exercido, segundo consta, com pouca dedicação. Seus esforços para conquistar um lugar na poderosa mas já decadente corte madrilenha esbarrou sempre em reveses políticos e na oscilação de sua fama entre os poderosos de seu tempo.

Obras principais: *Poesia Selecta*; *Poemas de Góngora.*

Luis de Góngora y Argote

por Pedro Gonzaga*

Mais do que um poeta, Góngora foi o epígono de um modo de fazer poesia, chegando mesmo a ultrapassar um estilo meramente individual (a ele se associa o Cultismo ou Gongorismo, uma das tendências centrais dentro do Barroco Ibérico, por mais que seja esta uma visão construída para manuais), que viria a ser imitado e combatido, em sua época e depois dela. Como quer que seja, seu nome ainda é sinônimo de jogos verbais inusitados, de uma exploração maneirista de contradições, de metáforas arrojadas, de um obscurantismo que viria a ser condenado pelos séculos seguintes, celebrado de maneira torta via simbolismo francês e resgatado para ser explicado em seu esplendor, no século XX, pelo

* Pedro Gonzaga é tradutor, escritor e professor. Autor de quatro obras entre poesia e prosa, é mestre e doutor em Literatura pela UFRGS.

poeta e crítico espanhol Dámaso Alonso, que chegou a dizer que em Góngora a poesia encontrava "o prazer da pura forma".

Mestre em todos os gêneros de lírica, tem em suas principais e mais intricadas obras as *Soledades* (1613) e *A fábula de Polifemo e Galatea* (1612). Na primeira, ao longo de poemas de longuíssimas estrofes que por vezes não são mais do que um selva verbal, um viajante chega a um ermo, no modelo de escapismo urbano (não se deve esquecer a crise iminente da civilização espanhola), em uma leitura barroca de matriz clássica pastoril. Também em *Polifemo* o tema é clássico, o amor do monstro (entre feroz e gentil, dividido) por Galatea, desenhada ainda por certo petrarquismo vigente. Seus sonetos estão também entre as grandes criações de um mundo asfixiante, seja na exploração da visão de mundo antitética (mais aguda quando se acomete sobre o poeta o desespero temporal do *carpe diem*), seja na forma que tão bem desenha essas mesmas contradições (hipérbatos, preciosismos), como se pode notar nos tercetos abaixo: "goza pescoço, cabelo, lábio e fronte / antes que o que foi em tua idade dourada / ouro, lírio, cravo, cristal luzente, // não somente em prata ou violeta mutilada / se transforme, mas tu e isso juntamente / em terra, em fumo, em pó, em sombra, em nada."

A fugacidade da beleza, em geral associada à imagem da flor, mostra seu caráter agônico no apelo que o poeta faz ao desfrutar dessa mesma beleza enquanto ela ainda pode ser associada a materiais nobres como o ouro e o cristal luminoso, assim como a pele transmudada em lírio por sua brancura e os lábios vivos em cravo, elementos da natureza, idealmente mais perfeita que a carne. Tudo para que ao final, em uma típica gradação barroca, da juventude ao fenecimento, chegue-se ao último verso, em que os termos, em perfeita união de forma e agravamento do conteúdo pela semântica, revelam, em cinco etapas, o caminho das vanidades humanas.

Luís VAZ DE CAMÕES

✭Lisboa, Portugal, 1524 (?)
✞Lisboa, Portugal, 1580

Parafraseando o poeta, é aqui, em Camões, que o medievalismo se acaba e a literatura em língua portuguesa verdadeiramente começa. Tão vasta, porém, como a grandiosidade daquele considerado por muitos críticos o maior poeta da língua portuguesa é a névoa que ocupa as informações de sua biografia. A falta de documentos que comprovem com precisão dados significativos de sua vida é uma constante com a qual muitos pesquisadores trabalham. O que se sabe é que Luís Vaz de Camões morreu mais pobre do que nasceu, e viveu menos de sessenta anos. Teria nascido em 1524 ou 1525, com acesso à aristocracia e a uma educação qualificada, e falecido, na mais absoluta miséria, em 1580.

Obras principais: *Os Lusíadas*, 1572; *Rimas*, 1595.

Luís Vaz de Camões

por Paulo Ricardo Kralik*

Um dado curioso sobre o falecimento de Camões é que a sua morte praticamente coincide com a de D. Sebastião, jovem rei português, sem descendência, que pereceu na batalha de Alcácer-Quibir, na África, em 1578. O desaparecimento do rei provoca o nascimento do mito do sebastianismo e o fim da soberania lusitana: iniciava a dinastia filipina e a Espanha dominaria Portugal por seis décadas (1580-1640). O caminho de Luís Vaz de Camões e de D. Sebastião cruzou-se muitas vezes: a ele é dedicada a sua maior obra, *Os Lusíadas*. É bastante simbólica, pois, a morte de

* Paulo Ricardo Kralik Angelini, doutor em Literaturas em Língua Portuguesa (UFRGS), é professor adjunto da Faculdade de Letras da PUCRS.

dois visionários quase à mesma época, levando Portugal a um período de luto, de sobressaltos, de fracassos.

Camões teve uma vida errante, nas diferentes acepções possíveis deste adjetivo: cartas do próprio punho atestam seu envolvimento em brigas de diferentes facções da sociedade portuguesa da época, que o levaram à prisão e ao degredo, viajando pelo mundo por conta disso – Ceuta, Índia, Macau. Humanista, carregava um talento que aliava a tradição literária ibérica com as inovações advindas de um mundo em renascimento. Devido a essas influências, cultivou tanto a medida velha (redondilha), como a medida nova, em diferentes manifestações líricas: odes, elegias, canções, églogas, sextinas e, especialmente, os famosos sonetos.

Grandes críticos, como António José Saraiva e Óscar Lopes, apontam duas principais características em sua poesia. A primeira é a presença de um amor mais imaginado que vivido, seguindo os moldes do platonismo, construído a partir de imagens paradoxais, antitéticas. Esse amor traz a presença de uma mulher idealizada, abstrata, quase transcendente, mas que provoca um conflito entre esse ideal de amor e o desejo da carne. A outra grande característica é a percepção de um mundo dissonante, em desordem. Dele advém uma dor de sentir, a partir do desajuste entre as expectativas do indivíduo e o universo que lhe cerca. O eu lírico camoniano é mandatário dessa dor maior, que provém de um descompasso cósmico.

Seu livro mais grandioso é o poema épico *Os Lusíadas*, uma colossal elaboração de 8.816 versos decassílabos, divididos em 10 cantos. A ação principal do texto é a viagem de Vasco da Gama às Índias, mas toda a história de Portugal é contada nesta obra, publicada em 1572, em que o grande herói, mais que o navegador, é o povo português. Camões incrementa seu enredo com uma disputa divina, valendo-se da mitologia greco-romana para potencializar a força inimiga, aqueles que lutam contra os portugueses, encabeçados por Baco, e aqueles que os defendem, liderados pela deusa Vênus. Interessante perceber a utilização dessa mitologia clássica, em especial na imagem de Baco, tanto para driblar a censura do Santo Ofício, como para glorificar ainda mais um povo formado por guerreiros, que comandou o destino do mundo e driblou uma adversidade advinda até mesmo de forças superiores. *Os Lusíadas*, apesar de trazer um nacionalismo ufanista, é uma obra de interesse universal. Há uma série de autores célebres que se debruçaram sobre o grande poeta, entre eles Voltaire, Montesquieu, Chateaubriand, Lord Byron, Herman Melville e Ezra Pound.

Machado de Assis

✯ Rio de Janeiro, Brasil, 1839
✞ Rio de Janeiro, Brasil, 1908

Filho de mãe portuguesa e pai brasileiro, neto de pardos forros, Machado de Assis construiu sua trajetória intelectual como autodidata. Nunca saiu do Brasil e pouco viajou, apenas indo uma vez a Minas e a Petrópolis. Aos trinta anos, em 1869, casou com Carolina de Novaes. Pouco tempo depois, a entrada para o serviço público lhe permitiu uma vida mais estável. Quando tinha perto de quarenta anos, sua carreira literária sofre uma reviravolta, quando publica *Memórias Póstumas de Brás Cubas.* Depois, na década de 1890, será um dos fundadores e presidente da Academia Brasileira de Letras. Em 1906, morre Carolina e, 1908, morre Machado de Assis. Com forte vínculo com a Imprensa, onde atuou por mais de quarenta anos, desde 1855 até 1898. Machado atuou em diversas posições, indo de tipógrafo até cronista, passando pela atuação de jornalista que cobria a Câmara dos Deputados e o Senado.

Obras principais: *Crisálidas*, 1864; *Falenas*, 1870; *Americanas*, 1875; *Ocidentais*, 1880.

Machado de Assis

por Antônio Marcos Sanseverino*

A carreira literária de Machado de Assis começou pela poesia. De fato, "à Ilma. Sra. D.P.J.A." é o primeiro poema publicado, em 1854, no *Periódico dos pobres.* Depois publica de modo frequente na *Marmota fluminense*, de Paula Brito, até 1864, quando reúne seus poemas em *Crisálidas.* O livro surge da convivência com grupo de amigos como Casimiro de Abreu. É, então, como poeta

* Antônio Marcos Sanseverino é professor de Literatura Brasileira da UFRGS e pesquisador CNPq. Tem experiência em pesquisa sobre a obra de Machado de Assis.

que Machado de Assis começa a se tornar conhecido. Em 1870, já é uma figura reconhecida no panorama das letras fluminenses. Publicava contos no *Jornal das famílias*, escrevia crônicas, era crítico literário, lança *Contos fluminenses* e logo vai estrear no romance com *Ressurreição*. Nesse ano de 1870, vem à luz *Falenas*. Se antes as *Crisálidas* estavam no casulo, agora as *Falenas* voam.

Em 1875, *Americanas*, aparente tributo ao indianismo, parte da ideia de que "tudo pertence à invenção poética, uma vez que traga os caracteres do belo e possa satisfazer as condições do belo". Como homem de seu lugar e de seu tempo, Machado acredita que tudo é matéria de poesia. Aborda mais os conflitos identitários, como em *Niâni, a cristã nova*, do que temas indianistas. Além disso, deixa o lirismo de lado para se voltar para a narrativa. Um bom exemplo é *Sabina*, em que se conta a história de amor de uma mucama mestiça, apaixonada por seu jovem senhor. Grávida, vê seu amado voltar da cidade, casado com uma senhora rica. Não se suicida apenas porque "vence o instinto de mãe". Outro destaque é a melancólica *Visão de Jaciúca*, em que um pajé antevê a terra americana destruída pelos brancos.

O próximo livro de poesia veio a público 26 anos depois, em 1901. Em *Poesias completas*, reuniu seus três primeiros livros, submetidos a uma rigorosa revisão do autor. Nesse volume saiu também um novo livro, *Ocidentais*, com poemas publicados em periódicos desde os anos de 1880. Como conselho, não hesito em recomendar este último livro. Além da tradução de *O corvo* e de *La Fontaine*, há muita força em poemas como *Uma criatura, Prometeu, a mosca azul, natureza interior*. Destaca-se aqui um exemplo, *Suave mari magno*, comparável com *A carniça*, de Baudelaire. O título do poema, *suave mari magno*, é um verso retirado de um trecho "Da natureza", de Lucrécio. No início do livro II, o filósofo romano usa a imagem, a fim de mostrar o lugar do filósofo, afastado das lides humanas, da paixão, da inveja, do poder ou da riqueza, para contemplar de longe o movimento desordenado dos homens na escura ignorância. Mais do que fato curioso, gravado na memória do eu poético, percebe-se que pessoas que passavam por um cão envenenado, detinham-se e olhavam, atraídas pela morte do animal. Na descrição do cão, aparece um riso bufão e espúrio, como se ele ou respondesse ao olhar dos passantes, rindo da pretensa distância, ou risse de seu próprio fim. De um modo ou de outro, essa cena ganha um sentido renovado na ligação com o título que lhe antecede. O véu descoberto permite ver um exemplo da tradição de Lucrécio. Aos homens parece agradável ver o cão morrer, pois estariam vendo de longe o sofrimento e dor de outro ser. Essa distância torna a morte do animal agradável, pois lembra ao passante sua condição de vivo. A morte só é suave vista à distância... Mas a distância entre os homens e o animal é contingente, pois ambos estão submetidos ao mesmo princípio da morte. O riso poderia ser do cão, que, na praia da morte, abandona a vida e vê o tumulto dos homens agitados pelas paixões. A partir da cena cotidiana, o leitor vê que a morte não deve ser temida, pois é mera desagregação da matéria em átomos. Ao mesmo tempo, ela é idêntica para homens e animais. Assim, os homens penalizam-se do cão moribundo; e este ri dos primeiros.

Não esquecer *A Carolina*, talvez seu poema mais famoso, publicado em *Relíquias da casa velha*, em homenagem à esposa falecida. A dor contida dá um soneto pungente, sem derramamento. Ele dirige a amada, com quem teve uma "existência apetecida e num recanto pôs o mundo inteiro". Se resta algo nos olhos malferidos, são "pensamentos idos e vividos".

Manoel DE BARROS

✯ Cuiabá, Brasil, 1916
✞ Campo Grande, Brasil, 2014

Manoel de Barros nasceu em 1916 na cidade de Cuiabá e foi um dos maiores poetas brasileiros. Foi advogado de formação, mas os mistérios do Pantanal sempre lhe interessaram mais que o Direito. Suas poesias eram escritas à mão e compõem diversos cadernos, dos quais muitos se transformaram em livros. Foi na década de 1980 que obteve maior sucesso e destaque editorial. *Poemas concebidos sem pecado*, o primeiro dos mais de vinte livros que escreveu, foi publicado em 1937, e sua obra, *Memórias inventadas II*, publicada em 2006, representa seus setenta anos de dedicação à poesia. Em 2008, o documentário "Só dez por cento é mentira", dirigido por Pedro Cezar, realizou uma bela homenagem a este poeta tão original.

Obras principais: *Gramática expositiva do chão*, 1966; *O guardador de águas*, 1989; *Livro sobre nada*, 1996.

Manoel de Barros

por Fernanda Borges*

A poesia de Manoel de Barros encanta o leitor por despertá-lo dos lugares-comuns por meio da reinvenção temática e da linguagem. Os versos fogem da palavra "acostumada", como é demonstrado em *Livro sobre nada*, criando uma lógica própria a partir de neologismos. A quebra da sintaxe e da semântica da língua portuguesa confere aos poemas uma voz lúdica, que experimenta diferentes construções para se mostrar, tornando artística a palavra infantilizada. A criança, como o poeta e a poesia, é um

* Fernanda Borges é mestre em Literatura Comparada pela UFRGS e doutoranda em Teoria da Literatura na PUCRS.

dos principais temas do autor, além do Pantanal, que é retratado de forma peculiar, uma vez que as imagens da região pantaneira e da natureza de um modo geral são recriadas com uma linguagem sinestésica em que todos os sentidos se fundem na leitura. A linguagem poética transfigura a natureza de modo a fazê-la confundir-se com o homem, o que reforça o fato de serem parte um do outro.

As pequenezas e insignificâncias da vida também estão presentes de modo fundamental nos livros do escritor: é no cotidiano, nesse nada repleto de sentidos, nos singelos detalhes da vida e naquilo de lúdico que ela ainda pode possuir em que se encontra um dos seus mais importantes temas. O contentamento pelo ócio e pela reflexão e contemplação da natureza, descrito pelos poemas, reforça ao leitor o prazer da leitura e de seu tempo particular, pois ler a poesia de Manoel de Barros é dar espaço para o apreciar minucioso do tempo, livre do pragmatismo que lhe é imposto a todo o momento. Sua poesia questiona ainda os limites entre a verdade e a mentira, entre a realidade e a ficção, ao propor a invenção de memórias e a criação de um passado em que essas dicotomias não são mais relevantes já que é o jogo de fabulação e lirismo o que deve ser priorizado, ou seja, a literatura como experiência.

A poesia de Manoel de Barros tem a magia do olhar da infância sobre o mundo. Esse olhar infantil do eu lírico observa e retrata a natureza a sua volta, imensurável em sua simplicidade. Os versos do poeta, livres na estrutura e nos temas abordados, devolvem a vivência e a pureza da infância a adultos tão acostumados à seriedade e à rigidez. E é, por isso, que se deve sempre lê-lo.

MANUEL BANDEIRA

★Recife, Brasil, 1886
✝Rio de Janeiro, Brasil, 1968

Imortal da ABL, Bandeira foi poeta, cronista, tradutor, crítico e professor. A infância é uma das chaves da sua poesia. Até os dez anos vive entre Recife, Santos, São Paulo e Rio de Janeiro, destacando-se os últimos quatro na capital pernambucana, onde buscou muitas das cenas e personagens da sua obra. Em 1904 é diagnosticado com "uma escavação no pulmão esquerdo e o pulmão direito infiltrado" e interrompe os estudos de arquitetura. Inicia "a vida inteira que podia ter sido e que não foi", outro tema da sua obra. Retorna do sanatório de Clavadel (Suíça) em 1914 e entrega-se à poesia. Lança *As cinzas das horas* (1916), bem recebido, em especial pelos modernistas (*Os Sapos* é lido na abertura da Semana de 22). *Libertinagem* (1930) confirma o grande poeta que seria exaltado a partir de então.

OBRAS PRINCIPAIS: *Carnaval,* 1919; *Libertinagem,* 1930; e *Lira dos cinquent'anos* (1940).

MANUEL BANDEIRA

por Reginaldo Pujol Filho*

Então, Manuel Bandeira, você escreve por uns cinquenta anos, experimenta, integra e atravessa tantas escolas literárias do simbolismo até pitacos concretistas no fim da vida, publica mais de uma dezena de livros, e venho eu resumir você em duas páginas? Nem que eu tivesse seu talento e sua técnica, tão evidentes entre *Ritmo dissoluto* e *Libertinagem* (que livro), para a síntese, para

* Reginaldo Pujol Filho, autor dos livros *Quero ser Reginaldo Pujol Filho* e *Azar do personagem,* é mestrando em Escrita Criativa na PUCRS.

significar o que parece ínfimo, singelo como estas duas páginas, nem assim eu dava conta disso.

Abro *Estrela da vida inteira*, reunião da sua poesia editada pela José Olympio em homenagem aos oitenta anos do "maior poeta brasileiro vivo", como muitos definiam você à época, e nas louvações a Manuel Bandeira, nas introduções que antecedem os poemas, vejo Antonio Candido ou Otto Maria Carpeaux usarem bem mais espaço para falar um pouquinho de você. Os que conseguiram condensar, fazer em poucas linhas, menos até do que as minhas, bom, eram do seu time: Vinicius, Drummond; quem sabe com o talento deles. Mas, se Vinicius, Drummond, Carpeaux, Candido e outros, para citar só a abertura da antologia, se eles já falaram tanto e tão bem do "Bardo", já não temos a medida da sua importância? Que posso mais dizer sobre você? Apenas tentar fazer como você e, em pouco espaço, mirar o absolutamente pessoal e assim buscar falar a todos.

Sou fã confesso de *Libertinagem*. Não só pelo Bandeira que nos apresentam na escola entre um Pneumotórax e uma viagem utópica a Pasárgada. Também pelo teu *Porquinho-da-índia*, "Quando eu tinha seis anos/ganhei um porquinho-da-índia [...] Levava ele pra sala/ Pra os lugares mais bonitos mais limpinhos/ Ele não gostava:/ Queria estar debaixo do fogão./Não fazia caso nenhum das minhas ternurinhas.../ – O meu porquinho-da-índia foi a minha primeira namorada". E você publicou este belo exemplo dos seus "coloquialismos mais singelos", para roubar uma expressão de Gilda e Antonio Candido, há quase noventa anos, em 1930. Dato isso porque rio ao pensar na recepção do poema àquela época. E porque esses versos, já de cabelos brancos, creio que muito bem poderiam estar nas páginas de livros de poetas muito contemporâneos como Angélica Freitas, Fabrício Corsaletti ou Eucanaã Ferraz. Mais do que dizer que você influencia, ecoa, paira no inconsciente da poesia brasileira há quase um século, quero dizer que, tantos anos depois, seu poema surge com mais um significado: o significado do que é um clássico. Talvez essa seja a melhor definição de clássico: o que se mantém contemporâneo ao longo do tempo. Renasce a cada leitor que nasce. Acumula não anos, mas leituras. Isso, além de tantas características que os manuais ensinam sobre Manuel (nostalgia, olhar da infância, melancolia etc.), está no teu Porquinho-da-índia e também nos versos "Como deve ser bom gostar de uma feia!/ O meu amor porém não tem bondade alguma", que talvez sejam mais ousados em nosso 2015 tão politicamente correto do que no 1930 rodeado de vanguardas. É a sua *Poética*, em que você pregou "Estou farto do lirismo comedido/ Do lirismo bem comportado/ Do lirismo funcionário público com livro de ponto expediente/ protocolo e manifestações de apreço ao Sr. diretor" e por aí adiante.

Penso que, se tantos nomes de tanto peso, como os que já citei, louvaram você como maior poeta vivo do Brasil, minha contribuição sintética, nesse pouco espaço, pode ser definir você não como só mais um clássico. Mas como um autor do peso de Cervantes, Shakespeare, que dá sentido a "clássico". Alguém que nunca é relido. É sempre lido mais uma vez pela primeira vez.

Mario BENEDETTI

✯ Paso de los Toros, Uruguai, 1920
✞ Montevidéu, Uruguai, 2009

Mario Benedetti (1920-2009), marco na literatura do Uruguai e da América Latina, tem uma obra extensa e multifacetada que inclui romances, contos, poesias, ensaios, crônicas, crítica literária, teatro e jornalismo. Dos seus livros, mais de sessenta ultrapassaram trezentas edições, muitos traduzidos em mais de vinte línguas, poemas musicados por *cantautores* internacionais. Professor Emérito, foi nomeado Doutor *Honoris Causa* da Universidade do Uruguai, assim como das Universidades de Milão e de Alicante. Recebeu também os prêmios de Poesia Ibero-Americana de Salamanca, Planeta, da Argentina e Menéndez Pelayo, de Madri.

Obras principais: *A trégua*, 1960; *Primavera num espelho partido*, 1982; *Antologia poética*, 1989.

Mario Benedetti

por Míriam Lidia Volpe*

No fim da década de 1950, deu-se um fato inédito em Montevidéu: um livro de poemas estava sendo lido pelo cidadão de classe média, no ônibus, a caminho do trabalho, das academias de ensino ou até nos momentos de ócio nas repartições públicas. Tratava-se do primeiro livro de poemas de Mario Benedetti.

O leitor se depara, desde então, na obra do escritor uruguaio, com um achado poético, com uma combinação inédita de motivos reais com o lirismo. A poesia finalmente chega e se comunica com ele, que não mais é tema, mas personagem, que nela podia ver-se, reconhecer-se e sentir-se próximo. Aludido e provocado, por

* Míriam Lidia Volpe é professora assistente da Faculdade de Letras, UFJF, e doutora em Literatura Comparada pela UFMG. Publicou *Geografias de exílio* e *Mario Benedetti.*

intermédio da franqueza e a linguagem coloquial do poeta – nos temas como o amor, as referências familiares, o tempo, a nostalgia, a memória, o intertexto com outras vozes literárias ou do cotidiano do cidadão, o leitor se vê protagonista ativo. Incitado a agir em prol de mudanças pelo humor e a ironia utilizados para expressar, carinhosamente, a crítica social, esse leitor surpreende-se com a criativa variedade de novas formas poéticas e os cuidados com o rigor literário, que o autor exalta num lúdico exercício metalingüístico entre sua ensaística e sua produção ficcional e poética. Embora só passassem a conhecer-se nos anos 60, vários importantes poetas "comunicantes" ou "conversacionais" surgiram, ao mesmo tempo, como ilhas num arquipélago no continente sul-americano e com o mesmo anseio de independência artística e de transgressão do modelo hermético da poesia de vanguarda.

Como não podia deixar de ser, o poeta, preocupado em fazer o leitor desenvolver uma consciência de ação em favor de mudanças, desenvolveu gêneros, estilos e temas sempre acordes com a evolução dos tempos. Quando se tratou de lutar pela justiça e pelos direitos civis durante a ditadura, foi um escritor comprometido e, como tal, forçado ao exílio. Assim, o poeta que escolheu escrever para seu *próximo/prójimo*, o cidadão de Montevidéu, carrega consigo fragmentos de sua casa, família e pátria para mostrá-las ao mundo. Todavia, quando chega o momento, comparte com seus leitores a problemática da volta, do *desexílio.*

Em 2001, na Praça Central da Universidade de Alicante, Espanha, um monólito de granito sustenta, gravado em bronze, um trecho de um poema de Benedetti, como homenagem exposta aos milhares de jovens universitários que por ali passam rumo às atividades acadêmicas. É a mesma estrofe que, em 1998, rabiscada por um leitor anônimo, na parede de uma prisão já desativada após o fim da ditadura, em um bairro de Montevidéu, espreitava os passantes. A prática do grafite potencializava o efeito da citação quando se apropria de fragmentos do texto poético para deslocá-los do espaço enclausurado do livro para o aberto da parede. Assim, o ato de grafitar passou a transgredir – como pretende a nova poética de Benedetti – as normas impostas que determinam a língua e o seu lugar de inscrição, promovendo fendas no discurso hegemônico para encontrar um lugar para a voz do escritor sul-americano.

Mário DE ANDRADE

☆ São Paulo, Brasil, 1893
✝ São Paulo, Brasil, 1945

Mário de Andrade nasce e morre em São Paulo. Aos dez anos, escreve o primeiro poema, com palavras inventadas e melodia. Aos 24, torna-se professor de música e publica o primeiro livro de versos, *Há uma gota de sangue em cada poema.* Começa a viagem que fará por toda vida pesquisando folclore pelo interior do país. Já havia iniciado sua Marginália: notas de leitura que faz nas margens dos livros registrando o trabalho de reflexão sobre a criação poética marcante em sua obra. De mesmo pendor é a expressiva rede epistolar que mantém com intelectuais de diversas áreas. Peça-chave do Movimento Modernista, a partir dele a literatura brasileira ganha revisão vocabular e estética, principalmente pelos experimentos propostos em *Macunaíma.*

Obras principais: *Pauliceia desvairada,* 1922; *Macunaíma,* 1928.

Mário de Andrade

por Mires Bender*

O Movimento Modernista brasileiro tem em Mário Raul de Morais Andrade um dos principais representantes da expressão literária de vanguarda. Ao lado de Oswald de Andrade, que o apresentou como "meu poeta futurista" (1921), o escritor toma frente nas polêmicas manifestações que marcam a Semana de Arte Moderna (1922) – fato cultural que inaugura o Modernismo no País. Esse período, por Mário de Andrade denominado "destruidor", representa a ruptura com o modelo da literatura vigente, além de

* Mires Bender é professora titular do INEPE, mestre em Literatura Brasileira, Portuguesa e Luso-Africana pela UFRGS e doutora em Teoria da Literatura pela PUCRS.

ser uma dissidência intelectual gerada pelas cisões internas entre os representantes da burguesia paulista.

No calor dos acontecimentos da Semana, Mário de Andrade publica um dos livros emblemáticos do Modernismo, *Pauliceia desvairada*. No "Prefácio interessantíssimo", que abre o livro, apresenta uma espécie de manifesto em verso e prosa sobre as tendências da poesia moderna e declara ter fundado o Desvairismo – poética que aceita a escrita automática aliada às produções do intelecto –, rompendo com os moldes da arte acadêmica. No texto, detalha princípios e processos que devem auxiliar a escrita moderna e encerra ironicamente informando: "está acabada a escola poética 'Desvairismo'. Próximo livro fundarei outra". É, porém, *Macunaíma* a obra que o consagra como guia das inovações modernistas. A personagem que dá título ao romance é protagonista de várias aventuras pelas terras brasileiras em um relato mítico, com feições surrealistas, adaptando livremente lendas e tradições do folclore. "O herói sem nenhum caráter", como Macunaíma é apresentado, passa por diversas transformações que sugerem sua identificação com a própria formação do povo brasileiro. A linguagem usada pelo herói é uma fusão de vários regionalismos, não correspondendo à área específica do país. Essa linguagem inventada em *Macunaíma* reflete o sonho de seu autor pela adoção de uma língua nacional congraçando hábitos e falares de todo o território. Um estudo de *Macunaíma* e de *Pauliceia desvairada*, obras centrais da revolução estética modernista, pode dimensionar a mudança radical proposta pelo escritor aos registros literários não só quanto ao tema, mas, especialmente, nos planos da linguagem em suas estruturas fônicas, lexicais, sintáxicas, de pontuação e traçado gráfico.

Estudante e professor de música, Mário de Andrade tem sua atuação marcada por viagens investigando o folclore e a cultura nacional pelo interior do Brasil, atividade que resulta em importantes registros sobre a história da música e da dança. A partir de 1923 e até 1930, a pesquisa folclórica é incorporada à sua poesia, a qual também assume um tom mais introspectivo, abandonando o vigor dos embates do início do Modernismo. Publica poemas, romance, contos, crônicas, ensaios e estudos sobre música, folclore, literatura e até sobre terapêutica. Além disso, constrói vasta rede epistolar, sendo famosa sua correspondência com Manuel Bandeira, Sérgio Buarque de Holanda e Carlos Drummond de Andrade, entre outros, em que teoriza sobre literatura, poesia e música.

Em *Aspectos da literatura brasileira* (1943), dois anos antes de sua morte, Mário pinta com cores vibrantes o quadro do Movimento Modernista e faz um balanço de sua carreira literária. Renega o título de "futurista" e questiona o trabalho a que se dedicou como pesquisador, revelando arrependimento por haver abandonado a ficção em favor de dar um rumo mais utilitário à sua obra. Encerra a reflexão conclamando os homens a assumirem posição política diante da vida.

Mario QUINTANA

✭Alegrete, Brasil, 1906
✞Porto Alegre, Brasil, 1994

Nascido em Alegrete, Mario Quintana tornou-se um dos principais escritores brasileiros. Seus primeiros textos foram publicados na revista *Hyloea*, do Colégio Militar de Porto Alegre, onde estudou por cinco anos. Mais tarde foi convidado para trabalhar na Editora Globo, tornando-se empregado do jornal *Correio do Povo*, no Rio Grande do Sul, veículo de imprensa em que trabalhou por quarenta anos e em que publicou inúmeros poemas. Durante a vida fez inúmeras traduções, tendo como primeiro trabalho a obra *Palavras e Sangue*, de Giovanni Papini. Traduziu também obras de Marcel Proust e Honoré de Balzac. Em 1980 ganhou o prêmio literário da Academia Brasileira de Letras, o troféu Machado de Assis. Faleceu em Porto Alegre, em 1994.

Obras principais: *A rua dos cataventos*, 1940; *O Aprendiz de Feiticeiro*, 1950; *Quintares*, 1976.

Mario Quintana

por Jeferson Tenório*

Mario Quintana é um daqueles raros poetas que conseguiu construir uma linguagem de grande alcance popular. A fortuna crítica tem enfatizado que tal aceitação está ligada a uma marcante simplicidade e à fluência de seus versos. No entanto, essa aparente leveza não pode ser confundida com falta de densidade. Na verdade, o tom coloquial só pode ser alcançado através de um grande esforço em parecer simples. A poeta Adélia Prado escreveu certa vez que as palavras são máscaras que escondem algo mais grave

* Jeferson Tenório é mestre em Letras pela UFRGS, professor, escritor e autor do romance *O beijo na parede.*

sobre a vida. Podemos dizer que a "máscara" da poesia de Quintana é justamente essa linguagem despojada e aparentemente sem compromisso, mas que guarda uma seriedade e uma constatação particular sobre a vida. Nas palavras do próprio poeta: "A poesia não é uma fuga da realidade, como muitos pensam, a poesia é um aprofundamento da visão da realidade". A profundidade referida tem a ver com uma observação poética das pessoas inseridas no cotidiano, tecendo em seu lirismo uma espécie de filosofia do homem comum.

Neste sentido, o projeto literário do poeta parece ter sido sempre o de revelar o inusitado e o insólito por trás do cotidiano, o que faz de sua poética um espaço muito singular na história da literatura moderna brasileira. De fato, a sua poesia não segue os padrões ou as escolas literárias do seu tempo. Enquanto poetas como Carlos Drummond de Andrade e Vinicius de Moraes seguiam certos padrões de formas e conteúdos, Quintana abre um espaço singular, desvinculado de uma preocupação com os experimentalismos do modernismo e de outros movimentos literários. *A rua dos cataventos*, seu primeiro livro, considerado uma obra prima, é um exemplo dessa despreocupação, já que o poeta se utiliza do soneto, forma fixa e em desuso na época, para compor reflexões sobre a infância e sobre a morte. Se a obra seguinte, o livro *Canção*, é indispensável pela delicada melancolia do eu lírico diante da morte, *Sapato Florido*, de 1948, também é imprescindível. Composto de epígrafes, epigramas e poemas em prosa, o livro alia um humor muito sutil com refinados ecos *nonsenses* e surrealistas.

O aparente descomprometimento com os estilos faz com que sua produção dialogue com as mais diversas gerações e públicos. E não por ser uma poesia atual, isto é, produzida nos dias de hoje, mas pela sua contemporaneidade, presentificada enquanto experiência para além do tempo e do espaço. Talvez pelo perfil tão peculiar na história da literatura brasileira seja difícil indicar quais são as obras mais essenciais de Mario Quintana. Isso porque livros como *Aprendiz de Feiticeiro* ou mesmo a antologia em *Cadernos H*, passando por *Lili inventa o mundo*, caracterizado pelo universo infantil, oferecem ao leitor algo muito peculiar: fazer-nos perceber a gravidade da vida através de uma linguagem singela, tocante e filosófica.

Matsuo BASHÔ

✭Ueno, Japão, 1644
✞Osaka, Japão, 1694

Nasceu em Iga Ueno, atual Ueno, província de Mie, em 1644, como segundo filho de um samurai de baixa classe. Quando jovem, serviu a Tôdô Yoshitada, adepto ao haicai. Em 1672, desiste de ser samurai e muda-se para Edo para tornar-se um grande mestre de haicai. Até conseguir ter discípulos que o sustentassem, trabalhou na construção civil. Com o crescimento da cidade, surgiram muitos professores de haicai, que enriqueciam dando aulas aos samurais e comerciantes. Repudiando esse comportamento, resolve mudar-se para uma pequena cabana. Seu nome artístico é inspirado em uma espécie de bananeira asiática chamada *bashô*, que fora plantada em frente a sua casa pelos seus discípulos. Desde então, passou a ser referência na literatura japonesa, sendo considerado o deus do haicai.

Obras principais: *Sendas de Oku*; *Trilha estreita ao confim.*

Matsuo Bashô
por Tomoko Kimura Gaudioso*

Certa vez, Bashô ouviu o silêncio ser rompido com o pulo de uma rã e compôs "Ó, velho lago/rompe o silêncio a água/o mergulhar da rã". Talvez esse barulho tenha sido a iluminação de Buda para compreender o mundo, verdadeiro estado de iluminação para o poeta. Fato é que, depois disso, Bashô não parou de escrever seus haicais que, passados séculos, continuam a causar admiração. Sua obra mais conhecida é *Sendas de Oku*, literatura odepórica, estilo literário que se caracteriza como um relato

* Tomoko Gaudioso é professora assistente da Universidade Federal do Rio Grande do Sul e especialista em haicai e poesia japonesa moderna.

descritivo de viagens. Nessa obra, Bashô relata suas experiências da caminhada que realizou do interior ao norte do Japão e suas impressões e sentimentos ao longo do trajeto, costurando haicais e prosa. A viagem estendeu-se de maio a outubro de 1689, desde Edo (atual Tóquio), passando pela região ao norte do Japão até chegar à cidade de Ôgaki, província de Gifu. Ele tinha 46 anos e foi acompanhado por Kawai Sora, seu fiel discípulo. Ao partir, em Senjyu, escreveu "A primavera passa/os pássaros cantam/lágrimas no olho do peixe". Na primavera, partiu em viagem com os olhos cheios de lágrimas, despedindo-se de seus amigos sem saber se os veria novamente. Percebe-se facilmente que, aqui, poesia e experiência são elementos indissociáveis.

Ao passar a alfândega de Shirakawa, ingressou na região norte do Japão, conhecida como Michinoku ou Oku (terras do além, longe de tudo). Ao chegar ao Hiraizumi, compôs: "Ervas de verão/Eis o resquício de sonhos/dos guerreiros de outrora". Trata-se de uma reflexão acerca da batalha travada ali pelo clã Fujiwara quando o Japão estava mergulhado em guerras civis. No local, só restara um campo verde e sem indício de memórias. Mais adiante, ao ouvir o cantar barulhento da cigarra no templo Ryushakuji, escreveu "Que silêncio!/O som da cigarra penetra/por entre os rochedos". A cigarra faz barulho estridente no mundo concreto numa perspectiva intimista, silenciosa. Mais uma vez, o mestre reencontra o estado zen, num ambiente completamente oposto ao do silêncio quebrado no velho lago. Ao partir de Ôgaki, onde permaneceu por um tempo, já no início de outono e próximo ao fim da viagem, lamenta a separação com as pessoas com quem fez amizade: "Conchas de marisco/partidos em dois pedaços/vão-se no outono". Tema recorrente dos seus escritos, a melancolia, ao partir, mais uma vez surge, mínima e delicada. Depois dessa viagem, Bashô continuou a viajar para diversos lugares.

Em 1694, aos 51 anos, faleceu em Osaka. Antes de morrer, deixou o poema "Adoeci na viagem/por entre capins secos/o sonho percorre". Deste modo, descreve-se o indivíduo que sucumbe à doença e que, mesmo assim, quer viajar e percorre no sonho um campo deserto e seco. Esse poema é considerado por muitos como o último poema de Bashô. Todavia, dois dias depois de escrevê-lo,

Bashô teria deixado outro, o qual Masahisa Fukuda considera o verdadeiro haicai escrito à beira da morte, pois demonstra o desapego ao mundo, de forma natural e tranquila, tal qual um adepto da filosofia zen, como ele sempre se comportou e almejou ser: "A cascata límpida/folhas verdes do pinheiro/mesclando com as ondas". As folhas que caíram do pinheiro logo desaparecem entre as ondas, deixando límpida a água da cascata, assim como o desapego à vida, à existência, zen até o último suspiro. Suas obras transcendem o tempo e espaço, tornando-o vivo mesmo nos dias de hoje, sendo apreciadas não só pelas pessoas que vivem no arquipélago japonês, mas também por todo o mundo.

Murilo MENDES

✯Juiz de Fora, Brasil, 1913
✞Lisboa, Portugal, 1975

Murilo Mendes nasceu em 1913, na cidade de Juiz de Fora, Minas Gerais. Dois acontecimentos foram decisivos para a sua decisão de escrever poesia: aos nove anos, presenciou a passagem do cometa Halley e, aos dezesseis anos, fugiu do colégio para assistir às apresentações do bailarino Nijinski no Rio de Janeiro. Considerado um problema pela família graças ao seu desejo de escrever poesia, teve vários empregos até realizar uma missão cultural na Europa e virar professor de Cultura Brasileira na Universidade de Roma. Morreu em 1975, em Lisboa, deixando uma extensa obra publicada e vários poemas inéditos.

Obras principais: *Poemas*, 1930; *A poesia em pânico*, 1937; *Convergência*, 1970.

Murilo Mendes

por Gustavo Melo Czekster*

Por ser poeta de múltiplas facetas, a obra de Murilo Mendes não recebe classificações fáceis. Após um início calcado nos ideais do modernismo, em especial no uso do poema-piada e na vinculação das imagens poéticas às noções de antropofagia, o autor converteu-se ao catolicismo, passando a escrever poesias de conteúdo religioso. Não suficiente, resolveu mexer com a forma dos poemas e adotou elementos cubistas, os quais acabaram evoluindo para o surrealismo, sendo hoje considerado um expoente do movimento surrealista no Brasil. Ao final da sua vida, dedicou-se às poesias memorialistas, abordando temas da zona rural

* Gustavo Melo Czekster, advogado e mestre em Literatura Comparada pela UFRGS, é autor de *O homem despedaçado* (2011).

mineira, e, em *Convergência* (1970), passou a seguir influências concretistas.

Em qualquer escritor, a constante mudança de temas e formas poderia significar hesitação sobre a própria voz poética. Não é o caso de Murilo Mendes, em que estas metamorfoses demonstraram a insatisfação do poeta com os limites impostos pela palavra. Na busca da expressão perfeita do seu subjetivo, ele não tinha medo de abdicar do convencionalismo e da simplificação, perseguindo o poema onde este se escondesse. Tal particularidade deixa a sua obra em permanente estado de surpresa: não se sabe qual corrente artística o autor vai seguir, não se sabe qual a forma com que ele abordará o seu tema. Além da necessária discussão sobre o sentido do fazer poético (precisamos saber a corrente artística para gostar de uma poesia?), esta flutuação no estilo permite ver como o surrealismo já estava no interior das poesias religiosas ou como o memorialismo antecipava os poemas concretistas vindouros. É importante ver que o estilo de um poeta se faz não com a forma da poesia, mas sim com a sua visão de mundo e como ela precisa dar vazão ao universal.

O tema mais comum da obra de Murilo Mendes é o caos, mas não na forma desordenada com que se imagina o seu conceito. De acordo com Alfredo Bosi, para o poeta, o caos era a tônica de tudo, sendo que caberia às suas poesias colocar ordem no universo. Para atingir tal intenção, sua obra trata dos mais diferentes aspectos humanos sem se deter sobre um ou alguns. No mesmo livro, podem existir poemas de forte caráter religioso ao lado de poemas dotados de alegorias e símbolos, poemas dedicados ao amor convivendo em harmonia com outros herméticos, poemas impregnados de atmosfera onírica sucedidos por outros calcados no cotidiano. Combinando as características estilísticas com o caos temático, os livros de Murilo Mendes possibilitam inúmeras leituras e chaves de interpretação, pois o leitor muda a cada etapa de vida e o poema acompanha a sua evolução.

Merece destaque a linguagem. A produção de Murilo Mendes não se notabiliza pela rima fácil ou pela imagem poética simples. Seus poemas são áridos, cortantes, mais dotados de ideias do que de ritmo. Não se entregam com facilidade para o desfrute do leitor, gerando questionamentos e dúvidas. Apesar disso, o desconforto com a leitura e o constante deslizar da forma faz com que o poema se transforme em uma Hidra de Lerna, em que significados distintos surgem toda vez que se imagina ter chegado a alguma resposta. Murilo Mendes não escrevia para conquistar leitores, e sim para desafiá-los a buscar a sua própria poesia, aquela que mora dentro das palavras do outro. Por tal motivo, nunca deixará de ser lido – assim como nunca será objeto de compreensão integral. Murilo Mendes é um autor fragmentado, e cabe ao leitor juntar os pedaços do poeta que se espalham por entre os versos.

Octavio PAZ

★ Cidade do México, México, 1914
✞ Cidade do México, México, 1998

Poeta e ensaísta mexicano, prêmio Cervantes e Nobel de Literatura, nasceu na Cidade do México, capital do México. Passou parte da infância em Mixcóac, na casa da família que guardava a biblioteca do avô, na qual o menino, leitor voraz, teve liberdade para escolher o que ler, pois "nadie prestaba atención a lo que yo leía". Concluído o ensino básico, ingressou na Escola Preparatória Nacional, que lhe oportunizou a leitura de Antonio Machado, Juan Ramón Jiménez, Pablo Neruda e da chamada "Generación del 27". Começou os cursos de Filosofia e Letras e Direito, sem concluí-los, porque "solo quería ser poeta". A estreia foi em 1933, com *Luna silvestre*, marcado pelo protesto social, o qual foi, ao longo da carreira, sendo substituído por questões sobre nosso destino individual e metafísico.

Obras principais: *Luna Silvestre*, 1933; *Libertad bajo palabra*, 1960.

Octavio Paz

por Regina Kohlrausch*

Alguns acontecimentos são fundamentais à formação ética e poética de Octavio Paz. Um é a viagem a Yucatán, em 1937. Ali o poeta e intelectual descobre que o México "tiene otra tradición además de la de México central, otras raíces… la tradición maya". Um segundo é de cunho pessoal, o casamento com a escritora espanhola Elena Garro, sendo o terceiro de caráter profissional e político, a viagem à Espanha para participar do Congresso de Escritores Antifascistas de Valência, quando encontrou-se com

* Regina Kohlrausch é doutora em Teoria da Literatura e professora da PUCRS. Trabalha com correspondência e acervos literários.

poetas espanhóis e hispano-americanos. A convivência com artistas surrealistas permitiu a Paz uma expressão mais "profunda" dos dilemas existenciais, entre eles, a finitude humana, a dificuldade de comunicação e, principalmente, a passagem do tempo, bem como os experimentos com a linguagem, com a poesia visual (como o caligrama) e com o ideograma, presentes nas obras poéticas *Libertad bajo palabra, Piedra de sol e Ladera este* e nos textos ensaísticos entre a ética, a estética e o nacional *El labirinto de la soledad* e *El arco y la lira.*

Além dessa convivência, importantes foram a viagem ao Japão, a estadia na Índia entre 1962 e 1968 e seu retorno ao México após o massacre de Tlatelolco, em 1968, que culminaram em produções poéticas e ensaísticas mais abertas, reflexivas, sentidas, porque nasceram "contaminadas" por essas experiências. Tal contaminação se evidencia em *Piedra de sol* (1957), que confirma uma concepção de poesia em que "un poema no significa nada, pero engendra significaciones: es el lenguaje en su forma más pura". Composto de 600 versos hendecassílabos, mas considerados apenas 584, já que "los seis últimos no se cuentan porque son idénticos a los seis primeros", é a perfeita combinação/contaminação intertextual de referências culturais do passado e da atualidade histórica da época de sua produção. Na capa do livro, "la cifra 585 escrita con el sistema maya de numeración", da mesma forma como as imagens que se referem às datas nas escritas maia e náhuatl, "signos mexicanos correspondientes al día 4 Olín (movimiento) y al día 4 Ehécatl (viento)", sugerem uma construção poética e uma concepção de tempo de "ordem circular" e de "continuidade". A circularidade e a continuidade, por sinal, são antecipadas no título *Piedra de sol*, objeto que personaliza o calendário da civilização asteca. Na sequência, fixadas por um discurso amoroso e erótico, encontram-se referências à guerra civil espanhola, à antiguidade clássica, a revolução francesa e russa, a batalha de Moctezuma e a história de Heloisa e Abelardo, entre tantas outras, explícitas e implícitas. Nelas, não há uma preocupação cronológica, mas sim expressiva, que assinala, simultaneamente, a passagem do tempo e dilemas da condição humana, ambos eminentemente circulares, pois, ao concluir-se a leitura, fica o convite para recomeçar: "un sauce de cristal, un chopo de agua,/un alto surtidor que al viento arquea,/un árbol bien plantado mas danzante,/un caminhar de río que se curva,/avanza, retrocede, da un rodeo/y llega siempre".

É na composição imagética, marcada pela liberdade e sensibilidade, pelo jogo circular, contaminado e intertextual, que o poeta se mostra temporal, como um representante de seu tempo, e atemporal, pela expressão universal da existência humana, que "esta noche me basta, y este instante/que no acaba de abrirse y revelarme/dónde estuve, quién fui, cómo te llamas,/cómo me llamo yo".

Oswald de ANDRADE

✯ São Paulo, Brasil, 1890
✞ São Paulo, Brasil, 1954

José Oswald de Sousa Andrade nasceu um ano depois da proclamação da república, a 11 de janeiro de 1890, na cidade de São Paulo, onde também viria a falecer, a 22 de outubro de 1954, ano do suicídio do Presidente da República, Getúlio Vargas. Se sua vida atravessa momentos de profundas mudanças no país, sua obra acompanha e antecipa tais modificações, sendo considerada, por isso mesmo, revolucionária e vanguardista. Oswald de Andrade foi poeta, romancista, experimentou o ensaio e escreveu peças de teatro que o tornaram referência na dramaturgia brasileira. Além de escritor, foi um intelectual militante de seu tempo: a vida do país, inclusive a vida política, influenciou sua obra, e sua obra documenta as mudanças, sobretudo culturais, que o Brasil atravessou.

Obras principais: *Serafim Ponte Grande*, 1933; *Poesias reunidas de Oswald de Andrade*, 1966; *Do pau-brasil à antropofagia e às utopias*, 1970.

Oswald de Andrade

por Antonio Hohlfeldt*

A produção literária de Oswald de Andrade é múltipla e, ao mesmo tempo, profundamente vinculada entre si, assim como a seu tempo e às oscilações intelectuais e ideológicas de seu autor. Ele escreveu poemas, redigiu ao menos dois célebres manifestos, não só literários quanto culturais, o "Manifesto do pau-brasil" (1924) e o "Manifesto antropofágico" (1928); produziu romances

* Antonio Holfeldt é professor da PUCRS e autor de ensaios sobre literatura brasileira e comunicação social. Escreve ficção para crianças e jovens.

que procurou encadear em ciclos; tornou-se o primeiro dramaturgo efetivamente dramático e com sentido da transformação do texto literário em um espetáculo a ser apresentado no palco (por isso mesmo, sua peça "O rei da vela" só foi encenado em 1965, por José Carlos Martinez Corrêa, no Teatro Oficina, de São Paulo). Foi, enfim, um colaborador contínuo da imprensa paulistana, quando não fundou, ele mesmo, ou participou da fundação de jornais cômicos e críticos, como o semanário *O pirralho* (com Juó Bananère, pseudônimo de Alexandre Marcondes Machado, entre 1911 e 1917), fundando depois a revista *Klaxon* (1922), que servirá como porta-voz dos jovens artistas da Semana de Arte Moderna, e a *Revista de Antropofagia* (1928), que divulgará as novas ideias do escritor; com Patrícia Galvão, e após entrar para o Partido Comunista Brasileiro, cria e edita *O homem do povo* (1931), além de escrever colunas e artigos para muitos jornais da capital paulista, como o *Jornal do Comércio*, *O Estado de São Paulo* e outros, como o *Correio da Manhã*, do Rio de Janeiro. Casou-se várias vezes com mulheres de grande presença pública, como a pintora Tarsila do Amaral ou a ativista política Patrícia Galvão (Pagu). Acima de tudo, e sempre, como ele mesmo afirmou, foi coerente em sua aparente incoerência lutando sempre pela liberdade e buscando persistentemente a criatividade e a inovação literária. Como poucos, em sua época, não teve medo de mudar, para continuar sendo ele mesmo.

Enquanto poeta, sua grande contribuição foi, retomando as iniciativas nacionalistas do Romantismo, evidenciar-lhe as contradições e levá-lo à radicalidade, satirizando-o mas renovando-o, graças ao forte experimentalismo formal que desenvolveu (influências formais de Marinetti e de outros modernistas europeus; da filosofia de Karl Marx e da psicanálise de Sigmund Freud, em especial "Totem e tabu", buscando a naturalidade e a simplicidade do falar para a literatura e a cultura brasileira). Daí a "poesia pau-brasil", que valoriza os aspectos essenciais da nacionalidade, e a "poesia antropofágica" que, sem temer o olhar estrangeiro, quer degluti-lo, transformando-o em matéria-prima de uma brasilidade internacionalizada (para exportação).

Oswald de Andrade fez blague para satirizar o academicismo e o formalismo da literatura nacional de então, o parnasianismo poético e o naturalismo da prosa. Buscou um "modo brasileiro" de dizer e de se expressar, valorizando a paisagem nacional e o tipo humano do país, marcado pela miscigenação (valorizada sob o aspecto do antropofagismo). Misturou ideologia, militância política, psicologia social, psicanálise e, sobretudo, uma enorme sensibilidade para o novo e para o *outro*, o que o levou a se tornar uma verdadeira referência para a literatura e a cultura brasileiras.

Polêmico, Oswald de Andrade foi relativamente esquecido logo depois de sua morte, mas, a partir dos anos 1970, passou-se a reconhecer sua influência sobre a chamada *poesia tropicalista*, voltando a ser lido e ter suas obras reeditadas.

OVÍDIO

✯Sulmona, Itália, 43 a.C.
✞Tomos (atual Constança), Romênia, 17 ou 18 d.C.

Públio Ovídio Naso nasceu em Sulmona, na região dos Apeninos, na Itália. As suas primeiras produções foram marcadas por temas eróticos, o que lhe causou problemas com Augusto César, que pretendia implantar em Roma uma política que enfatizava a moral e os bons costumes. Em virtude do caráter controverso das suas primeiras obras, Ovídio foi condenado ao exílio, fixando moradia em Tomos (atual Constança, na Romênia). Foi no exílio que escreveu obras como *Metamorfoses*, que lhe proporcionariam renome na história da literatura universal. Embora tenha tentado retomar as boas relações com o governo de Augusto, não conseguiu voltar para a pátria, permanecendo no exílio até sua morte.

Obras principais: *Heroides*, 1 d.C. (?); *Metamorfoses*, 8 d.C. (?); *A Arte de Amar*, 8-18 d.C. (?).

Ovídio

por Odi Alexander Rocha da Silva*

Públio Ovídio Naso pertencia a uma família romana da Ordem dos Cavaleiros. Na época do império, a condição social dessa estirpe era muito alta, suplantada apenas pelo imperador e pela Ordem Senatorial. Os pais enviaram Ovídio a Roma para estudar retórica, pois o pai desejava que ele atuasse na área jurídica. Entretanto, após uma viagem pela Grécia, o autor descobriu sua vocação para a poesia.

A sua obra se divide em duas fases: a produção da juventude e a da maturidade. A primeira fase é caracterizada por irreverência

* Odi Alexander Rocha da Silva é mestre e doutorando em Teoria da Literatura. É autor de *Dinâmica de um Sentir*, publicado pela Novas Edições Acadêmicas.

e erotismo. Dessa fase, destacam-se *A Arte de Amar*, uma paródia da poesia didática, uma espécie de manual de sedução, e *Heroides*, um conjunto de cartas de mulheres e homens a seus amados, assinadas por conhecidos personagens da mitologia grega.

A primeira fase de sua obra causou a inimizade de Augusto, que o condenou ao exílio. Conta-se que o autor supostamente teria lido versos de *A Arte de Amar* para Júlia, a filha do César. Este considerou o ato uma ofensa à nova imagem que pretendia para Roma. De fato, após escandalizar o mundo com a vida libertina da corte, Augusto modificou seu governo, enfatizando moralidade, sobriedade e austeridade, buscando reproduzir a ética então atribuída aos fundadores de Roma.

A condenação de Ovídio não parece ter sido de fato um exílio. Na antiguidade, o exílio forçado significava, como hoje, expulsar um indivíduo do país e a proibição de retorno incluía as extensões territoriais. Entretanto, a região próxima ao Mar Negro (onde ficava a cidade de Tomos), na qual o autor se estabeleceu pelo resto da vida, era domínio romano. Assim, Ovídio, embora exilado, continuou vivendo sob a jurisdição do império.

O exílio de Ovídio é até hoje um dos maiores mistérios da história. Sabe-se que seu degredo não passou por deliberação do senado (que era quem geralmente tratava desse assunto), mas foi promulgado em caráter excepcional para atender a um desejo não totalmente esclarecido do imperador. Há notícia de que Ovídio por muito tempo solicitou que sua punição fosse revogada. Embora disposto a conceder a anistia, Augusto faleceu antes de concretizá-la, o que acabou com todas as possibilidades de Ovídio retornar a Roma.

Foi no exílio que escreveu as obras da maturidade. Dentre elas, destaca-se *Metamorfoses*, livro que o tornaria imortal. Valendo-se das crenças da época, Ovídio retrata, em quinze capítulos, a origem do mundo. Ao longo da obra, descreve, com uma mistura proposital de ficção e realidade, a história do mundo em quatro Idades (do Ouro, da Prata, do Bronze e do Ferro). Na sequência das Idades, observa-se as várias etapas da vida, desde o surgimento dos deuses e dos mortais, passando pelas grandes guerras do mundo antigo e chegando, por fim, até a contemporaneidade do autor.

A tristeza, em muitos de seus versos, pela condição de exilado não reflete a sua personalidade. O depoimento de conhecidos revela uma pessoa agradável e habilidosa em fazer amigos. A gentileza, o bom humor e a amabilidade, inclusive, o teriam tornado irresistível às mulheres. De fato, consta que a sua vida amorosa foi bastante movimentada, tendo se envolvido com mulheres com idades muito superiores e muito inferiores à sua. Possuiu ao longo da vida um patrimônio vultoso, sendo dono de várias propriedades em sua terra natal. Em Roma, possuía uma imponente mansão nas proximidades do Capitólio e jardins monumentais junto à área central da cidade. Graças à fortuna, pôde viver no "exílio" com riqueza e conforto até o fim dos seus dias.

Pablo NERUDA

★ Parral, Chile, 1904
✝ Santiago, Chile, 1973

Batizado como Ricardo Eliecer Neftalí Reyes Basoalto, nasceu em 1904 na pequena cidade chilena de Parral. Jovem, mudou-se para Santiago, onde publicou *Vinte poemas de amor e uma canção desesperada*, tornando-se reconhecido mundialmente. Aos 23 anos iniciou sua carreira diplomática como cônsul chileno na Ásia, Argentina e Espanha, onde esteve durante a Guerra Civil. Em 1945 foi eleito senador no Chile, mas teve seu mandato cassado graças à sua filiação ao comunismo. Em 1949 atravessou os Andes a cavalo em busca de exílio enquanto escrevia *Canto geral*. Regressou ao seu país em 1952, recebido como herói. Em 1971 recebeu o Prêmio Nobel de Literatura. Faleceu em Santiago no ano 1973 devido a um câncer de próstata, oito dias após o golpe militar que iniciou a sangrenta ditadura de Augusto Pinochet.

Obras principais: *Vinte poemas de amor e uma canção desesperada*, 1924; *Canto geral*, 1950; *Odes elementares*, 1954.

Pablo Neruda

por Rodrigo de Böer Trujillo*

O conjunto da obra de Pablo Neruda conta um total de 51 publicações ao longo de sua vida e o localiza como um dos poetas mais importantes do século XX, além de uma figura literária essencial para o cânone poético ocidental. Foi o principal agente no processo de reconhecimento da lírica latino-americana em nível mundial e sua influência se estendeu para além dos meios

* Rodrigo de Böer Trujillo, mestre em Escrita Criativa pela PUCRS, é doutorando em Teoria da Literatura na mesma universidade e professor de literatura.

literários, tendo se tornado uma figura pública emblemática na defesa dos direitos humanos e dos oprimidos.

A obra de Pablo Neruda é marcada pela exuberância formal. O domínio da tradição lírica ocidental o possibilitou revisitar de forma inovadora todos os principais gêneros e formas poéticas existentes, como a balada, a elegia e o idílio. Iniciou sua poesia ainda ligado a resquícios românticos e simbolistas do século XIX, trabalhando a partir de formas clássicas como o soneto e a ode, mas logo se aventurou por experiências mais modernas como o poema em prosa e o caligrama, que explora de forma inusitada a imagem do texto. A poesia épica predomina em seus escritos que tematizam a América Latina. Ainda que tenha sido um escritor extremamente disposto a se reinventar ao longo da carreira, nunca deixou de retomar suas tradições líricas inicias, intercalando a criação em gêneros clássicos com experimentalismos modernos ao longo de mais de cinquenta anos de intensa produção poética.

Três temas podem ser considerados os mais recorrentes de sua obra: o amor, o olhar poético sobre o cotidiano e a poesia social. Em sua poesia amorosa, talvez a mais representativa de sua carreira, Neruda explora a essência de amar, desvelando uma estrutura sentimental inerente ao ser humano em todas as épocas e regiões. O amor aparece em todas as suas facetas: sensual, consumado, idealizado, saudosista, melancólico, desesperado, total ou até mesmo ausente, sempre caracterizado como uma força intensa que move a existência do homem. Nesta linha se encontram alguns de seus poemas mais famosos que ganharam leitores ao redor de todo o globo nas mais variadas línguas.

O olhar poético sobre o cotidiano pode ser considerado um tema central em toda a poesia moderna e encontra um de seus ecos mais refinados na obra de Pablo Neruda. Em suas odes cantou com maestria as coisas simples da vida, como o pão, a cebola e o tomate, as praias e cidades chilenas, as estações do ano, o livro, a poesia e o mar, além de sentimentos como a inveja, a tristeza e a esperança. Nestes poemas, o autor oferece uma percepção singular da existência, deslocando os objetos e sentimentos de seu lugar-comum para revisá-los a partir de uma visão mítica da vida que percorre toda a sua poesia.

A vivência da Guerra Civil Espanhola foi o que deflagrou a temática social na obra de Pablo Neruda. No entanto, neste percurso o poeta dedicou-se principalmente a criar uma representação literária total da região latino-americana. O continente aparece em seus versos tanto através de sua flora, fauna e geografia quanto por meio de uma visão panorâmica da história, que revisita desde as civilizações pré-colombianas até os povos oprimidos do período pós-colonial, criando assim uma imagem panorâmica e integrada da América Latina. Ligados à temática social também encontram-se alguns de seus poemas mais datados, como aqueles dedicados a figuras políticas e ao regime comunista, mas que guardam o testemunho de um homem que foi extremamente engajado na construção e transformação de seu tempo histórico.

Paul CELAN

✯Czernowitz, Romênia, 1920
✞Paris, França, 1970

Paul Antschel nasceu em 1920 em Czernowitz, Romênia, em uma família judia de língua alemã. Seu nome original, Antschel (Ancel em romeno), foi por ele transformado, após a guerra, em Celan. Em sua cidade natal, frequentou a escola alemã e posteriormente a hebraica; após o fim dos estudos secundários, transferiu-se a Tours, com o intuito de estudar medicina, porém retornou à casa paterna por ocasião do início da Segunda Guerra Mundial. Seus pais foram deportados pelos nazistas e morreram em campos de concentração. Em 1945 instalou-se em Bucareste, frequentando círculos literários, e em 1948 instalou-se definitivamente em Paris, onde completou seus estudos literários e trabalhou como escritor e tradutor de importantes autores em vários idiomas (russo, francês, italiano, inglês, espanhol, romeno, português, entre outros). Ali viveu até seus últimos anos, quando suicidou-se no rio Sena.

Obras principais: *Arte Poética: O Meridiano e outros textos*, 1996; *A morte é uma flor*, 2008; *Cristal*, 2009.

Paul Celan

por Ricardo Timm de Souza*

Leite negro da madrugada nós o bebemos de noite
nós o bebemos ao meio-dia e de manhã nós o bebemos de noite
nós bebemos bebemos
cavamos um túmulo nos ares lá não se jaz apertado (...)
Paul Celan, excerto de "Fuga da morte", trad. M. Carone.

---

* Ricardo Timm de Souza é professor titular da FFCH/PUCRS. Publicou 22 livros, organizou outros 12 nas áreas de filosofia e literatura.

Paul Celan é um dos principais poetas do século XX, comparado, na literatura alemã, a vultos como Goethe, Hölderlin, Kafka e T. Mann. Teceu sua linguagem poética no entrecruzamento de línguas e tempos muito difíceis – a Shoah marcou especialmente, como não poderia deixar de ser, sua construção de linguagem. Escrevia em alemão, sua "Muttersprache" (língua-mãe) que era como dizia, também, a dos assassinos de sua mãe (Mutter). Além disso, sua aproximação dos movimentos culturais tardo-surrealistas, sua longa convivência com Ingeborg Bachmann, Rose Ausländer, Else Lasker-Schüler, Nelly Sachs e outros importantes escritores do imediato pós-guerra, bem como a multiculturalidade ínsita à sua situação existencial muito particular, acabaram por levarem-no à construção de uma linguagem muito própria, concentrada e de difícil compreensão geral, o que lhe valeu a fama de autor hermético. Extremamente culto, sua poesia dimana continuamente dimensões alegóricas e novas camadas interpretativas, obrigando o leitor a uma atenção extrema ao intrincado fluxo de palavras em movimento num ritmo completamente particular, aliás, praticamente intraduzível em outras línguas, obrigando os tradutores a recriações por vezes formidáveis, que o próprio Celan costumava admirar e encorajar.

É possível caracterizar de forma extremamente geral – e apenas para fins informativos – a construção poética de Celan como uma espécie de *ponto focal* de linguagem onde se encontram e contaminam-se mutuamente duas dimensões extremas de seu tempo e do século XX: por um lado, o horror absoluto do indizível da guerra e do extermínio que se apresenta inelutavelmente à percepção e à sensibilidade do sobrevivente e não pode ser de forma alguma afastado do espectro de referências do dizer; e, por outro lado, uma aguda percutância do futuro que ainda não se consumou e aflora nos fulcros da solidez do acontecido, vida imiscuindo-se por entre os destroços até aparecer em formas quase irreconhecíveis e que apenas a linguagem extremamente sólida e cuidadosa do autor consegue acalentar para que, enfim, apesar de tudo, assuma sua delicada silhueta e ofereça ao leitor um especial gênero de inteligibilidade. Tais dimensões, opostos inconciliáveis, apenas se podem aproximar na decantação poética de um autor como Celan; do passado provém o abismo; o futuro não é chegado, mas sua cristalina aurora deixa transparecer lampejos que o anunciam indubitavelmente. É essa a dimensão recôndita que sua palavra carrega, a dimensão ética do *apesar de*, aquilo que, no dizer de nosso autor, é completamente ético, porque completamente estético – "...no poema... a alteridade dá voz ao que lhe é mais íntimo: seu tempo", disse Celan por ocasião do discurso "Meridiano", quando recebeu o Prêmio Büchner, em 1960, e disse também: "...não estará a poesia no encontro, *no mistério* (Geheimnis) *do encontro*?" Uma poesia, portanto, a de nosso autor, que se autodestruiria por déficit ético, caso coincidisse – *permanecesse* – com sua própria solidão. Desse modo, a linguagem poética de Celan se mostra como uma espécie de pontual *contrapartida poética* do espírito romântico-messiânico de um Walter Benjamin; muito difícil seria considerar que a matéria-prima que os fez criar linguagem desde e apesar de um mundo ruinoso não fosse a mesma.

Paul VALÉRY

✯ Sète, França, 1871
✞ Paris, França, 1945

Valéry foi dos principais herdeiros intelectuais de Mallarmé, cujo salão parisiense ele frequenta uma vez chegado de sua Sète natal. Participa de revistas simbolistas, mas logo abandona por quase vinte anos a poesia para dedicar-se a estudos diversos (ciências, filosofia), retornando a ela em 1912. Corrige seus poemas de juventude (*Album de vers anciens*, 1920) e publica *A jovem Parca* (1917), que lhe abre os caminhos dos salões; em 1922, vêm a lume os célebres poemas de *Charmes*. Segue-se uma copiosa obra de prosador, que abrange a crítica de arte, o diálogo filosófico e o comentário político. Falece como reputado personagem europeu semanas após o fim da Segunda Guerra, o que lhe vale os obséquios nacionais decretados por De Gaulle.

Obras principais: *Monsieur Teste*, 1997; *Paul Valéry: a serpente e o pensar*, 2011; *Fragmentos do Narciso e outros poemas*, 2013.

Paul Valéry

por Rodrigo de Lemos*

À medida que vêm a público novos aspectos da obra colossal de Valéry, vão se delineando duas tendências mestras em sua poesia. A primeira, que se poderia ter por sua grande maneira, é aquela que é também a mais célebre, apresentada nos manuais de literatura e nos liceus franceses. Trata-se de uma poesia tributária do simbolismo de Mallarmé, vazada em versos de feitio parnasiano, composta em um léxico restrito à maneira clássica cuja intransigência não deixa de lembrar o de um Racine. A *Jovem Parca* ou

* Rodrigo de Lemos é doutorando em Literatura francesa pela UFRGS e ensina Língua francesa na UFCSPA, onde também atua como Assessor Internacional.

Semiramide são alguns dos mitos de que se vale esse Valéry para dizer da aventura do intelecto criador, clivado entre o sentimento de suas potências e a luta aguerrida contra tudo o que lhe surge como forças de dispersão: as solicitações da sensibilidade, a aleatoriedade dos eventos do mundo externo que escapam a seu poder. Narciso é o símbolo máximo dessa tendência; a figura do belo pastor beócio fascinado pela imagem perfeita e intocável de si mesmo sobre a água, simulacro que a mais leve brisa sobre a fonte basta a borrar, acompanha todo o percurso do poeta, de seus sonetos de juventude a seus textos derradeiros. Ainda assim, talvez tenha sido no famoso *O cemitério marinho* que Valéry com mais força dramatizou a tensão entre as pretensões autárquicas do intelecto, sua suscetibilidade aos dados dos sentidos (a paisagem marítima) e a inelutabilidade de suas condições reais de existência (a certeza da morte).

Nem por isso a segunda maneira de sua poesia tem recebido pouca atenção de críticos e de entusiastas nas últimas décadas. Trata-se de uma poesia que nasceu, por assim dizer, à sombra da primeira, publicada discretamente em volumes de prosa ou registrada em manuscritos dados a público de forma póstuma. Nela, Valéry revela outra face de sua persona artística, a de um esteta da sensação bruta, anotando as impressões que nele despertam os espetáculos da natureza ou os objetos cotidianos (um nascer do sol, o fremir de uma árvore, as sensações de um banho morno). O recurso às máscaras líricas, tão comum na grande maneira, cede o passo à enunciação pessoal; a forma trabalhada ao extremo dá lugar a agenciamentos menos rígidos (como o verso livre e o poema em prosa), e um efeito geral de rascunho, de inacabado, transparece onde tudo era construção meticulosa. É como se o espírito abdicasse da tentação de sua autossuficiência e se restringisse a relatar as bodas do mundo com o corpo.

Longe de se limitarem à poesia, essas tendências se refletem igualmente na prosa, na qual Valéry também excele. Se os heróis epônimos tanto das narrativas coligidas em *Monsieur Teste* quanto do famoso ensaio *Introdução ao método de Leonardo da Vinci* são figuras da busca de um ostinato rigore intelectual, o Valéry sensualista surge frequentemente na crítica pictórica reunida em *Variedades* ou no belíssimo *Degas Dança Desenho.* O leitor apreciará acompanhar também as evoluções dessas duas linhas mestras na dramaturgia que ocupa a fase final da carreira do poeta (*Meu Fausto, Cantata do Narciso*), bem como nos monumentais *Cahiers,* escritos cotidianamente de 1894 até sua morte, em que Valéry, antevendo por vezes desenvolvimentos da filosofia e da linguística da segunda metade do século, interroga-se sobre temas cuja gama variada compreende a linguagem, a estética, a matemática e a política.

Paul VERLAINE

✯Metz, França, 1844
✞Paris, França, 1896

Filho único após três natimortos, Paul cresce em Paris, com os pais e sua amada prima. Bom menino, rapaz difícil. O pai, ex-capitão do exército, arrumou-lhe emprego público; ele preferia a boemia. O namoro e o casamento com Mathilde Mauté o aquietou até 1871, quando foi demitido por apoiar a Comuna de Paris. Mais tarde, conheceu Arthur Rimbaud. Abandonou por ele mulher e filho, em viagem de poesia, absinto, briga, prisão, ruptura. Em 1877, Verlaine se enamorou de seu jovem aluno Lucien Létinois, cuja morte, seis anos mais tarde, o empurraria ainda mais para a ruína, financeira e física. Foi por essa época redescoberto e aclamado o "Príncipe dos Poetas": passou seus últimos anos dando conferências, publicando, recebendo algum dinheiro para viver. Morreu gasto pela dependência de álcool, aos 51.

Obras principais: *Para ser caluniado: poemas eróticos*; *Voz dos Botequins e Outros Poemas.*

Paul Verlaine

por Maria Clara Carneiro*

No "Epílogo III" de seu primeiro livro, *Poèmes saturniens* (1866), Paul Verlaine elabora um primeiro esboço de seu posicionamento sobre o que é fazer versos. Saúda a Inspiração, o Gênio, a Musa, para depois se escarnecer deles. Ele descrê dos Deuses e, sendo poeta ateu, resta-lhe o método, a ciência, a ser domada assim como o sono. Poema fabricado com Obstinação e Vontade. Seu livro nasce no mesmo ano da revista *Parnaso Contemporâneo*,

* Maria Clara Carneiro é doutora em Teoria Literária pela UFRJ e tradutora.

e da formulação dos preceitos do "parnasianismo": a recusa do lirismo e do sentimento em prol da forma.

Do mesmo livro, "Chanson D'Automne" narra as lamúrias dos "violões de outono" que machucam, trazendo uma dor "monótona". A imagem da "folha morta" se funde com a do Poeta tal qual prediz seu poema introdutório: regido pelo signo de Saturno, sombrio e decadente. Nada incomum para um admirador da poesia de Charles Baudelaire.

Da ligação originária aos parnasianos, preferiu, mais tarde, declarar-se "poeta maldito", uma condição partilhada pela poesia de Arthur Rimbaud e Stéphane Mallarmé. O caminho pela autodestruição lhe parece traçado justamente por ser poeta, na impotência de ser absoluto. Desses malditos, *Pauvre Lelian*, (anagrama para Paul Verlaine), "o pobre Lelian", seria o poeta de coração mais mole, de mais maldita sina.

Se sua poesia buscava provocar os sentidos, não os sentimentos, sua obra é perturbada por alguns amores. O amor secreto pela prima Élisa, a calmaria conjugal com Mathilde, o turbilhão detonado por Arthur, o retorno à paz com Lucien. Preso em 1873 por ter atirado em Rimbaud, em Bruxelas, o soneto erótico que carregava consigo – escrito em colaboração com seu amante –, fez a prisão de Verlaine ser agravada por "pederastia". Foi transferido posteriormente para Mons (Bélgica, entre 1873 e 1874), onde fez as pazes com a fé católica; deixou até a lira romântica tingir alguns de seus versos. O poema que definirá sua poesia foi composto nesse período solitário: "Arte Poética" (1874). Nele, pede transcendência pela musicalidade que o poema produz. A leveza do som fará o poema se desprender, encontrar os céus: "O que é mais vago e solúvel no ar / Sem nada em si que pousa ou que pesa". Após a prisão, passou a viver como professor de francês em Londres, ou em colégios na França, onde conheceu Lucien. Com sua morte, em 1883, Verlaine passou seus últimos anos na sarjeta ou em hospitais.

Sua "Arte Poética" só foi publicada por esse período. O poema provocou Charles Morice, um dos porta-vozes do Simbolismo: o debate em forma de ensaios publicados em revistas fez de Morice seu principal admirador e divulgador, chamando a atenção de leitores e poetas. Paul Verlaine voltou a circular entre poetas, a ser convidado a falar em público, a publicar muitos poemas engavetados (os poemas de cristão partilharam páginas com versos eróticos).

Em si, "Arte Poética" tem nove estrofes de versos de nove sílabas, número em francês que também é homófono de "novo" (*neuf*). Pois ele queria o novo, desembaraçado do preciosismo parnasiano, desprovido da lira romântica. Suas palavras simples e precisas evocam, justamente, uma precisão que não se força, nuançada. Ele não abandona, porém, nem a métrica nem a rima – ainda que pobre. Composto por imperativos, o poema ressoa como um mandamento delicado, como sua poesia quer ser: ímpar e graciosa, leve, esvoaçante. Mais que dizer, ressoe, evoque.

Paulo LEMINSKI

☆Curitiba, Brasil, 1944
✝Curitiba, Brasil, 1989

Paulo Leminski Filho nasceu e morreu em Curitiba. Foi escritor, tradutor, poeta. Trabalhou com publicidade, teve poemas musicados por artistas da MPB e fez várias letras em parceria. Em épocas distintas, circulou por São Paulo e Rio de Janeiro, dizendo-se ao mesmo tempo um "poeta de província". Tornou-se figura polêmica das letras nacionais, construindo uma obra híbrida entre a poesia, a prosa, a tradução e o ensaio, expandida a outras artes, línguas e linguagens. Exercitou o humor e a crítica em dicção "desencontrária". Foi judoca e haicaísta. Casou com Alice Ruiz. Escreveu biografias, cartas aos amigos e impropérios aos inimigos. Além dos livros publicados em vida, deixou organizados *la vie en close* (1991), *O ex-estranho* (1996) e parte de *Winterverno* (2001). Autodenominou-se "cachorro louco".

Obras principais: *Catatau,* 1975; *Vida,* 1990; *Toda poesia,* 2013.

Paulo Leminski

por Rita Lenira Bittencourt*

No volume *Toda poesia* (2013) estão desde os trabalhos iniciais de Leminski, a parte em versos de *Quarenta clics em Curitiba,* de 1976 (sem as fotos de Jack Pires, que compunham a outra metade da obra), e o primeiro livro publicado pela editora Brasiliense, *Caprichos & relaxos,* de 1983 (sem a diagramação original de um poema por página, mas conservando os livros independentes *polonaises* e *não fosse isso e era menos/ não fosse tanto e era quase,* de 1980), os trabalhos mais maduros *distraídos venceremos,* de 1987,

* Rita Lenira Bittencourt é doutora em Literatura e professora. Publicou *Guerra e poesia* (2014). Investiga a teoria moderna e contemporânea.

e *la vie en close*, de 1991, e, por fim, o conjunto de poemas *o ex-estranho*, organizados, em cena póstuma, por Alice Ruiz e Áurea Leminski, o "álbum" *Winterverno*, (sem as imagens de João Suplicy Neto, que compunham a outra metade da obra), além dos *poemas esparsos*, que constavam nas edições independentes mas haviam sido retirados nas posteriores. Assim, em perspectiva panorâmica e cronológica, exibe desde as colagens e experiências verbo-visuais da década de 80 até a dicção que o poeta denominou "parnasiano chique" dos seus trabalhos finais, e embora se perca os diálogos entre as linguagens (com a fotografia, em *Quarenta clics...* e com o desenho, em *Winterverno*) ou não se tenha acesso à diagramação das edições anteriores (especialmente em *Caprichos & relaxos*), o mérito da antologia é o de disponibilizar ao público leitor o que Alice Ruiz define, na apresentação, como "uma vida inteira de poesia". Além do mais, em operação anacrônica, os poemas quase desconhecidos, "esquecidos-recuperados", incluídos nas páginas finais, ampliam e atualizam a produção em versos de Leminski. Não por acaso, o livro permaneceu várias semanas nas listas dos mais vendidos.

Entretanto, essa é apenas uma das pontas do *iceberg* leminskiano. A multifacetada bibliografia do autor abriga textos das mais variadas procedências: desde *Metaformose – Uma viagem pelo imaginário grego* (1994), que seria uma releitura ensaística das *Metamorfoses* de Ovídio e transformou-se em um tratado poético-filosófico-imagético sobre as relações entre mito e poesia; passando por duas tentativas experimentais em narrativa: o romance-fuga *Agora que são elas* (1984), que explora, com muita ironia, a velocidade, a interface das palavras com os meios visuais e os dogmas da teoria literária e da semiótica, e o infantojuvenil *Guerra dentro da gente* (1988), uma espécie de *bilgungsroman* para servir de guia em situações de crise; até os dois livros de crítica, compostos por ensaios inicialmente escritos e publicados em jornais: *Anseios Crípticos 1* (1986) e *Anseios Crípticos 2* (2001), nos quais predominam as reflexões em torno do fazer poesia, das condições e do lugar do artista na cena cultural brasileira e da validade da arte em um mundo dominado pela tecnologia e pelo mercado. Vale ainda mencionar os exercícios de tradução, de línguas variadas e desde épocas distintas: de James Joyce a Petrônio, de Yukio Mishima aos haicais de Bashô; da poesia da geração beat às letras de John Lennon, entre outros.

Falar de Paulo Leminski é, portanto, falar de um trabalho múltiplo, que bebe em fontes polonesas, visita a cultura de massas e o rock, discute a tradição modernista, estuda latim, que se percebe ao mesmo tempo afro e nipônico ou nem um nem outro, além de apontar débito e independência do Concretismo. É falar de um lugar ilimitado: "beatnik tupiniquim", "zen malandro", "bandido", "lampiro mais que vampiro", "parnasiano punk", o poeta foi também *performance* de si mesmo – ou um sujeito em estado de obra.

Percy BYSSHE SHELLEY

✯ Field Place, Inglaterra, 1792
✞ Lerici, Itália, 1822

Percy Bysshe Shelley nasceu em 4 de agosto de 1792, na Inglaterra, e faleceu em 8 de julho de 1822, por afogamento, na Itália. Poeta, ensaísta e tradutor, foi uma das figuras mais importantes e controversas do Romantismo inglês, escrevendo e conduzindo sua vida pessoal em consonância com os ideais da Revolução Francesa. Expulso da Universidade de Oxford, casou-se e teve dois filhos com Harriet Westbrook, abandonando-a após apaixonar-se por Mary Wollstonecraft Godwin. Acompanhados por Lord Byron, Shelley e Mary instalaram-se temporariamente na Suíça, casando-se pouco depois do suicídio de Harriet. A despeito das controvérsias envolvendo seu nome, Shelley obteve reconhecimento de grandes poetas de sua época, e sua obra persiste como uma das mais influentes da literatura inglesa.

Obras principais: *Poesias de Shelley*; *Uma defesa da poesia e outros ensaios*; *Sementes Aladas.*

Percy Bysshe Shelley

por Elaine Indrusiak*

Republicano em uma monarquia; ateu entre cristãos; casado, mas opositor das leis matrimoniais; vegetariano em meio a uma aristocracia que vê na caça um esporte; poucos poetas viveram de forma tão intensa os ideais românticos que professavam quanto Percy Bysshe Shelley. Em grande parte, a rebeldia um tanto juvenil de Shelley pode ser atribuída à sua tenra idade quando de seus primeiros escritos, mas os ventos revoltosos franceses e a

* Elaine Indrusiak, doutora em Literatura Comparada, tradutora e professora do Instituto de Letras e do Programa de Pós-Graduação em Letras da UFRGS.

proximidade do pensador pré-anarquista William Godwin e do legado da feminista Mary Wollstonecraft, pais da jovem Mary, por quem se apaixonou, intensificariam a tendência ao sentimentalismo e à revolta exacerbados também na fase adulta do poeta. Obras como *Rainha Mab*, *Prometeu Libertado* e *A Revolta do Islã*, bem como seus panfletos com ideias radicais, renderam a Shelley reconhecimento como um pensador eloquente e profundamente comprometido com ideais diametralmente opostos àqueles de sua classe social de origem, fazendo da sua voz uma das mais influentes entre defensores das classes oprimidas e proponentes de movimentos de resistência e lutas sociais não violentas ao longo dos séculos XIX e XX.

Paradoxalmente, no entanto, seu controverso reacionarismo interferiria, em parte, no reconhecimento de seus feitos poéticos ainda por algum tempo após sua morte. Apesar de ter flertado com o teatro, foi na poesia lírica que Shelley exercitou seu talento de forma mais sistemática e bem acabada, sem, contudo, evidenciar adesão a um único estilo ou a uma forma composicional repetitiva, mas transitando com maestria entre esquemas métricos rígidos e construções em versos brancos de grande eloquência e musicalidade ímpar. É na lírica, também, que Shelley mostraria seu amadurecimento como artista, substituindo o tom acusatório de seus panfletos e artigos de caráter sociológico por um simbolismo mais profundo e atemporal que revela ponderações filosóficas acerca do bem, do belo e do papel da arte como fator de aprimoramento humano, ideário veiculado especialmente por meio de representações da natureza, sob perceptível influência do grande poeta e seu incentivador, William Wordsworth. Exemplo disso são os poemas *Ode ao vento do oeste* e *A uma cotovia*. Suas reflexões quanto ao papel da arte e do poeta, aliás, estão por trás da belíssima homenagem que prestou ao colega e amigo John Keats, prematuramente morto, na elegia *Adonais*. Mas é em seu célebre ensaio *Uma defesa da poesia* que Shelley explicita sua compreensão quanto aos papéis educativo e transformador da poesia e do poeta, reiterando concepções e valores românticos, muitos dos quais ainda em voga.

Curiosamente, a valorização da arte como registro que desafia o tempo e, nesse sentido, sobrepõe-se ao limitado poder dos homens, mesmo dos grandes déspotas, é o tema de *Ozymandias*, possivelmente o poema de Shelley de maior repercussão na atualidade em função de referências feitas a ele em quadrinhos e filmes de grande popularidade, notadamente a obra *Watchmen*, do quadrinista britânico Alan Moore. Assim como nada restou do grande Ramsés II, a quem o poema faz referência, também do jovem e revolucionário Shelley, que a tantos escandalizou e afrontou e que hoje é eclipsado pela popularidade de sua segunda esposa, Mary Shelley, autora de *Frankenstein*, nada resta além da obra literária. Que ela permaneça, então, sendo frequentemente revisitada e reinterpretada.

PETRARCA

☆ Arezzo, Itália, 1304
✞ Arquà, Itália, 1374

Francesco Petrarca nasceu em 1304 em Arezzo, na Toscana, e morreu em Arquà, em 1374. Em 1315, foi com a família para Avignon, onde estava a corte papal. Ali, na Sexta-Feira Santa de 1327, dia 6 de abril, viu pela primeira vez, na igreja de Santa Clara de Avignon, a Madonna Laura, tema central de sua poesia em língua vulgar. Laura morreu 21 anos depois, também no dia 6 de abril, na grande peste de 1348. Em 1341, o poeta recebeu em Roma o título de *Magnus poeta et historicus,* obtendo também o *privilegium laureae.* Até 1351 viveu entre as cidades de Parma, Verona e Florença, onde conviveu com o jovem Boccaccio e outros intelectuais. Depois de dois anos mais na Provença e oito em Milão, onde foi hóspede de Giovanni Visconti, foi para Arquà. Ali levou até o fim da vida "o eterno trabalho" do *Cancioneiro.*

Obras principais: *O cancioneiro de Petrarca; As Rimas de Petrarca; Francesco Petrarca – O cancioneiro.*

Petrarca

por José Clemente Pozenato*

Petrarca viveu uma época de transição. Tem-se afirmado que ele foi o último intelectual da idade média e o primeiro a anunciar a idade moderna. O conceito de *medium tempus* (tempo intermediário) foi utilizado por ele para sinalizar que um ciclo da história se encerrava e um novo tempo nascia. Ele reflete as concepções ascéticas medievais, de inspiração agostiniana, junto com o surgimento de um novo individualismo com ânsia de expandir-se. Esse

* José Clemente Pozenato é doutor em Letras, poeta, ensaísta, contista e romancista. Traduziu o *Cancioneiro de Petrarca*, editado em 2014 em São Paulo.

conflito entre duas aspirações contrastantes, que busca seu equilíbrio na antiguidade clássica, está na raiz tanto da personalidade quanto da poesia de Petrarca. Em sua obra *Secretum* (*Segredo*) o próprio Santo Agostinho é interlocutor do poeta, fazendo-lhe reprimendas pelo excessivo apreço deste às solicitações da carne: o amor profano, o desejo de glória, a indolência. De outro lado, o *De sui ipsius et multorum ignorantia* (*Sobre a própria ignorância e a de muitos*) pode ser visto como um manifesto do alvorecer do humanismo: de nada valem a retórica e a ciência escolástica se não houver um esforço para se compreender a natureza do homem.

Petrarca mergulhou de corpo e alma na literatura latina: Cícero, Virgílio, Cipião lhe eram familiares, como se pode observar em sua obra. Via nos escritos dos antigos romanos uma fonte de inspiração para renovar a civilização da Europa, transformada e deformada, segundo ele, ao longo dos séculos. Suas obras em latim, hoje menos lidas, recuperam a antiguidade clássica e dão origem a um movimento intelectual que levaria ao Humanismo e ao Renascimento dos séculos seguintes, na Itália e, por extensão, em toda a Europa.

Sua presença na cultura europeia dar-se-á também pela influência generalizada que tiveram seus poemas em língua vulgar. Na França, o contato entre eruditos parisienses e os discípulos de Petrarca foi intenso no século XV, marcando fundamente a lírica francesa. De Portugal, Sá de Miranda viaja também à península e descobre lá a lírica petrarquiana, que por suas mãos chegará a Camões e, aqui no Brasil, a Gregório de Matos. Na Espanha, a poesia de Francisco de Quevedo, mesmo considerando sua originalidade, acolhe ressonâncias de Petrarca. Os sonetos de Shakespeare trazem também a marca das rimas.

Para um mundo que começava a querer se expressar na língua comum, no lugar do latim, o *Cancioneiro* de Petrarca servia de modelo e inspiração, não apenas como forma literária, mas também como concepção. Petrarca propunha uma atenção ao mundo humano, sem por esse motivo romper com a tradição vigente dos Padres da Igreja, como escreveu a seu irmão, o cartuxo Gherardo (*Familiares*, X, 4): "A poesia não está em contradição com a teologia. Diria que a teologia é uma poesia vinda de Deus. Quando

Cristo se chama ora 'leão', ora 'cordeiro', ora 'verme' – que é isso senão poesia? [...] O objeto, no entanto, é diferente, ninguém o nega. A Bíblia trata de Deus e das coisas divinas, a poesia de deuses e de homens". Nessa mesma perspectiva, a de legitimar a poesia de tema humano do ponto de vista cristão, será a grande luta dos renascentistas.

Duas são as obras de Petrarca em língua vulgar: a) *Rerum vulgarium fragmenta*. O título foi substituído, em edições subsequentes, por "Rime" e, depois, por "Canzionere". b) *Triumphi*, ou *I trionfi*. É um poema em terceira rima à maneira de Dante na Divina Comédia.

Primo LEVI

✯Turim, Itália, 1919
✞Turim, Itália, 1987

Nascido em Turim, na Itália, em 1919, Primo Levi fazia parte de uma família judaica. Apesar das leis raciais de Mussolini que proibiam judeus de continuarem seus estudos acadêmicos, Levi conseguiu tornar-se químico. Em 1943, ele se juntou a um grupo de resistência nos Alpes e foi preso pela milícia italiana, sendo enviado para Auschwitz. A sua experiência no Lager por dez meses e o seu relato de sobrevivente tiveram um grande impacto sobre sua trajetória, levando-o a dedicar-se não só à química, mas também à literatura, devido à importância do seu papel como testemunha de uma das maiores atrocidades da história da humanidade. A sua morte em 1987 ainda é um assunto controverso, pois não se sabe ao certo se a queda na escada de seu apartamento foi um acidente ou uma tentativa de suicídio.

Obras principais: *É isto um homem?*, 1947; *L'osteria di Brema*, 1975; *A una hora incierta*, 1984.

Primo Levi

por Laura Louzada*

A vida e a obra de Primo Levi foram moldadas pelos eventos históricos de seu tempo. Quando perguntado se teria se tornado escritor se não tivesse a necessidade de relatar sua experiência em Auschwitz, o autor respondeu que ser um químico e um sobrevivente estava tão ligado com o que ele conhecia como sua personalidade que não conseguiria se imaginar fora dessa identidade. Dessa forma, sua obra de não ficção assim como seus contos e poemas envolvem a sua paixão pela química e as questões judaicas de seu período.

---

* Laura Louzada é mestre em Teoria da Literatura pela PUCRS.

É isto um homem?, em que Levi relata sua sobrevivência no campo de concentração, é um dos livros fundamentais do século XX, porque funciona como um registro dos horrores cometidos sistematicamente e da condição desumana em que os prisioneiros viviam. O texto é objetivo e descritivo, pois há uma necessidade de relatar a verdade e os fatos, portanto não há espaço para a preocupação com o aspecto literário. Mesmo que a obra envolva a obrigação de manter a memória do que ocorreu para as gerações futuras, o talento de Levi como escritor já aparece com o poema que dá nome ao livro. Pode parecer uma escolha inesperada começar o seu relato com um poema, mas é isso que o autor faz. Neste poema aparece a necessidade de engajar o outro com o que será relatado, fazendo com que o leitor se questione sobre a condição humana e a importância da memória. Inicialmente denominado "Salmo", o poema é um exemplo da intertextualidade de sua obra poética com o Antigo Testamento, presente em sua obra apesar do autor não ser religioso. Se nos salmos bíblicos Deus está presente como um aliado dos homens, este é um salmo sem Deus, em que resta aos homens se unirem pela sua história e sua natureza comum.

Para Levi, não há uma demarcação de um limite para o que pode ser tema de poesia. Em *Buna*, há a deterioração do prisioneiro do campo de concentração, que lembra uma reação química que desfaz aquilo que havia anteriormente. A descaracterização é tão forte que o eu lírico se pergunta como seria estar face a face de novo com aquilo que fora. Além da sobrevivência, os perpetradores do Holocausto também são tema de sua poesia. Em *Para Adolf Eichmann*, há uma reflexão sobre os crimes e a captura de Eichmann, que foi responsável pela identificação e transporte de judeus e coordenou seu extermínio durante a Segunda Guerra Mundial.

O principal contato que temos com o que ocorreu no Holocausto é nas aulas de história, em que a vida (e a morte) das pessoas é muitas vezes limitada a números e fotografias chocantes, ou no cinema, com filmes produzidos para fazer os espectadores chorarem, os *tearjerkers*. Um leitor que se interessa pelo assunto e procura uma fonte diferente, pode encontrá-la nos poemas de Primo Levi ou no romance gráfico *Maus* de Art Spiegelman, que também utiliza um gênero não usual para tratar do tema.

RAINER MARIA RILKE

☆ Praga, República Tcheca, 1875
✞ Valmont, Suíça, 1926

Rainer Maria Rilke nasce no dia 4 de dezembro de 1875, em Praga. Rilke tentou a carreira militar, mas sem sucesso. Depois, tentou a área comercial, também sem êxito. Aos vinte anos, inicia seus estudos de Literatura, História da Arte e Filosofia em Praga, Munique e Berlim. Contudo, seu encontro com Lou Andreas-Salomé, em 1897, afetaria o seu caminho. Apaixonado pela intelectual, Rilke a segue, passando pela Rússia, onde conhece Tostói, e por Berlim. Além da relação próxima com Salomé, Rilke é influenciado desde cedo pela filosofia de Schopenhauer e Nietzsche. Outro momento relevante dá-se quando Rilke se fixa na Colônia de Pintores de Worpswede, em 1900. Lá conhece e se casa com a artista Clara Westhoff, com quem tem uma filha, mas separa-se dois anos depois, indo a Paris, para viver próximo aos pintores Rodin e Cezánne. Depois disso, viagens marcam sua vida. Ele morre de leucemia em Valmont, no dia 29 de dezembro de 1926.

OBRAS PRINCIPAIS: *Elegias de Duíno*; *Poemas e cartas a um jovem poeta.*

RAINER MARIA RILKE

por Gerson Roberto Neumann*

A obra de Rainer Maria Rilke pode ser dividida em três momentos: a fase inicial, a intermediária e a madura. Na lírica de Rilke, pode se ler uma dura crítica à ideologia cristã orientada na vida após a morte. O jovem Rilke é leitor das obras de Schopenhauer e Nietzsche, o que já evidencia a ideologia do poeta.

---

* Gerson Roberto Neumann, doutor em Ciências da Literatura pela Freie Universität Berlin, é professor de Literatura e Língua Alemã e de Literatura Comparada da UFRGS.

A primeira fase de sua produção é marcada pela tentativa de refletir a psicologia do ser humano e de observação da natureza. Além disso, sua paixão por Lou Andreas-Salomé resulta no livro *Dir zu Feier* (*Para te celebrar*). Contudo, a obra que marca a primeira fase do poeta é o livro *Stunden-Buch* (*O livro das horas*), escrito entre 1899 e 1903, em que o poeta dá um tom melódico--onírico a uma poesia escrita em ciclos, em diversos lugares percorridos por ele. Nele, Rilke traz para a forma lírica, da mesma forma como eram usados os livros religiosos, de orações, para a orientação e o acompanhamento diário das pessoas à luz das palavras de Deus, poemas em que reflete e dialoga com um Deus que ele quer panteísta. A origem dos poemas está na viagem do poeta à Rússia, na sua observação e no contato com as pessoas naquelas vastas terras, onde existe "fraternidade e um Deus obscuro." Trata-se de um diálogo de um Eu com Deus. *O livro das horas* torna-se uma das principais referências do *Jugendstil* na literatura.

A segunda fase da produção de Rilke é marcada pela observação daquilo que fundamenta a vida humana. Nesta fase, o poeta não busca menos o interior do Eu, mas quer descrever a experiência. Um exemplo desse momento são os seus chamados *Dinggedichte* (algo como "poesia-morta", fazendo-se referência às pinturas de "natureza morta"), característicos do segundo período do século XIX, quando se buscava um objeto ou algum ser e se o deixava falar por si mesmo. A essência da coisa ou do ser deve ser expressa. Geralmente o eu-lírico fica em segundo plano. Um poema bastante conhecido de Rilke desta época é "A pantera" (Der Panther), característico do Simbolismo.

A assim chamada fase madura de Rainer Maria Rilke é marcada por um momento de busca por um lugar seguro na sua vida marcada por deslocamentos. Nesse período, Rilke ainda necessita da ajuda de amigos e conhecidos para viver, e também para não ter que ir ao campo de batalha durante a Primeira Guerra Mundial. Mesmo assim, o período imediatamente após a guerra o deixou improdutivo por longo tempo em virtude das lembranças que a guerra trouxe de suas experiências na juventude, período em que esteve na escola militar. Em 1922, seu mecenas adquire uma residência em que o poeta pode ficar sem custos, o que lhe dá tranquilidade para finalizar as *Elegias de Duíno* e também para trabalhar no *Os sonetos a Orfeu*, consideradas as duas obras mais importantes deste período, em que o poeta se reflete de forma ampla, ou seja, o ser humano em relação a Deus e à morte, a observação da Natureza, os pensamentos e as reflexões.

A lírica de Rainer Maria Rilke foi também explorada pela música através do *Rilke Projekt*, que em 2001 lançou o primeiro CD com poemas musicados e arranjados por artistas. Até o momento foram lançados quatro CDs.

Safo de LESBOS

★ Lesbos, Grécia, 630-612 a.C. (?)
✞ Lesbos, Grécia, 570 d.C. (?)

Estima-se que Safo de Lesbos, poeta grega do período arcaico, nasceu em torno de 630 a.C., em Eresso, próximo de Mitilene, capital da ilha grega de Lesbos, ao nordeste do Mar Egeu. Fez parte do primeiro período da poesia lírica grega, que sucedeu a geração da epopeia, tornando-se o único nome feminino no conjunto de poetas da Grécia arcaica. É considerada a primeira mulher escritora da literatura ocidental. Embora muito de sua história esteja encoberta pelo tempo e pela força do mito, sabe-se que foi uma mulher singular e de imenso talento. Sua obra foi quase totalmente destruída, restando apenas um poema completo, uma dezena de fragmentos mais substanciais, citações breves de autores antigos e cerca de cinquenta peças em papiro.

Obras principais: *Poemas e fragmentos*; *Poemas e depoimentos*; *Hino a Afrodite e outros poemas.*

Safo de Lesbos

por Monique Revillion*

Escrever sobre Safo é mergulhar na transcendência e na beleza de sua poesia, mas também um temerário exercício de filtrar evidências entre hiatos e julgamentos parciais. Para se aproximar da dimensão da pessoa e legado, é preciso ter cautela, seja com os fragmentos de sua obra, seja com os ecos de registros de sua existência, configurados e reconfigurados pela visão de cada intérprete e juiz, numa compreensão moldada e limitada pelas possibilidades de apreensão de sua complexa *persona* e das contingências de cada

* Monique Revillion, escritora, é autora de *Teresa, que esperava as uvas* e *O Deus dos insetos.*

época. Através dos séculos, porém, brilha, indiscutível, a voz da poeta, considerada por Platão como a "décima musa", mantendo-se ainda hoje, 2.600 anos depois, o caráter transgressor e heterodoxo de sua poesia.

A obra poética de Safo pertence àquela categoria de textos seminais da cultura, que se eternizam na forma de demonstrações, análises e interpretações, apesar do fragmentado espólio que restou de sua produção e da dificuldade em traduzir os poetas gregos para os idiomas modernos. Em Safo, mito e realidade se confundem, e é preciso ressaltar que ela se insere em um gênero poético específico, a mélica ou lírica, no sentido de canção destinada à *performance* em solo ou coral, com acompanhamento da lira – daí o nome *lírica*. Trata-se, portanto, de uma poesia de tradição essencialmente oral, feita para ser recitada ou cantada para audiências, em estreita ligação com a vida cotidiana da comunidade.

Em suas poesias-canções elaboradas em dialeto eólico, abordou caudalosamente o amor. Escrevia em linguagem direta e concisa e abordava seus próprios êxtases e sofrimentos, a melancolia do abandono, as sensações do corpo submetido ao agudo das paixões, a natureza em suas múltiplas e belas manifestações, tornando-se um nome lendário e contraditório na tradição poética, ora visto com admiração, ora com repulsa, simultaneamente enigma e maravilha, conforme os antigos a descreveram. Celebra e rende-se a Eros, deus da beleza, do amor e do desejo, assumindo a condição de poeta que concentra seu interesse e sua força na temática erótico-amorosa e no universo feminino. Elevou sua voz em uma sociedade fundamentalmente masculina, expondo o ponto de vista de uma mulher entregue aos arbítrios do amor que é também possessão do corpo e dos sentidos.

Culta e educada, criou uma escola para moças, onde suas alunas, ou *hetairai* (amigas), como eram chamadas, aprendiam poesia, música e dança. Desnudou-se em pungentes versos, mas de sua biografia pouco se pode afirmar com certeza. É dito que se casou com um rico comerciante na Sicília, que teve uma filha chamada Cleis, que foi amante do poeta Alceu e de sua aluna Átis, que se suicidou jogando-se de um penhasco por um amor não correspondido ou que morreu de causas naturais em avançada idade.

Tratando-se de Safo, porém, toda prudência é necessária. Mesmo sua suposta homossexualidade é apenas conjectura, tendo abordado o erotismo em relação a homens e a mulheres igualmente, expressando sua arte com a liberdade necessária para que essa verdade se tornasse uma qualidade visível de sua sensibilidade, numa época em que as noções de moral e comportamento eram muito distintas daquelas que a sucederam.

A beleza de seus versos encantaram plateias que a conheceram, assim como acumula admiradores ao longo dos anos, mas a temática de sua obra não escapou de censuras e deturpações. O seu legado concreto é sua poesia, límpida, tocante, evocativa, cuja potência resiste, intacta, naquilo que nos restou para ser apreciado, hoje ou sob as Plêiades da Grécia da antiguidade.

Samuel TAYLOR COLERIDGE

★Ottery St. Mary, Inglaterra, 1772
✝Londres, Inglaterra, 1834

Samuel Taylor Coleridge nasceu em 21 de outubro de 1772 em Ottery St. Mary, Devonshire, Inglaterra. Foi um menino solitário, que preferia ler a brincar com outras crianças. Ainda jovem começou a usar láudano para tratar problemas de saúde, o que resultou numa dependência que o acompanharia pelo resto da vida e deixaria fortes marcas em seu estilo literário. Travou amizade com figuras importantes associadas ao romantismo inglês, como Charles Lamb e William Wordsworth. Deixou uma obra que se ramifica por gêneros bastante variados, mas é celebrado principalmente como poeta e autor do volume *Biographia Literaria.* Morreu em 25 de julho de 1834, quando morava em Londres com a família do médico e amigo James Gillman, que por mais de quinze anos manteve a dependência de Coleridge sob controle.

Obras principais: *A balada do velho marinheiro,* 1798; *S. T. Coleridge – Poemas.*

Samuel Taylor Coleridge
por Guilherme da Silva Braga*

Graças à força e à influência da obra poética que deixou como legado, Samuel Taylor Coleridge tornou-se uma das figuras mais emblemáticas de toda a literatura inglesa. Em 1798, publicou em conjunto com William Wordsworth o volume *Lyrical Ballads,* considerado o marco inicial do movimento romântico na Inglaterra. O uso de uma linguagem poética mais simples e a adoção de temas próximos da natureza e das pessoas humildes foram os princípios norteadores deste ambicioso projeto.

* Guilherme da Silva Braga é tradutor literário e mestre em Literatura Comparada na UFRGS. Em 2013 foi nomeado tradutor residente do Trinity College Dublin.

A publicação de *Lyrical Ballads* apresentou ao público aquele que viria a se tornar um dos mais célebres poemas de Coleridge: *The Rime of the Ancient Mariner*. O poema apresenta um velho marinheiro que interpela o convidado de um casamento para contar a história da maldição que se abateu sobre o navio em que navegava quando matou o albatroz de bons agouros que acompanhava a embarcação. O vento cessa e o navio permanece estagnado na imensidão do oceano, o que leva todos os demais homens da tripulação a perecer de sede. Como único sobrevivente da tragédia, o marinheiro se vê compelido a vagar mundo afora contando a própria história e disseminando uma mensagem de amor e respeito a todas as coisas grandes e pequenas que existem sobre a terra.

O recurso à temática sobrenatural repetiu-se anos mais tarde em *Christabel* (publicado em 1816), um importante poema inacabado em que a personagem epônima vaga à noite por uma floresta quando encontra Geraldine, uma donzela que afirma ter sido sequestrada por cinco homens e abandonada naquele lugar. Em segredo, Christabel leva Geraldine ao castelo de sir Leoline e a acolhe no próprio leito, onde as duas moças se despem e passam a noite enlaçadas numa cena com fortes sugestões de erotismo e feitiçaria. No dia seguinte, sir Leoline descobre que Geraldine é filha de lord Roland, um velho amigo com quem havia cortado relações. O nobre prepara uma comitiva para anunciar a devolução da jovem ao pai e planeja reatar os laços com o amigo de outrora, porém o bardo encarregado de levar as notícias relata um sonho premonitório e insiste em permanecer no castelo protegendo a filha do barão. Christabel também percebe a influência de poderes mágicos e implora ao pai que expulse Geraldine do castelo, mas sir Leoline irrita-se com a falta de hospitalidade da filha e ordena que o bardo parta em viagem, ignorando os conselhos recebidos.

A influência do ópio sobre a obra do poeta materializou-se em *Kubla Khan* (publicado em 1816), um fragmento breve e fantasioso sobre o imperador que decreta a existência de um suntuoso templo de prazeres em Xanadu.

Apesar de ter empregado rimas, assonâncias e outros recursos típicos da poesia em boa parte de suas obras mais conhecidas, entre 1795 e 1807 Coleridge produziu uma série de oito poemas em versos brancos que abordam temas singelos e nos quais esses aspectos encontram-se em menor evidência. São os chamados "poemas de conversação", que começam fazendo observações aparentemente triviais sobre fenômenos do mundo para então levar o eu lírico a reflexões mais profundas de cunho espiritual ou filosófico.

Cabe mencionar ainda *Biographia Literaria* (publicado em 1817), um livro em dois volumes que explora o desenvolvimento literário de Coleridge e discute questões de estilo, crítica literária e filosofia. Foi nesta obra que o poeta cunhou o termo "suspensão da descrença", ainda hoje usado para descrever o tipo de pacto que se instaura entre o autor e o leitor de obras literárias.

Stéphane MALLARMÉ

✯ Paris, França, 1842
✞ Valvins, França, 1898

Ainda muito jovem, Stéphane Mallarmé começa a escrever poemas. Em 1861, a leitura de *As Flores do Mal*, de Baudelaire, é uma revelação que marca significativamente boa parte de seus poemas. Ele estuda inglês e torna-se professor, trabalhando em algumas cidades francesas até voltar a Paris em 1871. Nesta época, conhece o poeta Verlaine e frequenta os pintores Manet e Renoir. Alguns anos depois, promove reuniões semanais de jovens escritores, como Paul Valéry e André Gide, em seu apartamento e, desses encontros, nasce o movimento simbolista, do qual será considerado o grande mestre. Mallarmé também escreveu uma série de artigos sobre poesia e uma correspondência que demonstra toda a sua preocupação crítica.

Obras principais: *A tarde de um fausto*, 1876; *Divagações*, 1897; *Poesias*, 1899.

Stéphane Mallarmé

por Daniela Lindenmeyer Kunze*

Em vida, Mallarmé foi um poeta pouco reconhecido. Sua poesia, considerada obscura e abstrata, fruto de um trabalho rigoroso sobre a forma, a musicalidade, o símbolo e o poder evocatório das palavras, cativa, na época, apenas uma pequena elite. No entanto, o caráter restritivo de sua obra está longe de desagradar o poeta que se mostra contrário ao sucesso, ao banal e ao comum. Para o autor, a poesia tem algo de sagrado e deve ser acessível somente aos iniciados. Por outro lado, ele tem consciência – e é

* Daniela Lindenmeyer Kunze é mestre pela Université Paris 3 e doutora pela PUCRS. Leciona língua francesa e literatura francesa na UFRGS.

inclusive uma de suas maiores ambições – de estar criando uma poesia revolucionária e, por isso, nem sempre compreendida, e de inventar uma "poética nova" que deve "retratar não a coisa, mas o efeito que ela produz", como ele mesmo resume em uma carta a um amigo, em 1864. Para Mallarmé, a função do poeta é revelar o mistério por meio do símbolo, por isso pode-se distinguir, em sua poesia, algo de precioso, velado e sutil. As palavras, para ele, não têm nenhum valor descritivo, mas somente evocatório: assim como a música, elas devem provocar sensações.

A evolução de sua escrita pode ser dividida em alguns períodos importantes. O primeiro é marcado pela forte influência de Charles Baudelaire. A leitura deste poeta e, consequentemente, a de Edgar Allan Poe é uma verdadeira revelação para o jovem Mallarmé. Neste período, ele parece dominar perfeitamente a relação entre dom e técnica, suas metáforas são mais claras e suas composições de um grande rigor formal. Ele frequenta os círculos do movimento parnasianista e publica poemas em uma importante publicação deste grupo. No entanto, mais impressionista que parnasianista, acaba se afastando do grupo e o segundo período de sua obra é marcado pela escrita do que deveria ser sua "grande obra": um longo poema intitulado *Hérodiade.*

Neste período, o poeta vive uma grande crise estética e espiritual, e trabalha obstinadamente neste drama lírico que nunca será terminado. Ele sonha com um livro que retratasse toda a sua experiência poética, mas não consegue passar da primeira parte. Ao mesmo tempo, Mallarmé trabalha em outro longo poema, que será publicado em 1876, com o título *A tarde de um Fauno.* Nesta etapa, sua poesia torna-se ainda mais obscura e vaga, com construções difíceis e metáforas que imprimem aos poemas uma multiplicidade de interpretações. Estas características se acentuam ainda mais nos períodos seguintes e seus últimos poemas testemunham, também, a preocupação com o caráter visual da poesia e a busca por uma inovação tipográfica.

Por todas estas particularidades e inovações, Mallarmé foi um poeta importante para sua época e para a poesia mundial. É nos encontros semanais, em seu apartamento em Paris, que ele fala a jovens escritores sobre a importância do símbolo e do poder sugestivo das palavras e dos sons. Nesses encontros são delimitadas as linhas de um novo movimento literário e artístico que, mais tarde, terá seguidores não só na França, mas em muitos países: o Simbolismo.

Este poeta deixa como legado, além de seus poemas e do movimento simbolista, diversos artigos sobre a poesia, reunidos no livro *Divagações* (1897), assim como sua correspondência, marcada por reflexões críticas significativas sobre o fazer poético e suas concepções de poesia.

Sylvia PLATH

✭Jamaica Plain, Estados Unidos, 1932
✞Londres, Inglaterra, 1963

Sylvia Plath foi uma das mais dinâmicas e admiradas poetas estadunidenses do século XX. Sua poesia caracteriza-se como um profundo repositório de temas tais como o desespero, as emoções violentas e a obsessão com a morte. Autora de uma obra marcadamente autobiográfica, a poesia de Plath é trespassada por suas angústias e seus sofrimentos psíquicos, seu turbulento casamento com o também poeta Ted Hughes, os mal-resolvidos conflitos com seus pais, e sua autoimagem distorcida. Após algumas tentativas de suicídio, Plath esteve brevemente internada em uma instituição psiquiátrica, onde recebeu terapia de eletrochoques. A poeta recupera-se satisfatoriamente, formando-se em 1955, ano em que também casa com o jovem poeta britânico Ted Hughes.

Obras principais: *A redoma de vidro*, 1963; *Pela Água*, 1971; *Poemas*, 1991.

Sylvia Plath

por Anselmo Peres Alós*

Plath transitou pelos mais diferentes gêneros literários em seu projeto poético. Ainda que tenha se consagrado em função de sua produção lírica, a escritora também se aventurou pelo romance [*The Bell Jar*, 1963], pelo conto [*Johnny Panicand The Bible of Dreams*, 1975], pelo ensaísmo [*The Magic Mirror*, 1985], pela escrita epistolar [*Letters Home*, 1975] e pelo diário confessional [*The Unabridged Journals of Sylvia Plath*, 2000], chegando até

* Anselmo Peres Alós é professor de Literatura Comparada no Programa de Pós-Graduação da UFSM.

mesmo à literatura infantil [*The Bed Book*, 1976; *The It-Doesn't--Matter Suit*, 1996].

O suicídio de Sylvia Plath (asfixia por gás) pode ser aproximado ao suicídio de Virgínia Woolf (por afogamento), e ao de Florbela Espanca (por ingestão de barbitúricos). Plath filia-se a linhagem de mulheres escritoras que encerram sua vida de modo trágico, de maneira que parte da crítica consagrada à escritora fala justamente de uma poética do suicídio e da melancolia nos escritos de Plath. Desde seus primeiros poemas, Plath construiu um mundo de símbolos depressivos, no qual são recorrentes as imagens da lua, do sangue e dos hospitais, das caveiras e dos fetos abortados. Entre suas principais influências, cabe destacar os trabalhos de Dylan Thomas e Marianne Moore.

"The Colossus" é um dos seus poemas mais conhecidos, marcado pelos temas da morte, da redenção e da ressurreição. Após a separação, Path escreveu, em um período de aproximadamente dois meses, cerca de cinquenta poemas em torno dos temas da raiva, do amor, do desespero e da vingança, poemas que juntos compõem o *corpus* que a consagrou com a reputação de poeta mórbida e depressiva. Já os poemas publicados em *Ariel* marcam a entrada de Plath em um universo mais intimista, marcado por influxos autobiográficos e pela descrição de situações de profundo sofrimento psíquico. Memoráveis são os poemas "Tulips" [Tulipas], "Daddy" [Papai] e "Lady Lazarus" [Senhorita Lázaro].

The Bell Jar [A redoma de vidro] é um romance parcialmente autobiográfico, publicado pela primeira vez na Inglaterra (em 1963) sob o pseudônimo de Victoria Lucas, e posteriormente nos Estados Unidos (em 1961) já subscrito com o nome de Sylvia Plath. Plath descreveu seu romance como um aprendizado autobiográfico cuja escrita funcionou como uma terapia que a libertou de seu passado. O enredo é construído a partir de vários *flashbacks* que dão a conhecer o passado de Esther Greenwood, a protagonista do romance, enfocando seus primeiro anos no *college* e a sua relação com o companheiro Buddy Willard. O romance traz como tema central a questão das identidades "socialmente aceitáveis". A narrativa centra-se na busca de Esther por forjar sua própria identidade, a despeito das expectativas sociais criadas em torno dos papéis femininos das décadas de 1950 e 1960. Desta maneira, torna-se icônica ao destacar os problemas enfrentados pelas mulheres que tentam ser autônomas e independentes na sociedade patriarcal estadunidense, em um período no qual o que se espera delas é a realização a partir do casamento, da constituição de família e da rotina doméstica. Todos os homens que orbitam ao redor de Esther são opressivos e emocionalmente dominadores.

T.S. ELIOT

✯ St. Louis, Estados Unidos, 1888
✞ Londres, Inglaterra, 1965

Thomas Stearns Eliot é considerado, ao lado de Ezra Pound, um dos pais do modernismo norte-americano. Nascido em Saint Louis nos Estados Unidos, o poeta, crítico e dramaturgo naturalizado inglês estudou Filosofia em Harvard e transferiu-se para Oxford a fim de fazer seu doutoramento. Na Inglaterra deparou-se com a Primeira Guerra Mundial e com o esnobismo do ambiente acadêmico, abandonando a faculdade. Em vida, o escritor trabalhou como professor, funcionário bancário e se estabilizou como editor de periódicos literários. De temperamento e influências clássicas, seu trabalho também é marcado pela forte presença de Dante, Shakespeare e Baudelaire. Ganhou o Nobel de literatura em 1948. Seu livro de poemas *O livro dos gatos* inspirou, após a morte do autor, o musical da Broadway *Cats*.

Obras principais: *A Canção de Amor de J. Alfred Prufrock*, 1915; *Terra Devastada*, 1922; *Quatro Quartetos*, 1943; *Poesia – antologia*, 1981.

T.S. Eliot

por Arthur Telló*

Na década de 1920, surgiu em Paris a fundação *Bel Sprit*, idealizada por Ezra Pound, cujo símbolo era o pequeno templo grego que havia no jardim de uma das suas "humildes" colaboradoras e cuja meta era subsidiar o ócio criativo de T. S. Eliot, a fim de que o escritor pudesse abandonar o trabalho que o consumia num banco inglês para poder se dedicar à poesia. Esse relato de

* Arthur Beltrão Telló, graduado em Letras português-latim pela UFRGS, leciona grego clássico, literatura e redação. É mestrando em Escrita Criativa na PUCRS.

generosidade, juntamente com as peripécias para a arrecadação de dinheiro e a perda de parte dela em uma corrida de cavalos drogados, nos é contado por Ernest Hemingway em *Paris é uma festa*. Mesmo sem a ajuda idealizada por Pound, Eliot foi dramaturgo, poeta e crítico literário de renome, sendo conhecido por nós, leitores brasileiros, mais por seus ensaios e poemas do que por suas peças.

De fato, a melhor porta de entrada para a poesia do autor se encontra nos seus textos críticos, nos quais o poeta nos mostra que a condição de toda criação artística se encontra na leitura atenta dos criadores que o precederam.

Em "Tradição e talento individual", o poeta define que a condição para todo criador sério e lúcido de seu ofício é que este tenha um *senso histórico*, ou seja, a consciência da presença do passado na atualidade e de que o passado deve ser alterado pelo presente tanto quanto o presente é direcionado pelo passado. O artista é quem tem conhecimento das conquistas estéticas dos poetas mortos assim como dos princípios que norteiam o processo criativo dos vivos. A partir disso, sua criação individual dialogará com a tradição a fim de que sua obra recomponha e se enquadre nas realizações estéticas desta. Para isso, o poeta não deve ter uma personalidade definida, mas ser apenas um *meio* para comunicar emoções e sentimentos humanos em uma forma específica. Disso resultam a artesania e a essência do trabalho criador.

"Terra desolada (devastada/ arruinada)", a mais célebre obra do poeta, é definida por ele como "peças de lamentos rítmicos". O poema, escrito logo após a primeira guerra mundial, é dividido em cinco partes que não compõem um todo coeso, uma vez que cada parte já é em si um mosaico composto por diferentes referências da cultura ocidental, que mostram o quanto a guerra reduziu a civilização a ruínas. O texto começa na primavera; contudo, em vez de ler na doce estação a renovação da vida, sente-se o medo que o futuro nebuloso traz consigo. A morte e o inverno nos mantinham tranquilos, mas o que pode surgir de uma terra arruinada?

Com senhoras pobres inconscientemente citando a última fala de Ofélia afogada, com a futilidade presente em todas as classes sociais e relações amorosas, com um Tirésias observando o sem razão da existência, o poeta vai mostrando e comunicando a matéria humana do poema. Todas essas camadas de civilização e barbárie, de solidão e tristeza, escutam, na última parte do livro, *o que diz o trovão*, que procura "a paz que ultrapassa todo entendimento", gritando, em meio a uma babilônia de línguas da nossa tradição cultural, que cada um saia do seu isolamento para dar tudo que se é, ter compaixão ao próximo, deixar de se fechar em si e ter controle do próprio destino, um destino que seja, enfim, humano e significativo após tantas ruínas.

A obra de T. S. Eliot conta no português com traduções de Ivan Junqueira, Ivo Barroso, Hidelma Ferreira de Faria, entre outros. De maneira geral, seus tradutores tiveram o cuidado de tentar reproduzir fielmente na nova língua toda a grandeza do poeta, por meio das imagens e metáforas queridas ao poeta.

Vicente HUIDOBRO

✯ Santiago do Chile, Chile, 1893
✞ Cartagena, Chile, 1948

Vicente García-Huidobro Fernández é um dos nomes fundamentais da poesia latino-americana, e completa, com Gabriela Mistral, Pablo Neruda e Pablo de Rokha, o grupo batizado de "*Los cuatro grandes*" poetas do século XX no Chile. Beneficiado por nascer em uma família rica e aristocrática, influenciado pela herança cultural da mãe, María Luisa Fernández Bascuñán, também literata, Huidobro viveu o seu tempo. Do cosmopolitismo à poesia de vanguarda, das aventuras de correspondente de guerra ao revolucionário político, da ruptura com a tradição literária às intensas experiências amorosas, da busca radical pelo novo à criação do movimento que levou o sufixo "ismo" aos limites da linguagem. O poeta-criador-militante do Criacionismo proclamou a autonomia do mundo poético e propôs estilo e forma exclusivos.

Obras principais: *Pasando y pasando*, 1914; *Poemas árticos*, 1918; *Altazor o El viaje en paracaídas*, 1931.

Vicente Huidobro

por Natasha Centenaro*

Descrito pelo cineasta espanhol Luis Buñuel como "Famoso poeta chileno", retratado por Pablo Picasso (incluído no livro de poemas *Saisons Choisies*, 1921) e Hans Arp (1931), Vicente Huidobro tem uma vasta obra, com mais de trinta livros, entre poesia, crônicas, manifestos, novelas, dramaturgia e filme (*Cagliostro*), além de revistas e periódicos. Cosmopolita, dividiu-se entre viagens e residências no Chile, na Argentina e na Europa, principalmente, Paris e Madri.

* Natasha Centenaro é escritora, mestre em Escrita Criativa e doutoranda em Literatura Comparada (PUCRS). Autora de *Histórias de silêncio para encenar*.

A atuação política foi constante, motivo pelo qual rompeu diversas vezes com a família, conservadora e católica. Sua mãe, escritora e promotora de salões literários nos moldes parisienses (conhecida pelo pseudônimo "Mona Lisa"), tentou reestabelecer a ordem familiar, mas fracassou, seu primogênito (dentre os homens) era comunista e ateu. Seu único ato religioso era a poesia, sua crença verdadeira. O contexto de instabilidade política e econômica e o florescimento dos movimentos modernistas influenciou de forma decisiva a obra poética de Huidobro. Em contato com nomes como Tzara, Pablo Picasso, Guillaume Apollinaire, André Breton e Salvador Dalí, o chileno se tornou percussor da vanguarda na América Latina ao estabelecer o Criacionismo.

Para ele, o século XX não permitia espaço à literatura, somente reinaria a poesia, no sentido de criação, e junto aos três reinos (animal, vegetal e mineral), acrescentar-se-ia o reino das criações humanas. Pois a poesia é a criação humana sublime ("*El poeta es un pequeño Dios*" – verso que encerra o poema "*Arte poética*", do livro *El espejo de agua*, 1916). O movimento pretendia criar uma nova realidade que tivesse sentido por si mesma, independente da realidade visível e da condição de imitação (a mimese) ou reprodução da natureza. Huidobro pregava a despoetização da poesia e a poetização do que não é poético, não deveria se cantar a rosa, mas deixar a árvore florescer no poema. Desse modo, o poema teria estilo próprio e se diferenciaria da forma tradicional lírica.

É possível observar três fases na sua produção. A primeira, entre 1911 e 1916. A publicação de *Ecos del Alma*, seu primeiro livro, com tendência modernista, apresenta a evolução tecnológica e social da época, como os primeiros automóveis e edifícios. Em 1914, profere a conferência-manifesto "*Non serviam*", texto-base do Criacionismo, no qual propunha autonomia do mundo poético. A segunda, a partir de 1916 até 1921. Em 1916 a obra *Adán* antecipa o livro-poema *Altazor*. Com *El espejo de agua*, o Criacionismo se fundamenta, e os versos passam a servir como chaves para abrir outras realidades. Em 1931 publica *Altazor ou a viagem de paraquedas*. A busca por inovação de forma e estilo fez do poeta-criador pioneiro nos poemas visuais, os caligramas.

Altazor é, sem dúvida, a obra-referência de Huidobro, resgatando o ser da poesia como objeto de linguagem e reconfigurando o poema desde procedimentos específicos de construção sígnica, dotando-o de semiótica exclusiva. Transforma a realidade real pela realidade da imagem verbal ao subtrair a carga semântica aos poucos até culminar na ausência de sentido (últimos versos: Lalalí / Io ia / i i i o / Ai a i ai a i i i i o ia), apenas são, como voltar ao princípio, o princípio do silêncio. Nesse poema, encontram-se características da poesia huidobriana: sem regras de sintaxe ou léxico, os vocábulos se desprendem do sentido comum, há justaposição de palavras, fusões, emprego de neologismos, paralelismos, paroxismos, aliterações e assonâncias.

Vinicius de MORAES

✯ Rio de Janeiro, Brasil, 1913
✞ Rio de Janeiro, Brasil, 1980

Vinicius de Moraes nasceu e morreu no Rio de Janeiro – lugar representativo na sua construção estética. Sua formação, quando criança e adolescente, foi bastante religiosa – aspecto que traz ecos aos seus poemas iniciais; depois de cursar Direito, ganhou uma bolsa de estudos em Oxford e retornou em 1939, devido à guerra. Depois do retorno, assume a função de redator do Suplemento Literário de *A Manhã* e dedica-se, também, à escrita de críticas ao cinema. A carreira de diplomata principiou em 1943 e, em 1946, assumiu o Consulado do Brasil em Los Angeles por cinco anos. Nessa trajetória, aproximou-se de Manuel Bandeira – relação que pode ter suscitado os novos caminhos da sua poesia. A partir da década de 60, aproxima-se da canção e transforma a música popular brasileira.

Obras principais: *O caminho para a distância,* 1933; *Antologia poética,* 1954; *Livro de sonetos,* 1957.

Vinicius de Moraes

por Caroline Valada Becker*

A obra de Vinicius de Moraes é extensa e múltipla: o autor escreveu durante décadas e produziu poesia, teatro, crônica, crítica de cinema e reinventou a canção brasileira. Sua carreira principiou em 1933 com a publicação do livro *O caminho para a distância* e teve seus últimos suspiros na década de 60 e 70, época em que se dedicava à música.

---

* Caroline Valada Becker, mestre e doutoranda em Teoria da Literatura (PUCRS), é professora de literatura. Pesquisa literatura portuguesa contemporânea.

No Rio de Janeiro, formado em direito e buscando consolidar carreira diplomática, o poeta compôs seus primeiros versos ainda muito jovem e apresentou uma tendência transcendental e até mesmo mística (o metafísico e a imaterialidade), cujo tom é mais erudito e neossimbolista; com o tempo, depois dos livros *Forma e exegese* (1935), *Ariana, a mulher* (1936), que se trata de um único poema, e *Novos poemas* (1938), publica *Cinco elegias* (1943), obra na qual apresenta outra forma poética – como assinalam críticos e o próprio autor, uma poesia que se aproxima efetivamente do mundo concreto, mergulhando em sentimentos e em sensações –, o amor, por exemplo, passa a ser representado como algo da ordem do prosaico, de fato carnal.

Vale ressaltar que Vinicius de Moraes é classificado como escritor da Poesia de 30, momento em que assinalamos a maturidade poética da poesia moderna brasileira, o que, para o poeta, acontece na década de 40. Dessa forma, Vinicius de Moraes transformou seu tom poético; do tom místico (título do poema que abre seu primeiro livro), como lemos no verso "O ar está cheio de murmúrios misteriosos", chegamos a uma forma e a uma temática bastante distintas, o amor e suas relações, como lemos no verso "Alguém que me falasse do Amor", retirado do poema "Elegia desesperada". Em paralelo à representação dos sentimentos e das relações do eu lírico com as mulheres, há uma dimensão social inegável, desdobrada, por um lado, na simples percepção do cotidiano; por outro lado, na delimitação poética das tristezas sociais de diferentes ordens, seja a guerra, seja a luta das classes sociais; como exemplo, temos os poemas "A rosa de Hiroshima", "Baladas dos mortos dos campos de concentração", "A bomba atômica" e "O operário em construção".

Em 1939 e em 1957, a publicação das obras *Poemas, Sonetos e Baladas* e *Livro de sonetos* concretiza uma das tendências estéticas de Vinicius de Moraes, a preferência pela forma poética "soneto", contudo, sem o distanciamento erudito da linguagem. Em seguida, o envolvimento com a música dará o tom dos próximos anos até o fim da vida de Vinicius de Moraes. O disco *Chega de saudade*, de João Gilberto, em 1959, consolida a Bossa Nova – nova tendência musical no Brasil – e a relação entre Vinicius de Moraes e Tom Jobim. Em 1962, outra parceria musical transforma as criações de Vinicius, desta vez aproximando-o ainda mais de uma tendência "nacional", marcando a identidade do Brasil por meio dos ritmos; trata-se dos afro-sambas, estilo musical composto com Baden Powell e lançado em 1962, cujo disco tinha o mesmo nome, *Os Afro-sambas*. No ano seguinte, 1963, foi a vez da parceira com Edu Lobo e Francis Hime, cujo resultado foi o prêmio, em 1965, no festival de música da TV Excelsior com a canção "Arrastão".

Por fim, podemos assinalar a intensa relação do poeta, sujeito empírico, com a *persona* criada: havia um desejo, em Vinicius, de viver poética e intensamente. Sua trajetória de escritor apresenta uma transição do tom erudito ao tom popular e sempre que criou – seja a poesia, seja a canção – reinventou o quadro cultural do Brasil.

VIRGÍLIO

★ Andes, Itália, 70 a.C
✝ Brindisi, Itália, 19 a.C.

Filho de agricultor, estudou em Cremona, Milão e Roma. Concluída a formação, voltou à terra natal, onde, na tranquilidade da vida campestre, se dedicou à poesia. Viveu num período agitado da História de Roma, com a guerra civil, a morte de César e os embates de Cícero no Senado, o que imprimiu em sua alma repulsa pelos embates e o amor pela tranquilidade e justiça. Em 41 a.C., os triúnviros desmobilizaram seus imensos exércitos e repartiram os territórios aos veteranos. Ao perder sua propriedade, apelou ao imperador Augusto, do qual obteve a promessa de não ser espoliado dos seus bens. Viajou à Grécia para conhecer os locais onde vivera seu herói Enéas. Vítima de insolação, foi encontrado por Augusto, que o levou de volta a Roma. Não resistiu e faleceu em Brindisi, aos 51 anos. Foi enterrado em Nápoles.

Obras principais: *As Bucólicas,* 42-39 a.C.; *As Geórgicas,* 37-30 a.C.; Eneida, 30-19 a.C.

Virgílio

por Luiz Osvaldo Leite*

Públio Vergílio Maro é considerado por especialistas como o maior autor da literatura latina. É um dos grandes gênios da literatura universal. Dante Alighieri, que o escolheu como guia em sua viagem descrita na *Divina Comédia,* chamou-o *Símbolo da mais alta sabedoria humana.* A influência de Virgílio sobre as Letras e a Educação é fenômeno sem paralelo na História da Literatura.

---

* Luiz Osvaldo Leite, formado em Letras Clássicas, Filosofia e Teologia, é professor emérito da UFRGS e autor de *Jesuítas Cientistas no Sul do Brasil* (2005) e *Octogesima Adveniens... Chegando aos Oitenta* (2012).

As Bucólicas abrangem dez cantos, chamados Éclogas. São inspiradas em Teócrito, mas registram inegáveis influências gregas. São poemas pastoris nos quais *o encanto, a suavidade e a harmonia dos versos excedem todo encarecimento* (Magne). Sugerem atmosfera ideal de ordem e paz. Criam clima espiritual que existe como anseio no coração do homem de todos os tempos. Sua influência não foi inferior à Eneida. Na Idade Média, elas se tornariam famosas, principalmente a IV, quando se tomou o menino que iria nascer para estabelecer uma Idade de Ouro como o próprio Cristo. As Bucólicas marcaram presença nas Letras e História brasileiras. Alvarenga Peixoto sugeriu como divisa da república a ser implantada pela conspiração mineira palavras da I Écloga *Libertas quae sera tamen.* Expressão delas foram extraídas como título de famosos poemas como *Sub Tegmine Fagi* de Castro Alves e *Latet Anguis* de Teófilo Dias.

As Geórgicas, poema didático em quatro cantos, aborda a agricultura, a criação de gabo e a apicultura. Recorda *Trabalhos e Dias* de Hesíodo. São um poema em que Virgílio atinge a sua mais elevada expressão poética.

A Eneida é epopeia nacional em doze cantos. Nela se narram as aventuras do herói Enéas, que após a destruição de Troia, fundou nova pátria. Mas o verdadeiro assunto é o desenvolvimento da grandeza de Roma e os cuidados da Providência pela sua prosperidade, em meio a perigos e sofrimentos. A obra não lhe foi imposta por Augusto. Para Virgílio o Imperador conseguira instituir e manter a *Pax Romana.* Na Eneida, Virgílio fixou sua admiração pelo império romano e sua alegria pelo reestabelecimento da paz, após longos anos de guerra civil.

Virgílio inspirou-se em Homero. Imitou a *Odisseia* nos seis primeiros capítulos e a *Ilíada* nos seis últimos. Homero expressava em suas narrativas singeleza, ingenuidade e inspiração espontânea. Virgílio é mais erudito porque viveu em uma época de civilização mais refinada. Revela maior profundidade em seu texto.

A *Eneida* e as *Bucólicas* influenciaram Camões em os *Lusíadas.* As Bucólicas e as Geórgicas estão presentes em *A Cidade e as Serras* de Eça de Queiroz.

A poesia de Virgílio se caracteriza pela sua sensibilidade e pela sua musicalidade. Ele tinha o dom especial de evocar ideias que ultrapassavam o sentido ordinário da frase.

Vladímir MAIAKÓVSKI

✯ Baghdati, Rússia, 1893
✞ Moscou, Rússia, 1930

Vladímir Maiakóvski é considerado o "poeta da revolução". Nasce, em 1893, na província de Kutaíssi; atualmente, Maiakóvski. Filho de um nobre que empobrece e se torna guarda-florestal do Cáucaso, Maiakóvski tem sua infância na Geórgia. Em 1906, sua família se muda para Moscou, depois da repentina morte de seu pai. Jovem ainda, Maiakóvski se interessa mais pela revolução do que pelos estudos, sendo preso, aos 15 anos, por ligação com os bolcheviques. Ingressa na Escola de Belas Artes em 1910, mas seu interesse pela poesia é evidente. Adere ao cubo-futurismo aos 19 anos e ataca a vida literária conservadora russa. Com sua jaqueta amarela e seu porte atlético, recita versos, por toda a União Soviética, como se estivesse "numa luta de boxe", segundo um crítico. Viaja pela Europa, México e Estados Unidos. Funda em 1923 a revista *LEF* (Liévi Front – Frente de Esquerda). Sua vida sentimental é turbulenta e intensa. Aos 37 anos, sente-se só e o tédio o angustia; suicida-se com um tiro no coração em 14 de abril de 1930.

Obras principais: *Antologia Poética*; *Minha descoberta da América*; *O Percevejo*; *Maiakóvski Poemas*; *Mistério-Bufo.*

Vladímir Maiakóvski

por João Armando Nicotti*

A contradição de sentir de Maiakóvski é presente em sua poética, vibração que se reverte em agressividade em seus versos e em permanente esperança de suas ideias. Da força de sua poesia, é concebida a vitória da convicção revolucionária, que

* João Armando Nicotti, formado em Literatura e curso em Língua Russa (UFRGS), é professor e tradutor de Tchékhov, Górki, Tolstói, Artsibáshchev.

sempre o incentivou a produzir. Aos dezenove anos, Maiakóvski surge como o mais barulhento dos cubo-futuristas que militam na revolução do verso e na velocidade da comunicação através do ritmo surpreendente. Ao atacar o passado literário, o poeta pede passagem à modernidade e, através do dinamismo dos versos e da sonoridade das palavras, ressalta a necessidade de uma poética direta em sua comunicação.

Na leitura de seus versos em público, Maiakóvski é vibrante e ofensivo, assim como seus gestos, extremamente agressivos. Seus poemas de 1915 são provocativos e construídos de modo insólito ao imprimir a noção do trágico e do melancólico. Entre seus melhores poemas estão "A uvem de calças" (Os nervos/grandes/pequenos/inumeráveis/enfurecidos saltam/até que, de pernas bambas, tremem./ E noite adentro meu quarto é espessa paisagem/ onde meus olhos turvos não encontram passagem. – trad. E. Carrera Guerra) e "A flauta vértebra" (A todas vocês,/que eu amei e que eu amo,/ícones guardados num coração-caverna,/como quem num banquete ergue a taça e celebra,/repleto de versos levanto meu crânio./Penso, mais de uma vez:/seria melhor talvez/pôr-me o ponto final de um balaço./Em todo caso/eu/hoje vou dar meu concerto de adeus. – trad. Augusto e Haroldo de Campos e Boris Schnaiderman).

Maiakóvski rompe com a concepção de sublime e a vaguidade sentimental dos simbolistas, pois quer o vulgar. Ao se unir aos bolcheviques, vê o texto ainda mais revolucionário e motivado pela sátira ao passado. A poesia tem que ser utilitária e de caráter social, pois é arte da massa proletária. Na declaração de 1923, os limites entre prosa e poesia, assim como a absorção da fala cotidiana, desaparecem, pois se unem, contrariando o conservadorismo literário. A fusão com a realidade é o objetivo da arte. O paródico e o hiperbólico, respectivamente, surgem em *Mistério-Bufo* e *Os 150 000 000*. Seus versos de circunstâncias e seus cartazes propagandísticos se proliferam na URSS. A ironia, o humor e a cólera inflamada de seus versos são escutados pela massa. Em 1920, aparece um de seus melhores poemas: "Uma aventura insólita". Mesmo sendo sua poesia mais vigorosa do que profunda, com seus objetivos comunistas, Maiakóvski deixa um legado impressionante aos poetas da União Soviética e à moderna e contemporânea poesia russa. "De rua": "Barracas – entre imagens gastas,/ Bandejas sangram framboesas./ Num arenque lunar se arrasta/ Sobre mim uma letra acesa./ Cravo as estacas dos meus passos,/ O tamborim das ruas sente./ Lentamente os bondes-cansaços/ Cruzam as lanças fluorescentes./ Alçando à mão o olho arisco,/ A praça oblíqua põe-se a salvo./ O céu esgazeia ao gás alvo O olhar sem-ver do basilisco". 1913 (tradução de Augusto de Campos e Boris Schnaiderman).

Walt WHITMAN

★Huntington, Estados Unidos, 1819
✝Camden, Estados Unidos, 1892

Walt Whitman nasceu em 31 de março de 1819, em West Hills, Long Island. Seu único livro de poemas, *Folhas de Relva*, foi originalmente publicado em 1855. Ao longo de sua vida, no entanto, Whitman revisou e reeditou *Folhas* outras nove vezes até chegar àquela que considerava a versão final, a famosa versão do leito de morte, em 1891. É considerado pela crítica o pai da poesia norte-americana, o primeiro poeta a dar ao verso norte-americano uma voz distintamente nacional. Whitman faleceu em 26 de março de 1892.

Obras principais: *Folhas de Relva*, 1855.

Walt Whitman

por Vivian Nickel*

Profeta da liberdade, profeta da democracia, monumental, pai da poesia norte-americana, centro do cânone norte-americano. Esses são alguns dos epítetos mais comumente utilizados por críticos literários para se referir ao poeta norte-americano Walt Whitman e sua obra, reunida em um único volume intitulado *Folhas de Relva*. A grandiloquência com que a crítica descreve Whitman é indicativa do impacto profundo que seus versos causaram no mundo da poesia. Embora pouco reconhecida no momento de sua publicação, a obra de Whitman chamou a atenção de grandes nomes da poesia universal, que vão desde o inglês D. H. Lawrence até o chileno Pablo Neruda. Nos Estados Unidos, contudo, somente a partir da segunda década do século XX Whitman passou a

* Vivian Nickel é doutoranda do programa de Pós-Graduação em Letras/UFRGS, bolsista CNPq, com atuação na área de literaturas de língua inglesa.

ser lido com maior atenção e seriedade. Tornou-se, por exemplo, na década de 50, a grande voz inspiradora para poetas da famosa geração *beatnik*, como Allen Ginsberg.

Mas talvez a grandiloquência com que os críticos tratam Whitman resulte também de uma espécie de contaminação pela energia e vitalidade presentes nos seus poemas que, por sua vez, refletem o entusiasmo do próprio poeta com seu tempo. Whitman foi um defensor fervoroso dos ideais republicanos. Enxergava no Novo Mundo a possibilidade de construção de uma sociedade mais justa e democrática, uma sociedade livre e independente do Velho Mundo, dominado por valores ultrapassados de uma aristocracia em decadência. Ao mesmo tempo, contudo, não se furtava de criticar os rumos do desenvolvimento da nação norte-americana, tão incompatíveis com os ideais de liberdade e igualdade que estavam na base da sua formação.

Whitman incorporou seu engajamento político e seu posicionamento libertário a sua obra e criou uma poética própria, completamente inovadora, que não se encaixava em qualquer definição do gênero lírico em sua época. Libertou-se da forma rígida dos versos compostos por seus pares contemporâneos, que insistiam na tarefa esquizofrênica de buscar no velho mundo a forma e os valores para falar dos elementos locais da *América*. O poeta profeta da liberdade revolucionou o verso – explodiu a métrica clássica para inserir no poema a prosa, uma prosa lírica, orgânica, dizem os críticos, de ritmo litúrgico e inebriante. Incluiu o inglês vernacular na linguagem poética e tratou de temas considerados – talvez ainda hoje – tabus, como a sexualidade. Em "Calamo", um dos mais aclamados trechos de *Folhas de relva*, Whitman aborda a questão da homossexualidade em diversos momentos, o que para, pelo menos parte da crítica, apontaria para uma suposta homossexualidade do próprio poeta.

Whitman foi um poeta comprometido com a ideia de uma democracia fraterna. Em "Canção de mim mesmo", por exemplo, Whitman celebrou segmentos sociais raramente presentes na poesia da sua época, e ousou ao apresentá-los ao lado de outros segmentos tidos como mais importantes então. Aqui, aparecem, lado a lado, mulheres, homens, crianças, advogados, médicos, pastores, mecânicos, indivíduos de qualquer classe e religião. O eu da canção, poeta do corpo e da alma, se coloca também no mesmo plano, nem acima nem além, rompendo com qualquer tipo de preconceito ou classificação hierárquica.

Em verdade, não há exagero nenhum em afirmar que a obra de Whitman subverte a lógica binária que rege boa parte do pensamento ocidental, onde um dos termos do par está sempre subordinado ao outro: o corpo à alma, o humano ao divino, a mulher ao homem, e assim por diante. No cosmos whitmaniano, nada é isso ou aquilo (*either or*); somos sempre isso e aquilo (*this as well as that*), somos grandes, contemos multidões.

Waly SALOMÃO

✯Jequié, Brasil, 1943
✞Rio de Janeiro, Brasil, 2003

Filho de pai sírio e mãe sertaneja, viveu sua infância em Jequié, no sudoeste da Bahia. Mudou-se para Salvador para finalizar o ensino médio, graduando-se em Direito na Universidade Federal de Bahia. Nunca exerceu a profissão. Na década de 1960, foi um dos expoentes do tropicalismo, mesmo não se considerando parte do movimento. Inicialmente, tornou-se conhecido como compositor popular, sobretudo depois do sucesso de "Vapor barato", o primeiro de muitos. Em 1972, publica seu primeiro livro, *Me segura qu'eu vou dar um troço*. Foi ainda diretor de espetáculos musicais e da Fundação Gregório de Matos de Salvador, editor da revista *Navilouca* e coordenador do carnaval da Bahia. Seus poemas foram musicados por Caetano Veloso, Gilberto Gil, Jards Macalé e Adriana Calcanhoto, entre outros.

Obras principais: *Me segura qu'eu vou dar um troço*, 1972; *Lábia*, 1998; *Poesia total* (2014).

Waly Salomão

por Vinícius Carneiro*

Waly Salomão viveu intensamente a contracultura dos anos 1960 e 1970. Mas a figura pública, folclórica, carnavalesca e hiperbólica não é a sua poesia, feita de temas constantes, porém sempre revestidos, envoltos em outros cenários, timbres e nuances. Isso fica claro, por exemplo, no livro que o catapultou no cenário literário brasileiro: em *Me segura qu'eu vou dar um troço*, de 1972,

* Vinícius Gonçalves Carneiro é doutor em Teoria da Literatura pela PUCRS. Pesquisa literatura contemporânea brasileira. Trabalha como professor e tradutor.

boa parte dos poemas foram produzidos durante uma temporada no Carandiru. Diferentemente de uma corrente literária da época que buscava exteriorizar os sofrimentos em tempos de ditadura através da literatura, Waly não fala da clausura tortuosa pela qual passou, mas nela encontra o estopim para se forjar como poeta. A experiência na prisão, assim como o cotidiano, "estéril de horrível fixidez", é o momento de libertação, alforria dos *eus* de sua poesia. Constituído de textos em blocos, verdadeiros textos-torrentes, até mesmo seu nome surge em variações – Salomão, Sailormoon, Sal or Moon –, evidenciando identidades que só podem existir enquanto encenação, pois tudo afinal "se passa num plano da aventura da linguagem", paródica, em busca de mais e mais sujeitos.

Se em 1972 o poeta já afirmava que "Só me interessa o que não é meu", no livro seguinte, *Gigolô de bibelôs*, de 1983, essa poética de reinvenção de si e do mundo exibe novos resultados. Com uma escrita por vezes flertando com a poesia visual, a "fome de me tornar em tudo que não sou", do poema "Na esfera da produção de si mesmo", edifica um desejo incontrolável de ser outro a todo instante, incapacidade do poeta de conceber uma identidade una, centralizadora, original. Waly teatraliza a própria voz, que se desdobra irremediavelmente em outros seres e elementos, como em "Barroco" do livro póstumo *Pescados vivos*: "Mundo e ego: palcos geminados. [...] Absolutos que se refratam/difratam.../Espelhos estilhaçados que não se colam". Isso ocorre pois, para o poeta, uma identidade estilhaçada só pode existir enquanto fragmento, variação, máscara.

A teatralização funciona como espécie de única evasão possível da realidade, lugar monótono, onde a identidade fica na reclusão. O jogo de citações e referências artísticas, que vão de Edgar Allan Poe a Ezra Pound, de Fernando Pessoa a Stéphane Mallarmé, de William Shakespeare a Padre Antônio Vieira, é elemento essencial desse universo teatral de rigor e explosão. Em *Algaravias: Câmara de ecos*, de 1990, as inquietações poéticas de Waly e a construção desses personagens descentrados, ambíguos e plurais são laboriosamente travestidas. O reconhecimento de si, porém, agora é definitivamente o outro, espaço da identidade perdida, que aqui se encontra para logo se perder, como no poema "Câmara de ecos": "Cresci sob um teto sossegado/meu sonho era um pequenino sonho meu./Na ciência dos cuidados fui treinado/Agora, entre o meu ser e o alheio/a linha de fronteira se rompeu". Esse "outro" remete também a escritores canônicos, incorporados, modificados, lidos com olhar oblíquo, constituindo uma realidade paralela, teatro distante do *eu* no singular, do passado e da memória.

Afinal de contas, "a memória é uma ilha de edição", como é proclamado logo na abertura de *Lábia*, de 1998.

Nesse livro, como já apontado pela crítica, o teatro de Waly é explorado na amplitude do título: lábia é astúcia, falácia, malícia, mas sobretudo oralidade. Assim se dá a fusão confusa entre a escrita e o oral, traço do declamador Waly e do personagem de Gregório de Matos que interpretou no filme de Ana Carolina (2003). Na conjugação desses dois reinos, um "da mente veloz, do imediato, das súbitas vozes intervenientes, do espírito em chamas", outro "do adiamento, do recalque, do mediato", podemos entrever a metonímia de outro elemento intrínseco à poesia do compositor de "Vapor barato": arriscar-se "entre a espontaneidade coloquial e o estranhamento pensado", desmitificando em poemas as fronteiras entre poesia e prosa, fala e texto, coloquial e erudito.

Todos esses elementos – o poeta na contemporaneidade, a identidade esfacelada, a multiplicidade de identidades, "a chama da metamorfose", o mundo como teatro, o teatro como eternamente mutável, o oral na escrita, a escrita do oral – confluem em um todo coerente de incoerências, sem receitas poéticas. Seus livros de poesia compilados não poderiam se chamar *Obra Completa*, presa aos grilhões de um título que sugere conclusão, acabamento, mas sim *Poesia Total*, como a explosão de um universo fadado à expansão, à invenção de máscaras, capaz de "Penetrar até o âmago de cada código e desprogramar bulas e posologias prévias".

WILLIAM BLAKE

★Londres, Inglaterra, 1757
✝Londres, Inglaterra, 1827

Poeta, pintor e gravurista, foi uma figura controversa. Nasceu em uma família de classe média em Londres, onde morou durante toda a vida. Deixou a escola aos dez anos, e a leitura da Bíblia acabou exercendo um papel fundamental em sua formação. Ainda menino, tinha sonhos e visões maravilhosas de deus e de anjos. Essas visões místicas o inspiraram a escrever poesia, influenciando fortemente sua obra. Frequentou a Royal Academy of Arts, onde apesar de conflitos com os professores expôs os primeiros trabalhos. Casou-se com a humilde Catherine Boucher, que foi uma dedicada companheira até o fim da vida. Escreveu e ilustrou dezenas de obras próprias e de autores clássicos como Milton e Dante. Visto como louco por muitos de seus contemporâneos, Blake foi negligenciado por décadas e morreu em condições precárias.

OBRAS PRINCIPAIS: *O casamento do céu e do inferno*, 1793; *Canções da inocência e da experiência*, 1794; *O livro de Urizen*, 1794.

WILLIAM BLAKE

por Mariana Donner da Costa*

Com um estilo único e inclassificável, a obra poética de Blake dificilmente pode ser dissociada de sua obra pictórica. O autor ilustrou uma boa parte de seus escritos com uma técnica própria de impressão, que lhe teria sido revelada em uma visão pelo irmão então já falecido. O método, denominado gravura iluminada, consistia em transferir os poemas para chapas de cobre, às quais eram adicionados adornos em duas ou mais cores de tinta,

* Mariana Donner da Costa é formada em Língua e Literatura Latina e mestre em Literatura Comparada pela UFRGS. Desde 2004 trabalha com produção editorial.

e após a impressão o autor finalizava cada página com desenhos a nanquim e a aquarela. Essa técnica fez com que cada exemplar da primeira edição de *Canções da inocência*, seu primeiro livro de poemas ilustrados, fosse uma obra de arte única quando da publicação em 1789. Cinco anos mais tarde, Blake uniu a esta coletânea uma nova série intitulada *Canções da experiência* e publicou-as em um único volume conceitual composto por quarenta e seis poemas. A inocência e a experiência são estados opostos da alma humana, diz o subtítulo da obra – que reflete, em cada uma das duas partes, ideias similares vistas por perspectivas diferentes. A inocência é representada nos poemas pela infância e pela alegria, em figuras como o pastor, o cordeiro e o florescer da primavera. A experiência, adquirida pela vivência de situações de medo, opressão e corrupção, marca o fim da infância e a perda da inocência. O dinamismo entre os conceitos é marcado nesta parte por imagens como a tristeza, a vingança e a ferocidade – esta última simbolizada em um dos mais emblemáticos poemas de Blake, "O tigre", cujo ritmo marcado dos versos repletos de aliterações retrata o poder da natureza pulsante na obra do autor.

A temática dos opostos foi explorada novamente em *O casamento do céu e do inferno*, escrito entre 1790 e 1973. Blake acreditava na eterna unidade dos contrários, como expressa no Argumento que inicia a obra: "Sem contrários não há evolução. Atração e repulsão, razão e energia, amor e ódio são necessários à existência humana". A obra, composta por poemas, prosa e provérbios, foi escrita em um período bastante conflituoso política e culturalmente na Europa, e Blake fez transparecer todo seu descontentamento com a sociedade de então satirizando a opressão tirânica da igreja e do estado. Outro alvo notável da ironia do autor foi Emanuel Swedenborg, filósofo sueco cuja obra, mesmo tendo sido uma influência decisiva para a concepção mística do universo de Blake, representava uma visão moral extremamente maniqueísta da vida – dualismo este que o poeta repudiava.

Blake acreditava que seus escritos visionários não podiam ser lidos e compreendidos por pessoas comuns, e, de fato, *O casamento do céu e do inferno* oferece um leque imenso de interpretações. Para muitos críticos o livro é um marco do Romantismo, pois em suas páginas o autor contesta abertamente a supremacia das leis e da razão. Apesar de não ter recebido a devida atenção em sua época, essa obra teve uma influência incontestável na literatura do século XX. O vigor criativo de seus versos fascinou gerações de escritores, como Huxley e C. S. Lewis, além de ter inspirado autores do movimento *beat* e bandas de rock, tornando William Blake um verdadeiro ícone para a contracultura.

William BUTLER YEATS

☆ Sandymount, Irlanda, 1865
✝ Menton, França, 1939

Foi um poeta e dramaturgo irlandês, ganhador do Prêmio Nobel de 1923, e figura proeminente da literatura do século XX. Participou do movimento chamado Renascimento Literário Irlandês e foi cofundador do Abbey Theatre, importante centro cultural de Dublin. Começou a publicar em 1886, mostrando no início uma imaginação fantasiosa e romântica. Voltou-se para as tradições culturais celtas e procurou sempre focar conteúdos e temas relacionados com a Irlanda. Após 1910, foi profundamente influenciado por Ezra Pound e a poesia modernista. Devido a sua liderança cultural, foi eleito senador do Estado Livre da Irlanda em 1922. Em 1934 compartilhou o Prêmio Gothenburg de poesia com Rudyard Kipling.

Obras principais: *Poemas*; *Poesia da recusa.*

William Butler Yeats

por Myriam Ávila*

W.B. Yeats é frequentemente mencionado como poeta modernista, mas muitos de seus poemas mais apreciados não o caracterizam como tal. Sua obra costuma ser dividida pelos críticos em duas partes, anterior e posterior a 1910. Em sua primeira poesia, Yeats escreve poemas de teor simbolista sobre os mitos e lendas celtas, passadas em cenários esfumados. São poemas que até hoje atraem um grande público, principalmente no universo anglofônico, por sua tendência ao misticismo e ao escapismo. Como indivíduo, Yeats continua místico até a velhice, mas sua poesia

* Myriam Ávila é professora de Teoria Literária (UFMG). Obras: *Rima e solução* (1995), *O retrato na rua* e *Douglas Diegues por Myriam Ávila* (2008).

torna-se, a partir de seu contato com Ezra Pound, mais realista e objetiva e atinge seu momento de maior maturidade com o livro *A torre*, de 1928, cinco anos depois de receber o Nobel. O leitor brasileiro provavelmente apreciará mais os poemas da segunda fase, vários dos quais traduzidos por Augusto de Campos, Nelson Ascher, Paulo Henriques Britto, Paulo Vizioli, Péricles Eugênio da Silva Ramos e Ivo Barroso. Porém, Yeats não se mostra nunca um poeta de fácil leitura, como ele mesmo adianta no poema "The fascination of what is difficult" ("O fascínio pelo que é difícil"), onde declara ter perdido a espontaneidade ao buscar o rigor da construção, mas nem por isso desistirá de criar.

É interessante ver que alguns dos seus mais qualificados admiradores, como Ezra Pound e o também Prêmio Nobel T. S. Eliot, ao mesmo tempo em que reconhecem sua genialidade, percebem problemas e defeitos que, em determinados momentos, podem comprometê-la. As críticas do primeiro foram feitas diretamente a Yeats e, mesmo que nem sempre aceitas de imediato, levaram o poeta a rever seus procedimentos. Eliot, em conferência no Abbey Theatre (1940), deixa clara sua preferência pela poesia madura do irlandês e afirma: "Ser capaz de louvar alguém não se resume, necessariamente, a estar sempre de acordo com a pessoa louvada".

Um ponto destacado por Eliot em sua conferência é o caráter inimitável da poesia de Yeats. De fato, trata-se de uma poesia de personalidade ímpar, difícil de resumir em poucos traços, sempre inesperada e original. Suas imagens e sua linguagem têm uma força muito própria e parece sempre pairar algum mistério em seus poemas, mesmo os mais curtos e objetivos. Note-se também, nos últimos poemas, o constante autoquestionamento diante da velhice e da aproximação da morte. Um dos seus poemas mais comentados, "Leda e o cisne" (1923), apresenta de forma poderosa o estupro de Leda por Zeus encarnado em cisne. O poema começa já com um "baque súbito", sem nenhuma preparação prévia. Dir-se-ia que ele despenca sobre o leitor como o cisne sobre Leda. O protagonista é a violência, mais do que a mulher que a sofre ou o deus que a pratica. O refinamento estético do verso, no entanto, contrasta com a brutalidade do ataque, criando ambiguidades de leitura que impedem um juízo definitivo sobre o tema.

Em "After long silence" (Depois de um longo silêncio), um dos seus últimos poemas, Yeats compõe a cena de reencontro de um homem e uma mulher em idade avançada. O poema é construído com exímio uso de cesuras e enjambements e encerra-se com um dúbio dístico: "A decadência do corpo é sabedoria, jovens/ nós nos amávamos e éramos ignorantes". A palavra jovem, invadindo o verso que deveria ser reservado aos idosos, desafia a ideia da sabedoria desses últimos.

Ousado em versos, imagens e até mesmo na capacidade de evoluir durante todo o seu período produtivo, Yeats dificilmente agradará ao leitor em todos os poemas, mas será capaz de provocar profundo impacto em muitos e muitos deles.

William SHAKESPEARE

☆ Stratford-upon-Avon, Inglaterra, 1564
✞ Stratford-upon-Avon, Inglaterra, 1616

Pouco se sabe sobre a vida de Shakespeare. Seu batismo foi registrado na igreja de Stratford-upon-Avon no dia 23 de abril de 1564. Em 1582, casa com Anne Hathaway, ele com 18 anos, ela com 26. Seis meses depois, nasce Susanna. Em 1585 nascem os gêmeos, Hamnet e Judith. Shakespeare se muda então para Londres, integra o grupo teatral dos *Chamberlain´s Men* e lança a carreira de dramaturgo, que lhe trouxe fama e fortuna. Em 1611, já rico, volta para sua Stratford, onde morre a 23 de abril de 1616. Diante de seu túmulo, na Holy Trinity Church de Stratford, há um fluxo contínuo de turistas e apaixonados por sua obra, que sobrevive há mais de quatro séculos. Shakespeare é tão único que ninguém pode dizer que dele descende, pois seus netos não tiveram descendentes.

Obras principais: *Romeu e Julieta*, 1593-1595 (?); *Macbeth*, 1599-1606 (?); *Hamlet*, 1599-1602 (?); *Sonetos*, 1609.

William Shakespeare

por Élvio Funck*

O que conhecemos da vida de Shakespeare ocupa apenas duas ou três páginas, mas as quarenta obras que dele herdamos, pouco mais de mil páginas, já encheram bibliotecas inteiras com livros dedicados ao estudo de sua obra teatral e poética. Calcula-se que as manifestações mediáticas da obra de Shakespeare, aí incluindo traduções, conferências, artigos especializados, teses e dissertações, resenhas, representações teatrais, filmes e livros, cheguem a mil e quinhentas por ano, uma inacreditável média de cinco

* Élvio Funck é ph.D. em Literatura Inglesa. Foi professor na UFRGS e Unisinos. Publicou *Breve História da Inglaterra* e traduziu obras de Shakespeare.

ou seis por dia. Não há um só dia em que não ocorra um evento mediático ligado a Shakespeare. É praticamente impossível, numa vida inteira, ler tudo o que já se escreveu sobre, por exemplo, *Hamlet, Otelo, Rei Lear e Macbeth.* Não seria isso motivo suficiente para lermos Shakespeare? Mas o que há nele de tão magnético? Por que tantos por ele se apaixonam e tantos não lhe dão importância, considerando-o mesmo um chato? Esta é uma pergunta difícil de responder, ou devemos dizer que há um mistério em Shakespeare, ainda por ser desvendado. Se olharmos a figura de Shakespeare estampada no frontispício do *First Folio,* temos que reconhecer que ele é a Mona Lisa da ribalta, enigmático e provocador. Matthew Arnold, em seu poema sobre Shakespeare (1849) arrisca uma resposta: "Outros aceitam nossos questionamentos. Tu és livre. / Te perguntamos e perguntamos – Tu sorris e não respondes." A maioria dos escritores se esgota perante nossas críticas e perguntas. Shakespeare é inesgotável, como insinua Arnold.

Para Spurgeon, Shakespeare revela como ninguém os mistérios do homem, sua glória e seus fracassos, sua covardia e seu heroísmo, sua sordidez e sua sublimidade, o anjo e o demônio que nele se escondem. Shakespeare já viu o humilde operário que, de chinelos de dedo, limpa os banheiros do aeroporto e devolve ao dono a carteira perdida, recheada de dólares; mas ele também viu o político sórdido, vestido a rigor e usando sapatos importados, que rouba do povo, a quem diz amar e representar, o dinheiro que iria para hospitais e escolas. Em *Medida por Medida,* Vicêncio nos adverte que se a impunidade não for coibida e continuar a rasgar o tecido social, "o nenê acabará dando uma surra na babá", o que nossos jornais mostram diariamente.

Shakespeare precedeu Freud em quatro séculos, pois põe seu bisturi bem fundo na psiquê humana. Em sua obra sobre Freud, o psicanalista J. B. Pontalis se pergunta quem, entre Freud e Shakespeare, terá ido "mais longe, mais fundo na exploração da alma humana, dos conflitos que a dilaceram, dos tumultos que a agitam, das forças obscuras que a atravessam, dos fantasmas que a habitam, da loucura que dela se apodera". O divã de Freud se vislumbra em várias das peças de Shakespeare, como quando, por exemplo, em *Macbeth,* Malcolm diz para Macduff que não deixe de expressar suas angústias, para que seu coração não arrebente, ou quando Hamlet se vê obrigado a calar sobre a dor que o oprime ao ver seu tio adúltero e incestuoso e sente que seu coração se dilacera. Pela obra toda de Shakespeare perpassa a reflexão que o velho Ovídio fez sobre o homem: *Video meliora proboque, deteriora sequor.* O que importa se sabemos tão pouco sobre o homem Shakespeare? Nada. Temos sua obra, graças ao *First Folio* de 1623 e isso nos basta. No poema que encabeça o *First Folio,* Ben Jonson já diz que, para conhecer o gênio de Shakespeare, temos que ler sua obra. Quem lê pouco Shakespeare dele se afasta; quem o lê muito, chega mais perto do "conhece-te a ti mesmo".

William WORDSWORTH

★Cockermouth, Inglaterra, 1770
✝Rydal, Inglaterra, 1850

Nome central da literatura inglesa, William Wordsworth é o grande poeta da natureza, da memória e da temporalidade. Ao lado de Coleridge, lançou em 1798 o volume *Lyrical Ballads*, preconizando a dicção coloquial e a tematização do cotidiano. Poeta laureado desde 1843, o declínio de seus versos, na vida madura, corre de par à adoção de posições cada vez mais conservadoras em Literatura e Política. Os poemas escritos até 1815, contudo, garantem-lhe um lugar cativo entre as vozes mais importantes dos últimos séculos, e uma das mais originais de todos os tempos.

Obras principais: *Grandes poetas da língua inglesa do século XIX*; *O olho imóvel pela força da harmonia.*

William Wordsworth

por Emílio Maciel*

Na segunda estrofe de "Tintern Abbey", um dos poemas mais conhecidos de William Wordsworth (1770-1850), o eu lírico se refere ao sentimento sublime ativado pela paisagem da infância, após cinco anos de ausência. Em contraste com a anomia da vida na cidade, o reencontro com o passado, no torrão de origem, emerge então como um misto de refúgio e tônico espiritual, afetos investidos de uma aura sagrada pelo uso inusitado do adjetivo, associado de praxe a guerras, tempestades e situações de perigo. No poema em questão, contudo, ele retorna como cifra de emoção intensa, imensa e indefinível, cuja força passa menos pelo que há de extraordinário nos eventos narrados – a rigor, nada mais que

* Emílio Maciel é doutor em Literatura Comparada pela UFMG e professor de Teoria Literária no ICHS/UFOP.

um passeio solitário às margens do rio – do que pelo impacto que provocam na mente do poeta, capaz de converter paisagens banais num complexo palimpsesto de memórias. Retornando, com modulações diversas, em vários de seus maiores poemas, como "The prelude" e "Intimations of immortality", esse súbito estranhamento do cotidiano, ao conferir um peso a um só tempo monumental e fantasmagórico a instantes quaisquer, inscreve-se como um dos traços mais cruciais e recorrentes de toda a poesia moderna – embora estivesse longe de ser ponto pacífico quando do lançamento de *Lyrical Ballads*, em 1798, coletânea que, sem exagero, assinala o início de uma nova época na lírica ocidental.

Escrito em parceria com Samuel T. Coleridge, o volume confere à vida das pessoas comuns o mesmo peso e relevo de uma ação heroica, desferindo assim um golpe mortal na velha divisão de estilos neoclássica, ao pôr em xeque a ideia da dicção trágica como atributo exclusivo das classes senhoriais. Numa época em que a aposta numa sociedade livre de hierarquias era, na melhor das hipóteses, uma ideia assustadora, a possibilidade de nivelar e misturar alto e baixo, cotidiano e sublime, soava quase tão subversiva e perigosa quanto a Revolução Francesa, sua contemporânea, o mesmo valendo para o louvor à autenticidade e universalidade das emoções das pessoas simples, um dos motes centrais do célebre prefácio acrescentado à edição de 1802. Selando uma ruptura decidida com as convenções do decoro – ao defender uma poesia com foco nos acidentes da vida comum e nas flutuações da memória –, esse prefácio pode ainda ser considerado um texto sem precedentes pelo tratamento nada paternalista que dispensa ao Leitor, convocado como um valioso aliado da reviravolta estética em curso. Ao mesmo tempo, ao definir o poeta como alguém capaz de "conjurar em si mesmo paixões" e se deixar "afetar pelas coisas ausentes como se fossem ausentes", o grande manifesto de Wordsworth chancela o primado da autoridade do eu sobre o aparato de convenções herdadas da Antiguidade Greco-Romana, marcando o corte a partir do qual, em boa medida, de prática destinada a reproduzir valores socialmente partilhados, na esteira do "instruir e deleitar" horaciano, a poesia passa a ser entendida sobretudo como uma exploração dos impasses do tempo e da identidade, tendo sempre por mediador as lentes da memória. Com seus sutis entrelaçamentos de percepção e imaginação, de sensação imediata e aprofundamento reflexivo, trata-se de um viés que, de Bandeira a Stevens, de Milosz a Bonnefoy, constitui por si só uma sólida prova do incalculável impacto e influência desse poeta, cujo efeito tão incisivo sobre nossos modos de ver, sentir e pensar corre o risco de ser confundido com nada mais nada menos que a própria Realidade.

Wisława SZYMBORSKA

☆ Kórnik, Polônia, 1923
✞ Cracóvia, Polônia, 2012

Nascida em 1923, Wisława Szymborska viveu na Cracóvia dos oito anos até a morte, em 2012. Popular na Polônia, teve a obra reconhecida mundo afora após o Nobel, recebido em 1996. Autora de treze pequenas coleções de poemas, uma delas póstuma, viu os primeiros versos publicados em periódicos regionais logo após a guerra, a partir de 1945. Considera-se sua estreia literária *Wołanie do Yeti* (*Chamando por Yeti*), de 1957. Reservada, não dava muitas entrevistas nem falava sobre a vida privada. Teria tido cães, gatos, pássaros? Em sua poesia, há todos. A vida estava nos versos. Em um irônico poema que se salvou da fogueira rigorosa da artista, ela diz que um currículo deve ser curto, mesmo que a vida seja longa. Perguntada sobre por que não publicava mais, disse ter uma lixeira em casa.

Obras principais: *Paisagem com Grão de Areia*, 1996; *Poemas*, 2011.

Wisława Szymborska

por Moema Vilela*

No discurso ao receber o Nobel, uma das poucas vezes em que não escapou de falar publicamente sobre literatura, Wisława Szymborska disse que a inspiração nasce de um contínuo "não sei". Uma curiosidade que não é sufocada por reveses, sempre instigada a fazer uma nova pergunta. A descrição cai bem na obra da autora, nos temas recorrentes da perplexidade, da incerteza, da valorização do particular e do que é tido como insignificante. Não à toa há muitas perguntas em seus poemas, que, como notou o crítico

---

* Moema Vilela é jornalista e escritora. É mestre em Linguística e Semiótica pela UFMS e doutoranda em Escrita Criativa pela PUCRS.

literário Ryszard Matuszewski, às vezes se desenvolvem à maneira de ensaios ou de histórias condensadas. Existe um mundo sobre o qual exerço um destino independente? Para onde corre a corça escrita pelo bosque escrito? E se eu só despertasse nas pessoas o medo? Clare Cavanagh, importante tradutora de Szymborska para o inglês, já tinha ouvido que, nas reuniões íntimas, a poeta parecia trazer, a tiracolo, perguntas de ocasião para estimular a conversa. Em um jantar com tradutores, Cavanagh constatou a veracidade da estória. "Qual sua ideia de inferno?", Szymborska lhe perguntou. "Você já teve um sonho profético?".

Em Szymborska, é evidente a impossibilidade de um conhecimento total sobre o universo e a vida. Ao mesmo tempo, a disposição incansável de contemplar o mistério parecia permear o sorriso de Mona Lisa onipresente nos olhos da poeta, tão colados à sua imagem quanto os cigarros fumegantes das fotografias. A agudeza das apreciações da poeta penetra os objetos mais inesperados, voltando-se a pequenezas domésticas e adotando, para observá-las, ângulos singulares. É célebre, por exemplo, o poema do gato cujo dono faleceu. O que significa agora a casa? O que significa a morte? Somos extremamente afortunados por não saber precisamente em que tipo de mundo vivemos, diz uma poesia de *Fim e Começo* (1993). A autora convida sedutoramente ao pensamento, a buscar o delicado sentido que não se pode encontrar com dogmatismos. A pretensão, em seus poemas, é sempre ridícula. Ironizada com doçura. A partir do enigma de uma cebola, de uma pedra, de um grão de areia, evitando as formas do *pathos*, Szymborska aborda sem afetação os grandes temas: a morte, a solidão, o tempo, a poesia, a memória, o amor.

Poeta polonesa do entreguerras como Czesław Miłosz, Wisława Szymborska se debruçou também sobre a tragédia e as atrocidades das guerras, a tortura, o holocausto, o terrorismo, Verdun, Hiroshima, Vietnã. Apesar da seriedade das questões, elas nunca são tratadas com gravidade ou pompa. A autora de *Filhos da época* é amplamente acessível. Seus livros assumiam na Polônia marcas de vendas surpreendentes para poesia. Szymborska ganhou os prêmios Goethe (1991), Herder (1995), o prêmio do Pen Club polonês (1996). Em face de qualquer recepção, manteve-se discreta. Se convocada a falar sobre literatura, técnicas, hábitos de autor, saía pela tangente. Para os entusiastas de seu texto, há, porém, as colunas que escreveu para a revista *Zycie Literackie* (*Vida Literária*), onde trabalhou de 1953 a 1981. As colunas, chamadas *Leituras não obrigatórias* e reunidas depois em coletânea, resenhavam livros os mais variados. Ficção científica, culinária, yoga, turismo, jardinagem, tudo era matéria de interesse.

Ensaísta, tradutora de poetas franceses e alemães, foi chamada de poeta filosófica e de poeta cientista. Naturalista e humanista. Mozart da Poesia, o Nobel reverberou, já que as palavras se encaixam nos poemas tão harmoniosamente que parece até que foi fácil – mas com algo da fúria de Beethoven.

IMPRESSÃO:

GRÁFICA EDITORA
Pallotti
IMAGEM DE QUALIDADE

Santa Maria - RS - Fone/Fax: (55) 3220.4500
www.pallotti.com.br